黑龙江省优秀学术著作
“十四五”时期国家重点出版物出版专项规划项目
现代土木工程精品系列图书

波形钢腹板 PC 组合梁桥设计、施工与安全监测

丁　勇　张志强　刘　剑　常　英　编著

哈爾濱工業大學出版社

内 容 简 介

本书基于河北省交通运输厅批准立项的《基于信息融合的桥梁全生命期安全评价与预警技术应用研究》(编号:TH—201902),在课题研究成果的基础上,总结了波形钢腹板PC组合梁桥的设计、施工与安全监测的一些研究成果与方法,目的是为我国波形钢腹板PC组合梁桥的建造与发展提供一些参考。

本书可供从事公路桥梁设计、施工、管理养护等相关工作的技术人员参考,也可作为大、中专院校师生的参考书。

图书在版编目(CIP)数据

波形钢腹板PC组合梁桥设计、施工与安全监测/丁勇等编著.—哈尔滨:哈尔滨工业大学出版社,2022.12
(现代土木工程精品系列图书)
ISBN 978-7-5603-9079-6

Ⅰ.①波… Ⅱ.①丁… Ⅲ.①钢板—腹板—箱梁桥—桥梁设计 ②钢板—腹板—箱梁桥—桥梁施工—施工监督
Ⅳ.①U448.21

中国版本图书馆CIP数据核字(2020)第180658号

策划编辑 王桂芝
责任编辑 陈雪巍 谢晓彤 周轩毅
出版发行 哈尔滨工业大学出版社
社　　址 哈尔滨市南岗区复华四道街10号 邮编150006
传　　真 0451-86414749
网　　址 http://hitpress.hit.edu.cn
印　　刷 哈尔滨圣铂印刷有限公司
开　　本 787 mm×1 092 mm 1/16 印张13.5 字数317千字
版　　次 2022年12月第1版 2022年12月第1次印刷
书　　号 ISBN 978-7-5603-9079-6
定　　价 48.00元

前　言

波形钢腹板 PC 组合梁桥源于法国，是一种新型的钢—混凝土组合结构，由混凝土顶底板、预应力筋和波形钢腹板三部分组成。由于用波形钢腹板取代了预应力混凝土箱梁的混凝土腹板，所以此类桥梁具有自重轻、恒载内力小、混凝土收缩徐变引起的次内力小、腹板不开裂等优点。它充分利用混凝土抗压性能好、波形钢腹板抗剪强度高的优点，有效地将钢、混凝土两种材料结合起来，扬长避短，提高了材料的使用效率，是一种经济、合理、轻质、高效的结构形式。国内先后修建了数十座此类桥梁。

仅在太行山高速邯郸段的修建过程中，就有龙虎河大桥、西坡大桥、江家 1＃大桥、江家 2＃大桥、漳河大桥五座波形钢腹板连续刚构桥，并依托龙虎河大桥在河北省交通运输厅批准立项了《基于信息融合的桥梁全生命期安全评价与预警技术应用研究》(编号：TH－201902)。本书在该课题研究成果的基础上，总结了波形钢腹板 PC 组合梁桥的设计、施工与安全监测的一些研究成果与方法，目的是为我国波形钢腹板 PC 组合梁桥的建造与发展提供一些参考。

本书由丁勇、张志强、刘剑、常英等共同撰写，共 7 章，具体撰写分工如下：第 1 章，由常英、张志强负责撰写；第 2 章，由常英、陈光负责撰写；第 3 章，由张志强、许晶、朱斌负责撰写；第 4 章，由常英、许晶、丁勇负责撰写；第 5 章，由刘剑、贾献卓、张志强、朱斌负责撰写；第 6 章，由刘剑、周彤、耿东方负责撰写；第 7 章，由丁勇、贾献卓、周彤负责撰写。

在本书的撰写过程中，作者参考了现有的桥梁与钢结构的设计规范和相关标准，引用了许多国内外关于波形钢腹板的设计、施工和安全监测的研究成果和实例资料，在此对书中引用资料的作者和单位表示诚挚的感谢。

由于作者水平有限，书中难免存在疏漏与不足之处，敬请读者批评指正。

作　者

2022 年 9 月

目　　录

第1章　绪　论

混凝土箱梁腹板与顶底板一体,顶底板的温差及腹板的干燥收缩引起的应力问题比较突出。混凝土腹板承受主拉应力,会出现各种各样的裂缝,严重地影响了承载性能及耐久性。为改善力学性能,减轻上部结构自重,防止腹板开裂,法国于1986年提出用弯成波折形状的薄壁钢板来代替混凝土腹板,建成跨度为31 m＋43 m＋31 m的首座波形钢腹板PC组合梁桥。

波形钢腹板PC组合箱梁(图1.1)为一种新型的钢－混凝土组合结构,由混凝土顶底板、预应力筋和波形钢腹板三部分组成。由于用波形钢腹板取代了预应力混凝土箱梁的混凝土腹板,故具有自重轻、恒载内力小、混凝土收缩徐变引起的次内力小、腹板不开裂等优点。

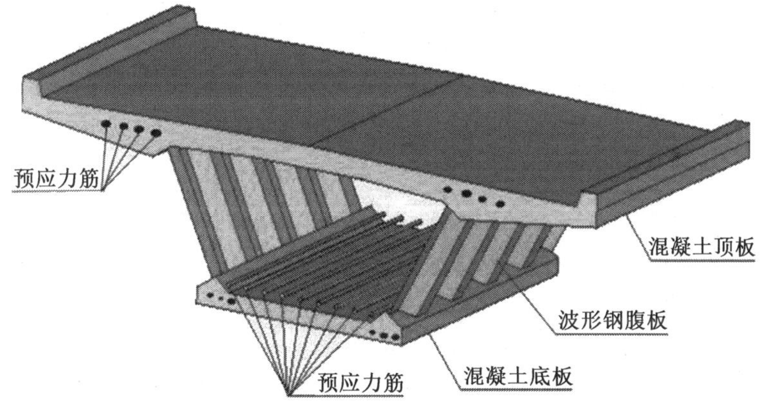

图1.1　波形钢腹板PC组合箱梁

1.1　波形钢腹板PC组合梁桥的发展概况

随着现代桥梁技术的发展,桥梁的跨越能力达到了一个新的水平。大跨桥梁的恒载占总荷载的很大比例,桥梁的自重成了约束其跨越能力的瓶颈。1975年,法国的CB(Campenon Bernard)公司提出了用波形钢板代替平面钢板的设想,将原来的平面钢板改为沿桥轴方向可伸缩的波形钢板,由此形成了一种新型的、更合理的组合箱梁结构——波形钢腹板PC组合箱梁,并于1986年建成了首座波形钢腹板PC组合梁桥——

Cognac桥。

1.1.1 国外发展概况

随着Cognac桥这种结构的成功运用，各国都相继建造了数座此类型的桥梁。日本在1993年成功建造了日本第一座波形钢腹板PC组合梁桥——新开桥。随着科研和实践的进一步深入，日本建造了一系列的此类桥梁，在建和已建成数量超过200座。国外具有代表性的波形钢腹板PC组合梁桥见表1.1。

表1.1 国外具有代表性的波形钢腹板PC组合梁桥

编号	桥梁名	施工方法	结构形式	跨径布置/m	建成年份
1	Cognac桥(法国)	满堂支架	3跨连续	31+43+31	1986
2	Maupre高架桥(法国)	顶推施工	7跨连续	40.95+47.25+53.55+50.40+47.25+44.10+40.95	1987
3	Dole桥(法国)	悬臂施工	7跨连续	48+5×80+48	1988
4	Asterix桥(法国)	支架施工	2跨连续	43(最大跨径)	1989
5	Coniche桥(委内瑞拉)	悬臂施工	7跨连续	80(最大跨径)	2002
6	日见梦大桥(日本)	悬臂施工	3跨部分斜拉桥	91.8+180.0+91.8	2003
7	矢作川桥(日本)	悬臂施工	4跨预应力斜拉桥	173.4+2×235.0+173.4	2005
8	Ilsun桥(韩国)	顶推施工	14跨连续	50.0+10×60.0+50.0+2×50.5	2005
9	池山高架桥(日本)	悬臂施工	10跨预应力连续刚构	46.5+104.0+114.0+99.0+4×106.5+98.0+50.5	2006
10	上伊佐布第三高架桥(日本)	悬臂施工	5跨预应力连续刚构	53.0+105.0+136.0+99.0+53.0	2007
11	谷津川桥(日本)	悬臂施工	5跨预应力连续梁	43.8+91.0+135.0+74.0+37.3	2007

续表1.1

编号	桥梁名	施工方法	结构形式	跨径布置 /m	建成年份
12	中一色川桥（上行线）（日本）	悬臂施工	5 跨预应力连续梁	71.3 + 3 × 130.0 + 71.3	2007
13	中一色川桥（下行线）（日本）	悬臂施工	6 跨预应力连续梁	62.8 + 3 × 112.0 + 110.5 + 61.3	2007
14	入野高架桥（日本）	支架施工	10 跨预应力连续梁	56.7 + 3 × 58.0 + 80.0 + 124.0 + 80.0 + 2 × 58.0 + 45.7	2007
15	菱田川桥（日本）	悬臂施工	8 跨预应力连续刚构	64.9 + 3 × 105.0 + 124.0 + 75.0 + 54.0 + 52.9	2008
16	前川桥（日本）	悬臂施工	5 跨预应力连续梁	76.8 + 120.0 + 104.0 + 120.0 + 76.8	2008
17	朝比奈川大桥（日本）	悬臂 / 满堂支架	7 跨连续刚构	81.2 + 150.4 + 91.2 + 73.2 + 94.7 + 104.8 + 73.2	2008
18	栗东桥（日本）	悬臂施工	4 跨部分斜拉桥	137.6 + 170.0 + 115.0 + 67.6	2008

1.1.2　国内发展概况

波形钢腹板 PC 组合箱梁充分利用了混凝土抗压、波形钢腹板抗剪屈服强度高的优点，有效地将钢、混凝土两种材料结合起来，扬长避短，提高了材料的使用效率，是一种经济、合理、高效的结构形式。21 世纪初，我国就开展了波形钢腹板 PC 组合箱梁力学特性的研究和桥梁的设计与建造工作。2005 年 1 月，我国建成了第一座波形钢腹板 PC 组合箱梁淮安长征人行桥（跨径为 18.5 m + 30 m + 18.5 m）。随着我国对波形钢腹板 PC 组合箱梁结构研究的不断深入和应用技术的成熟，它将在我国的桥梁工程中得到越来越广泛的应用。国内具有代表性的波形钢腹板 PC 组合梁桥见表 1.2。

表 1.2　国内具有代表性的波形钢腹板 PC 组合梁桥

编号	桥梁名	施工方法	结构形式	跨径布置 /m	建成年份	省级行政区
1	光山泼河桥	预制吊装	4 跨先简支后连续箱梁	4 × 30	2005	河南
2	淮安长征人行桥	满堂支架	3 跨连续梁	18.5 + 30 + 18.5	2005	江苏
3	青海三道河桥	满堂支架	简支箱梁	1 × 25	2006	青海

续表1.2

编号	桥梁名	施工方法	结构形式	跨径布置/m	建成年份	省级行政区
4	大堰河桥	满堂支架	简支箱梁	1×25	2006	重庆
5	宁波甬新河桥	满堂支架	3跨连续梁	24+40+24	2006	浙江
6	东营银座B桥	满堂支架	简支箱梁	1×38	2007	山东
7	三道河桥	满堂支架	简支箱梁	1×50	2008	青海
8	郭守敬桥	满堂支架	3跨连续梁	17+35+17	2009	河北
9	钢铁路桥	满堂支架	3跨连续梁	17+35+17	2009	河北
10	梁庄路桥	满堂支架	3跨连续梁	17+35+17	2009	河北
11	邢州路桥	满堂支架	3跨连续梁	17+35+17	2009	河北
12	浦东中环线立交匝道桥	满堂支架	2跨连续梁	45+45	2010	上海
13	李家河桥	满堂支架	3跨连续梁	20+30+20	2010	湖南
14	大广高速6号桥	预制吊装	6跨连续梁	20+4×25+20	2010	河北
15	百隆高速桥	满堂支架	简支箱梁	1×40	2010	广西
16	卫河大桥	满堂支架	3跨连续梁	47+52+47	2010	河南
17	鄄城黄河大桥	悬臂施工	13跨连续梁	70+11×120+70	2011	山东
18	新密溱水河大桥	满堂支架	3跨无背索斜拉桥	30+70+30	2011	河南
19	南京四桥滁河大桥	悬臂施工	3跨连续梁	58+96+58	2012	江苏
20	广州绕城公路鱼窝头桥	满堂支架	3跨连续梁	35+50+35	2012	广东
21	金马高速东阳立交桥	满堂支架	3跨连续梁	30+40+30	2012	江苏
22	南京东绕城玉春桥	满堂支架	3跨连续梁	30+40+30	2012	江苏
23	东宝河新安特大桥	满堂支架	3跨连续梁	88+156+88	2012	广东
24	准兴高速景家湾大桥	悬臂施工	5跨连续刚构	44+3×80+44	2013	内蒙古
25	准兴高速长虫沟大桥	悬臂施工	5跨连续刚构	44+77+80+77+44	2013	内蒙古
26	杭州德胜东路桥	悬臂施工	3跨连续梁	45+75+45	2013	浙江
27	台中4号线大里溪桥	满堂支架	5跨连续梁	99+3×145+99	2013	台湾
28	桃花峪黄河大桥	悬臂施工	3跨连续梁	75+135+75	2013	河南
29	邢台南水北调大桥	悬臂施工	3跨连续梁	70+120+70	2013	河北
30	草桥沟桥	满堂支架	3跨连续梁	22+36+22	2013	山东
31	郑州常庄干渠桥	顶推施工	9跨连续梁+10跨连续梁	(9×50)+(9×50+40)	2014	河南
32	东营河桥	满堂支架	3跨连续梁	15+30+15	2014	山东

续表1.2

编号	桥梁名	施工方法	结构形式	跨径布置 /m	建成年份	省级行政区
33	内乡县张家庄天桥	预制吊装	2 跨连续梁	2 × 40	2014	河南
34	跨北引水渠桥	满堂支架	3 跨连续梁	42.5 + 56.0 + 42.5	2014	河南
35	朝阳沟特大桥	悬臂施工	4 跨部分斜拉桥	58 + 118 + 188 + 108	2015	河南
36	南昌朝阳大桥主桥	悬臂施工	6 塔斜拉桥	79 + 5 × 150 + 79	2015	江西
37	宝汉高速堡子沟天桥	满堂支架	2 跨连续梁	2 × 40	2015	陕西
38	西咸高速 K115 + 300 天桥	满堂支架	2 跨连续梁	2 × 30	2015	陕西
39	西咸高速 K50 + 312.9 天桥	满堂支架	2 跨连续梁	2 × 30	2015	陕西
40	虹云桥	悬臂施工	3 跨连续梁	75 + 130 + 75	2016	四川
41	港珠澳前山河特大桥	悬臂施工	3 跨连续梁	90 + 160 + 90	2016	广东
42	头道河大桥	悬臂施工	3 跨连续刚构	72 + 130 + 72	2016	四川
43	井冈山经开区深圳桥	顶推施工	3 跨连续梁	61 + 8 + 61	2016	江西
44	湖州南浔区应界桥	悬臂施工	3 跨连续梁	52 + 90 + 52	2017	浙江
45	郑州南三环紫宸路桥	悬臂施工	3 跨连续梁	40 + 77 + 40	2017	河南
46	龙虎河大桥	悬臂施工	3 跨连续刚构	45 + 80 + 45	2018	河北
47	叶盛黄河大桥	悬臂施工	7 跨连续梁	70 + 5 × 120 + 70	2018	宁夏
48	运宝黄河大桥	悬臂施工	矮塔斜拉桥 + 连续刚构 + 连续梁	110 + 2 × 200 + 110 + 48 + 9 × 90 + 48	2018	山西
49	巴中恩阳河桥	悬臂施工	3 跨连续梁	51 + 90 + 51	2018	四川
50	曲港高速南水北调特大桥	悬臂施工	3 跨连续梁	88 + 151 + 88	2018	河北
51	西坡大桥	悬臂施工	3 跨连续刚构	45 + 80 + 45	2019	河北
52	江家 1# 大桥	悬臂施工	3 跨连续刚构	45 + 80 + 45	2019	河北
53	江家 2# 大桥	悬臂施工	3 跨连续刚构	45 + 80 + 45	2019	河北
54	兰州小砂沟桥	悬臂施工	4 跨连续刚构	57 + 2 × 100 + 57	2019	甘肃
55	合肥跨南淝河大桥	悬臂施工	3 跨连续梁	95 + 153 + 95	2019	安徽
56	宝鸡市清水河大桥	悬臂施工	7 跨连续刚构	65 + 5 × 120 + 65	2020	陕西

波形钢腹板 PC 组合箱梁自 1986 年法国 Cognac 桥诞生以来，在世界各国桥梁建设中得到了广泛的应用。该类型组合梁采用厚度为 10 ～ 20 mm 的波形钢腹板代替混凝土腹板，采用体外预应力筋代替部分体内预应力筋（也称体内束），实物图如图 1.2 所示。

图 1.2 波形钢腹板 PC 组合梁桥

这种钢－混凝土组合结构具有减轻结构自重、加快施工速度、提高预应力效率、充分发挥材料效率、完全避免腹板开裂等显著优点，因而得到了广泛应用。通过查阅相关文献可以发现，许多学者对波形钢腹板 PC 组合梁桥的静力性能做了大量的研究，其中包括等截面和变截面波形钢腹板 PC 箱梁弯曲性能、扭转性能、畸变效应、剪力滞效应和腹板稳定性等问题的研究，已经为当前波形钢腹板 PC 组合梁桥的设计和建设提供了较为全面的理论依据，但是对于该类桥梁的动力性能研究却刚刚起步。

张永健等基于能量变分方法得到了考虑剪切变形及剪力滞效应的各阶自振频率的解析解，相较于初等梁理论，计算频率有所降低；冀伟等在此基础上推导了该桥型竖向弯曲振动微分方程，横隔板数量的改变对箱梁高阶扭转模态频率的影响较大，对竖向弯曲模态频率的影响较小；郑尚敏等研究了体外预应力对波形钢腹板箱梁动力特性的影响，推导了在体外预应力筋作用下的模态频率理论公式，结果表明，钢束的预张力、锚固位置及钢束数量对频率的影响均很小。

同样，波形钢腹板 PC 组合梁桥在运营状态下的长期性能监测分析及车桥耦合特性的相关研究较少。张政韬对变截面波形钢腹板 PC 连续梁桥和 3 轴 9 自由度车辆模型进行了动力分析，相比于一般混凝土箱梁，波形钢腹板桥在车辆荷载作用下的响应更大；Chen 等模拟了波形钢腹板 PC 组合梁桥长期性能退化对正常运营的影响；Sung 等对我国台湾省第一座波形钢腹板桥梁进行了长期监测，提出了一种波形钢腹板 PC 组合梁桥监测系统，完成了实时监测系统的开发、现场试验及基于有限元法的三维模型分析，根据监测数据对桥梁运营阶段的安全评估做出了有效的判断，通过长期安全评价进一步估计了桥梁的使用寿命。

1.2 波形钢腹板 PC 组合箱梁的构造特点

1.2.1 整体构造

波形钢腹板 PC 组合箱梁的上部结构由混凝土顶底板、波形钢腹板、横隔板、体内预应力筋、体外预应力筋等构成。波形钢腹板与混凝土连接部位应设置抗剪、抗拉拔的连接件。波形钢腹板PC组合箱梁整体构造如图1.3所示。

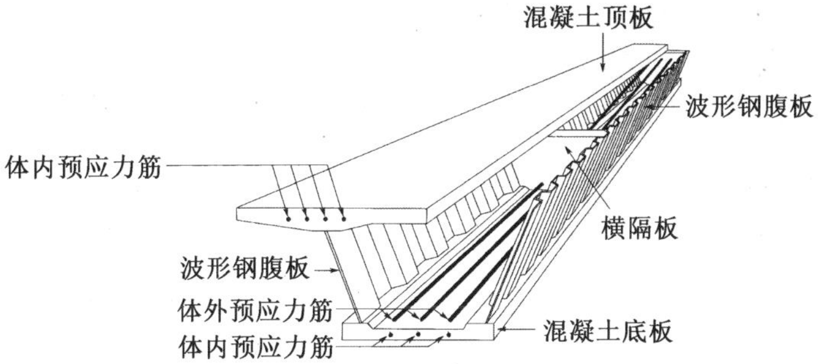

图 1.3 波形钢腹板PC组合箱梁整体构造

波形钢腹板PC组合箱梁无法像通常的预应力混凝土箱梁那样在腹板内配置预应力筋并实现转向。它一般采用体内、体外预应力筋并用的方式配置预应力筋:在混凝土顶、底板中配置纵向预应力筋,用以抵抗施工时的荷载及自重;在箱内配置体外预应力筋并通过梁端的横墙和跨内的横隔板来转向,实现曲线或折线配筋,用来抵抗设计荷载。在桥台后通常设有张拉室,且与箱梁贯通,便于体外预应力筋的日检、维修和更换。

1.2.2 波形钢腹板

波形钢腹板主要由直板段、斜板段及圆弧段组成,其构造如图1.4所示。波形钢腹板形状的设计除了要满足力学方面的要求外,还需兼顾制作、施工、美观及经济等方面的因素。由于波形钢腹板一般是通过冷弯加工制作的,因而原则上要保证内侧弯曲半径大于腹板厚度的15倍;当不能达到要求时,应保证钢材具有一定的冲击韧性,并且要控制氮元素的质量分数。波形钢腹板的厚度通常要满足钢板最小厚度的要求,一般使用的最小厚度为10 mm,而最大厚度则要根据计算确定。

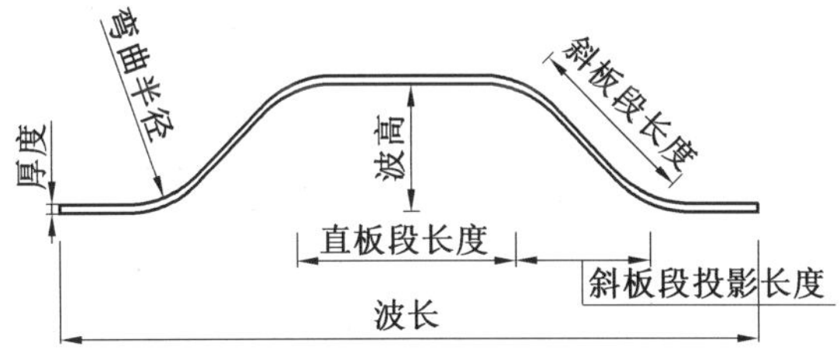

图 1.4 波形钢腹板构造

1.2.3 剪力连接件

波形钢腹板PC组合梁桥设计中,连接部位设计是其中最重要的一个环节。波形钢腹板PC组合梁桥结构中的连接部位主要有以下几种:波形钢腹板之间的连接部位、波形钢腹板与横隔板及横隔梁之间的连接部位、波形钢腹板与内衬混凝土之间的连接部位以及波形钢腹板与混凝土顶底板之间的连接部位。部位工作的可靠性是桥梁整体共同工作的基础,连接部位的设计直接关系到整个波形钢腹板PC组合箱梁的承载能力。

1.波形钢腹板之间的连接部位

由于制造、运输及施工上的要求,因此波形钢腹板在纵桥向一般都分割成节段,在现场加以拼装。工厂加工时,由于模具设备限制,因此一般按一个波长一块波形钢腹板进行压制,然后按照设计规定的节段长度在工厂内进行拼接。在工厂进行的节段内腹板间的连接一般采用对接焊接,在现场进行的节段与节段之间腹板的连接通常采用焊接、高强度螺栓连接或者焊接与螺栓连接相结合的形式。图1.5、图1.6所示为波形钢腹板之间连接的几种常见形式。波形钢腹板在纵桥向刚度比较小,不需要承担轴力,仅需要考虑如何有效地承担剪力。钢腹板对接焊接在强度方面是可以得到充分保证的,其在工厂里的操作性也较好,在工程中容易实现,但是在现场不是最好的选择。钢腹板搭接在一起角焊接,对于仅需要承担剪力的波形钢腹板来说,也是比较好的方式。

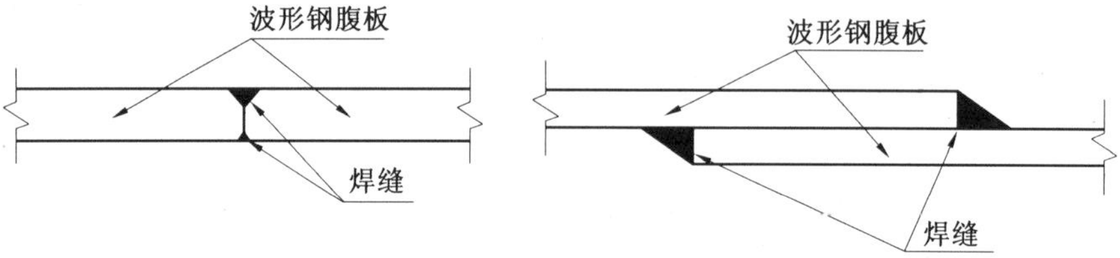

(a) 对接焊接　　(b) 角焊接

图 1.5　腹板间焊接连接形式

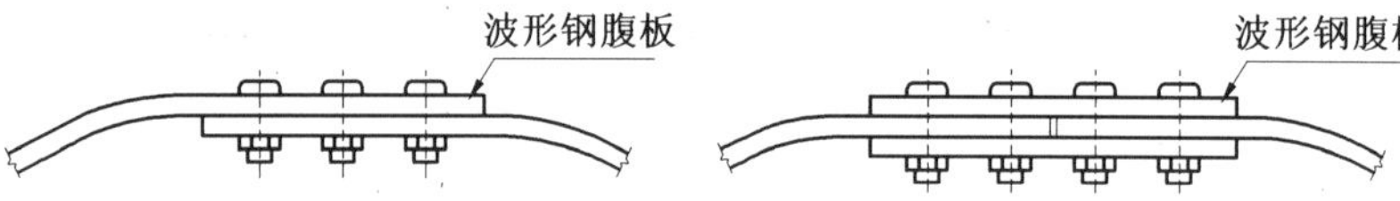

(a) 单面摩擦　　(b) 双面摩擦

图 1.6　腹板间高强螺栓连接形式

2.波形钢腹板与横隔板及横隔梁之间的连接部位

波形钢腹板PC组合梁桥与预应力混凝土梁桥相比,扭转刚度较小,所以要适当配置横隔梁和横隔板,抑制因扭转而产生的截面变形。在中等规模跨径的波形钢腹板PC组合梁桥中,除在支点需要设置横隔梁外,由于体外索转向需要,因此还在每一桥跨上最少设置两处转向装置,转向装置可兼作横隔板。

采用与连接桥面板和波形钢腹板基本相同的连接形式,波形钢腹板与横隔梁的连接形式主要有翼缘型(图1.7)和嵌入型(图1.8)两种,翼缘型连接形式和嵌入型连接形式分别有多种。翼缘型连接分为翼缘栓钉连接、翼缘开孔钢板连接、翼缘角钢连接等。嵌入型连接包括嵌入开孔钢板连接和嵌入栓钉连接。波形钢腹板与横隔板的连接形式主要有在钢板上焊接栓钉、开孔板或者型钢等方式。

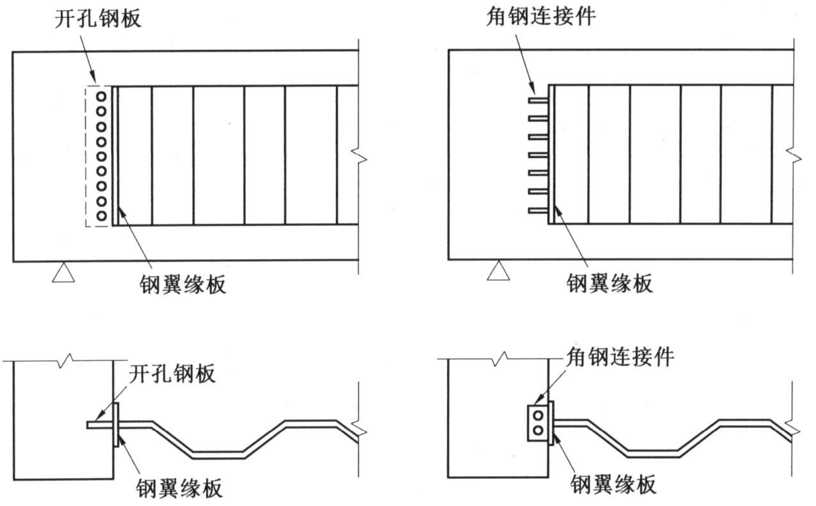

(a) 翼缘开孔钢板连接　　(b) 翼缘角钢连接

图 1.7　翼缘型连接形式

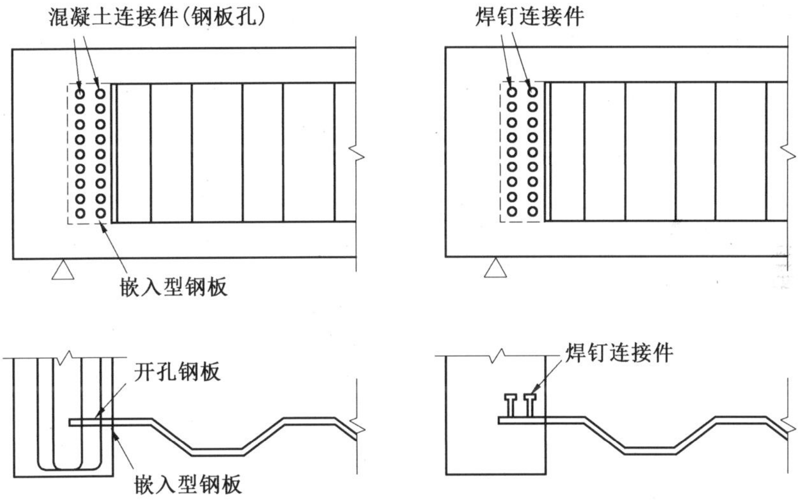

(a) 嵌入开孔钢板连接　　(b) 嵌入栓钉连接

图 1.8　嵌入型连接形式

3.波形钢腹板与内衬混凝土之间的连接部位

当墩部或支点附近梁高过大时，波形钢腹板PC组合梁桥宜在墩顶横梁附近一定范围内采用波形钢腹板内衬混凝土的组合结构形式，使得作用于墩部的截面力有效地传递给波形钢腹板，并可增强波形钢腹板结构的屈曲强度。波形钢腹板与内衬混凝土之间的连接件可以采用栓钉、开孔板或型钢等。以日本前谷桥为例，波形钢腹板与内衬混凝土之间是用栓钉连接件进行连接的，由于钢板和混凝土之间剪力配额的变化对栓钉的工作应力的影响并不大，因此栓钉之间的间距只需小于河北省地方标准《公路波形钢腹板预应力组合梁桥设计与施工规程》(DB13/T 2466—2017)中为防止栓钉脱落所规定的最大值即可，即纵桥向为600 mm，箱梁高度方向为400 mm。我国于2010年竣工的卫河桥内衬混凝土与钢腹板的连接也采用了栓钉连接形式。

4.波形钢腹板与混凝土顶底板之间的连接部位

波形钢腹板与混凝土顶底板的连接部位是波形钢腹板PC组合梁桥中重要的构造部位，能够准确传递作用于连接部位的桥轴方向水平剪力。另外，应能抵抗因轮载导致的与桥轴成直角方向的桥面板的弯曲，以保证箱梁安全。在选择该连接部位连接构造时，应采用已经通过试验确认其安全性的剪力连接构造。

对于钢－混凝土组合箱梁来说，波形钢腹板与混凝土顶底板连接部位的连接形式大致有三种：① 波形钢腹板直接埋入混凝土板中的嵌入型；② 波形钢腹板上、下端部焊接钢翼缘板并配置连接件的翼缘型；③ 以上两种连接件组合而成的复合型。其中，现有的钢－混凝土组合梁中使用较多的翼缘型抗剪连接件先在钢板的端部焊接翼缘板，再在翼缘板上配置连接件。根据配置的不同，连接件又可分成型钢连接件、焊钉连接件、开孔钢板连接件及栓钉＋开孔钢板组合连接件。

对于波形钢腹板与混凝土顶底板连接，目前工程中使用最广泛的有四种形式：单开孔钢板＋栓钉连接件(S－PBL＋栓钉连接件)(图1.9(a))、双开孔钢板连接件(Twin－PBL连接件)(图1.9(b))、角钢剪力连接件(图1.9(c))、嵌入型连接件(图1.9(d))。若采用图1.9所示以外的连接构造，则应通过试验或分析，待其安全性得到确认后方可采用。

波形钢腹板PC组合梁中，波形钢腹板与混凝土底板的连接部位是雨水或结露等直接作用的部位，所以需对排水、止水措施等进行适当的防腐蚀处理。特别是使用嵌入型连接件时，由于波形钢腹板被直接埋入混凝土顶底板，因此为了不引起耐久性的下降，应该在暴露于空气中的连接部位处实施密封。

对于混凝土顶板，因为是车辆荷载直接作用的部位，故考虑到耐久性和维护修补，其波形钢腹板与混凝土顶板的连接构造原则上应采用带翼缘板的连接件。也有另一观点认为，嵌入型连接形式与翼缘型连接形式相比，无波形钢腹板与翼缘板的焊接问题，故不存在焊接疲劳问题，更适合应用于波形钢腹板与混凝土顶板的连接。

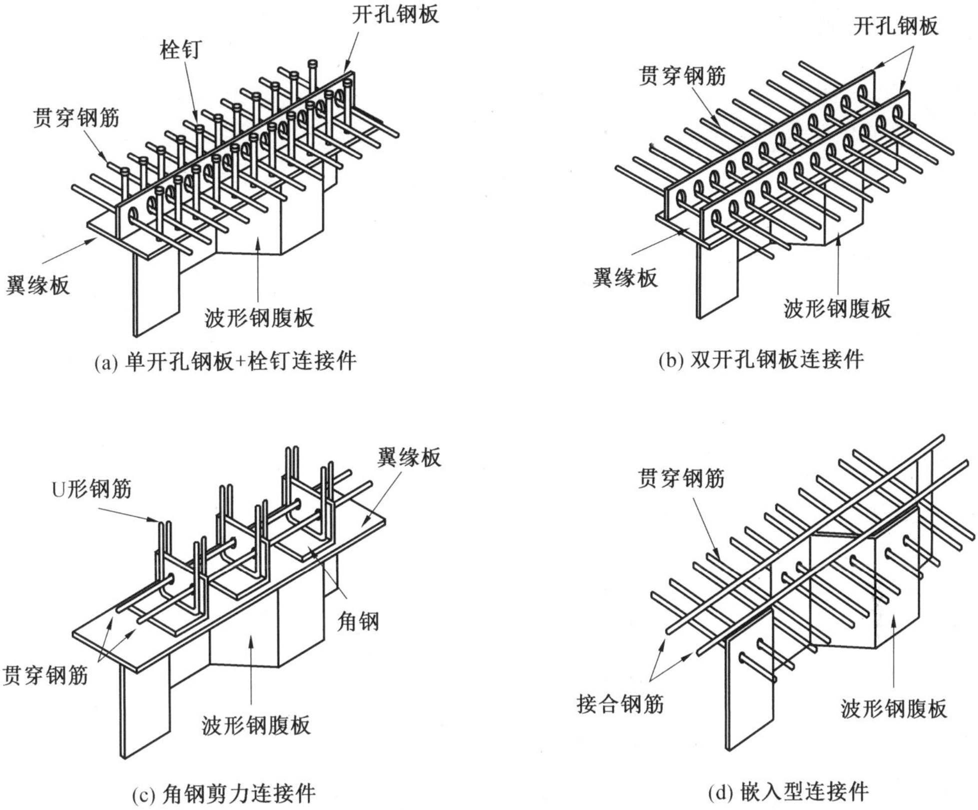

(a) 单开孔钢板+栓钉连接件　(b) 双开孔钢板连接件

(c) 角钢剪力连接件　(d) 嵌入型连接件

图 1.9　波形钢腹板与混凝土板的常用连接构造

1.3　波形钢腹板组合梁桥的结构特点

波形钢腹板组合梁桥是一种新型的钢－混凝土组合结构，由混凝土顶底板、预应力筋和波形钢腹板三部分组成，是对传统的体外预应力混凝土桥梁的一种改进。

与传统的预应力混凝土腹板箱梁相比，波形钢腹板组合梁桥具有以下优点。

① 自重减轻，抗震性能好。腹板采用较轻的波形钢腹板，桥梁自重与一般的预应力混凝土箱梁桥相比更轻，地震激励作用效果显著降低，抗震性能提高。因此，当桥梁修建在软土地基或地震区时，应采用该型桥梁以加大宽度，节省桥墩。

② 节约建筑材料，改善经济指标。采用波形钢腹板代替厚重的混凝土腹板，大幅度减轻了上部结构的自重，增大了桥梁的跨径，并使下部结构的工程量减少，从而降低了工程总造价。

③ 改善结构性能，提高预应力效率。波形钢腹板的总向刚度很小，几乎不抵抗轴向力，因而在导入预应力时不受抵抗，预应力可以全部加载于上下混凝土翼板，从而有效提高预应力效率。

④ 材料各尽其能，充分发挥效率。混凝土翼板抗弯，波形钢腹板抗剪，几乎所有的弯矩与剪力分别由上下混凝土翼板和波形钢腹板承担，且各材料内的应力分别近似为均布

图形，而非传统意义上的三角形，有利于材料发挥作用。

⑤ 增加了截面回转半径，提高了结构效率。波形钢腹板组合梁桥中的混凝土均集中在上下翼缘，回转半径几乎增加到最大值，大大提高了截面的结构效率。

⑥ 减少现场作业，加快施工进度。由于不需要混凝土腹板，因此相应地减少了钢筋和模板的拼装、拆除工作，且波形钢腹板可以工厂化生产，现场拼装，从而加快了施工速度，缩短了工期。例如，在节段施工中，现场浇筑混凝土箱梁的施工时间是波形钢腹板箱梁施工时间的3倍。另外，由于梁体自重减轻，因此悬臂施工时可以减少节段数量，如在采用混凝土腹板箱梁时，日本本谷桥需要39个节段；而采用波形钢腹板后，只需要31个节段，节段数减少了约20%，加快了施工进度。

⑦ 体外预应力筋可以替换，有利于桥梁的维修和补强。波形钢腹板预应力混凝土组合箱梁往往采用体内、体外并用的混合式预应力筋布置方式。体内预应力筋是混凝土下翼板内的直线布筋，体外预应力筋通过设置的中间转向块向支座上方弯起。设计中，一般体内预应力筋承担梁体自重及顶推施工时的荷载，体外预应力筋承担后期恒载及荷载的作用。这样，即使在长期运营后，体外预应力筋出现磨损或断裂，也可在夜间停止运营并进行更换。

⑧ 有效解决了混凝土箱梁腹板开裂的问题。

同时，与纵向加劲平面钢腹板PC组合箱梁相比，波形钢腹板组合梁桥具有以下优点。

① 避免吸收纵向预应力，提高预应力效率。平面钢腹板在纵桥向具有一定的刚度，因而不可避免地会吸收一部分纵向预应力，加劲的平面钢腹板吸收的纵向预应力可达20%～25%，这是一种很大的浪费，同时需要采用纵向加劲肋来防止其发生屈曲。而波形钢腹板由于纵向刚度很小，因此几乎不吸收纵向预应力。

② 混凝土收缩、徐变的影响小。对于传统的平面钢腹板PC组合箱梁来说，由于混凝土的塑变特性(如混凝土收缩、徐变)，因此随着时间的推移，混凝土翼缘处的预应力有进一步向钢腹板转移的趋势，这将大大影响其长期使用的性能。波形钢腹板纵向刚度很小，几乎不对混凝土收缩、徐变产生的变形起约束作用，可以很好地避免上述缺点。

③ 波形钢腹板的抗剪强度较平面钢腹板有很大提高。试验资料表明，与平面钢腹板相比，其抗剪力可提高100%。同时，还可以通过调整波形板的波形形状来改变其剪切屈曲强度。

④ 波形钢腹板对几何缺陷引起的过早屈曲并不敏感。因为钢板平面上的缺陷与波高相比只有其1/20～1/10，由焊接产生的局部缺陷均集中在腹板的边缘上，而腹板都已固定在混凝土翼板内，所以缺陷对结构的受力影响很小。

⑤ 不需要加劲肋，钢腹板厚度进一步减小。波形钢腹板不承担弯矩，因而不存在由弯曲正应力引起的腹板失稳问题，故无须配置加劲肋，而且其抗剪强度较大，因此减小了腹板厚度。实际中采用的钢腹板厚度为8～12 mm，高厚比为220～375。

⑥ 减小了中间隔板的数量。由于腹板的横向刚度提高了，因此横向荷载(如风压引起的)被直接传给了上下混凝土翼缘。

⑦ 增强了截面的抗扭性能。

⑧ 波形钢腹板具有良好的三维挠曲特性，方便了施工，改进了拼装条件，避免了许多特定的误差容许值。

⑨ 波形钢腹板组合梁桥具有较强的美感，是城市和风景区较好的桥型选择。

波形钢腹板预应力混凝土组合箱梁虽然具有以上诸多优点，但也有不足之处，主要体现在如下几方面。

① 混凝土翼缘厚度有所增加。一方面是因为翼缘外伸部分往往超过整个翼缘宽度的一半，主要从稳定的角度考虑；另一方面是因为波形钢腹板对截面抗弯几乎没有贡献。

② 波形钢腹板造价较高。在这种新结构应用的初期，因为波形钢腹板的制作需要专门的压制设备，所以制作成本较高。但随着波形板压制设备的不断改进和制作工艺的进一步成熟，这一问题正逐步得到解决。

③ 当波形钢腹板间采用焊接连接时，其竖向边缘焊接数量比平面钢腹板稍有增加。

④ 波形钢腹板有较多的拐角，容易滞留泥沙等杂质，比平面钢腹板易受腐蚀。

波形钢腹板组合箱梁虽然有以上不足，但无论与传统的混凝土腹板箱梁相比，还是与平面钢腹板箱梁相比，在减少工程量、缩短工期、降低成本、提高效益等方面都具有很大的优势，值得大力推广和应用。

本章参考文献

[1] 郑尚敏.波形钢腹板 PC 组合梁桥动力性能研究[D].南京：东南大学，2016.

[2] 叶明月.波形钢腹板 PC 组合梁桥的受力性能分析[D].西安：长安大学，2018.

[3] 易永锋.单箱三室波形钢腹板箱梁扭转分析[D].南京：东南大学，2010.

[4] 黄琪.波形钢腹板的设计方法[J].长安大学学报(自然科学版)，2009,29(3):73-76.

[5] ELGAALY M, SESHADRI A.Girders with corrugated webs under partial compressive edge loading[J].Journal of structural engineering, 1997,123(6):783-791.

[6] 刘磊，钱冬生.波纹钢腹板的受力行为[J].铁道学报，2000(S1):53-56.

[7] JOHN T, EASLEY M A.Buckling formulas for corrugated metal shear diaphragms[J].Journal of the structural division, 1975(7):1402-1417.

[8] 刘晓琴.波纹钢腹板预应力混凝土箱梁剪力连接件受力性能研究[D].成都：西南交通大学，2009.

[9] 崔学峰，胡成.波形钢腹板 PC 组合梁桥内衬混凝土构造尺寸的优化研究[J].公路工程，2017,42(6):31-35.

[10] 王达磊，贺君，陈艾荣，等.内衬混凝土波折钢腹板梁抗弯性能试验研究[J].同济大学学报(自然科学版)，2012,40(9):1312-1317.

[11] 刘朵，杨丙文，张建东，等.波形钢腹板组合桥梁内衬混凝土抗剪性能研究[J].世界桥梁，2013,41(6):72-75.

[12] 牟开.内衬混凝土对波纹钢腹板连续刚构桥动力特性的影响[J].北方交通，2016(1):29-31，35.

[13] EL METWALLY A, LOOV R E.Corrugated steel webs for prestressed concrete

girders[J].Materials and structures, 2003,36(256):127-134.

[14] SHAO X, WANG H, ZHAO H, et al.Experimental study on multi-cantilever prestressed composite beams with corrugated steel webs[J].Journal of structural engineering, 2010,136(9):1098-1110.

[15] HE J, WANG S, LIU Y, et al.Mechanical behavior of a partially encased composite girder with corrugated steel web: Interaction of shear and bending[J]. Engineering, 2017,3(6):806-816.

[16] HAMILTON R W.Bending strength of steel beams with corrugated webs[J]. Journal of structural engineering, 1997,123(6):772-782.

[17] NIE J, ZHU L, TAO M, et al.Shear strength of trapezoidal corrugated steel webs[J].Journal of constructional steel research, 2013,85:105-115.

[18] 李宏江，叶见曙，万水，等.波形腹板箱梁的扭转与畸变分析及试验研究[J].桥梁建设，2003(6):1-4.

[19] ABBAS H H, SAUSE R, DRIVER R G.Behavior of corrugated web I－girders under in-plane loads[J].Journal of engineering mechanics, 2006,132(8):806-814.

[20] DING Y, JIANG K, LIU Y.Nonlinear analysis for PC box-girder with corrugated steel webs under pure torsion[J].Thin-walled structures, 2012,51:167-173.

[21] 朱越峰.波形钢腹板PC组合梁桥受力特性分析和计算方法研究[D].杭州：浙江大学，2007.

第 2 章　波形钢腹板 PC 组合梁桥设计

研究波形钢腹板箱梁的常用方法有试验法、简化理论法和有限元法三种。试验法真实可靠，但需耗费大量人力、物力和时间，而且难以分析波形钢腹板的各参数变化对抗剪性能的影响；简化理论法物理概念清晰，但在分析中包含了很多假设，计算结果精度不高。随着计算机技术的飞速发展，有限元法逐渐成为一种重要的研究方法。较之试验法，有限元法在保证一定精度的基础上，更为经济方便，对结构细部可以进行更具体的研究；较之简化理论法，有限元法则能够更精确地模拟结构的实际受力状态，得到精度更高的结果。

将波形钢腹板等效为正交异性平板，利用正交异性平板来建立有限元模型（称为等效模型），进行波形钢腹板箱梁分析。这种方法与按波形钢腹板真实形状建模（称为真实模型）相比，模型简单，单元数目及计算时间大为减少。而且在分析波形钢腹板的几何特性（如波纹形状等对波形钢腹板力学性能的影响）时，应用此法只需改变相应的特性参数即可，简单实用。

为推动波形钢腹板 PC 组合箱梁这一新兴结构在我国桥梁工程中的应用，本章针对波形钢腹板 PC 组合梁桥的构造及受力特点，对该类桥梁有限元设计过程中的几个关键问题（其中包括横截面和预应力筋的布置形式、截面计算假定、波形钢腹板屈曲强度验算、剪力连接件设计计算以及主梁变形计算等）进行分析，为今后更广泛地设计和应用波形钢腹板组合梁桥提供参考。

2.1　材料设计

波形钢腹板预应力混凝土组合梁桥中所使用的材料性能应符合现行的国家标准和行业标准的规定。混凝土的材料参数应按《公路钢筋混凝土及预应力混凝土桥涵设计规范》(JTG 3362—2018) 的有关规定执行。波形钢腹板预应力混凝土组合梁桥上部结构的混凝土强度等级不应低于 C40。普通钢筋与预应力筋波形钢腹板预应力混凝土组合梁桥所用的普通钢筋与预应力筋应按 JTG 3362—2018 的规定采用。

结构钢材要满足强度、塑性、韧性和可焊性的要求，选用时应综合考虑结构的重要性、荷载特征、结构形式、应力状态、连接方法、钢材厚度及工作环境等因素。

波形钢腹板预应力混凝土组合梁桥用的钢材宜采用质量等级 C 级或以上的碳素结构钢、低合金高强度结构钢或桥梁用结构钢，其质量要求应符合《碳素结构钢》(GB/T 700—2006)、《低合金高强度结构钢》(GB/T 1591—2018) 和《桥梁用结构钢》(GB/T 714—2015) 的规定，钢材的强度设计值和物理特性指标按《钢－混凝土组合桥梁设计规范》(GB 50917—2013) 规定执行。

波形钢腹板及其连接件焊接材料的选用应与主体钢材相匹配。焊缝强度设计值应按《钢结构设计标准》(GB 50017—2017)规定执行，高强度螺栓、螺母、垫圈的技术条件应符合《钢结构用高强度大六角头螺栓、大六角螺母、垫圈技术条件》(GB/T 1231—2006)、《钢结构用扭剪型高强度螺栓连接副》(GB/T 3632—2008)的规定，栓钉连接件的材料应符合《电弧螺柱焊用圆柱头焊钉》(GB/T 10433—2002)的规定。

2.2 结构分析

2.2.1 一般规定

波形钢腹板预应力混凝土组合梁桥应按以下基本假定进行结构分析：波形钢腹板与混凝土顶底板共同工作，不会发生相对滑移或剪切连接破坏；波形钢腹板不承受轴向力，纵向弯曲时忽略波形钢腹板的纵向弯曲作用，弯矩仅由混凝土顶底板构成的截面承担；组合梁纵向弯曲时符合平截面假定；剪力由波形钢腹板承担且剪应力沿波形钢腹板高度方向均匀分布。

结构分析计算模型应基于波形钢腹板预应力混凝土组合梁桥构造、受力作用、边界条件等做适当等效模拟，结构模型应反映桥梁的实际受力情况。波形钢腹板预应力混凝土组合梁桥设计计算中采用的作用及作用效应组合应按《公路桥涵设计通用规范》(JTG D60—2015)执行。

2.2.2 整体计算

波形钢腹板预应力混凝土组合梁桥一般用于线性分析的刚度计算截面(图2.1(a))。主梁弯曲、轴向刚度仅以混凝土顶底板组成的有效截面进行计算(图2.1(b))，剪切刚度则仅以波形钢腹板有效截面进行计算(图2.1(c))。而计算单元、边界条件和荷载的施加等可参考普通预应力混凝土桥梁的计算。

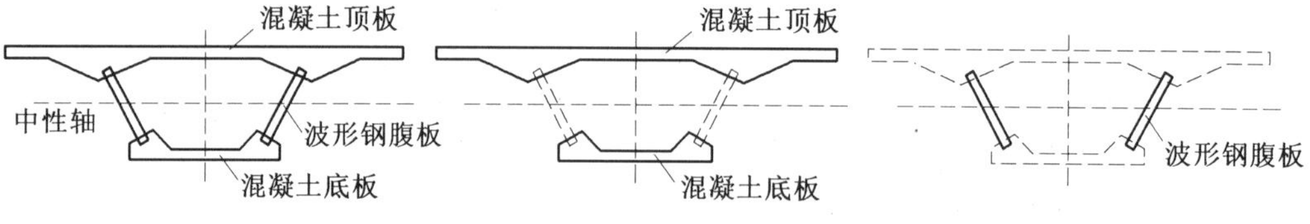

(a) 设计截面　(b) 弯曲、轴向刚度计算截面　(c) 剪切刚度计算截面

图2.1 波形钢腹板预应力混凝土组合梁桥有效截面示意图

2.2.3 截面内力计算

在验算波形钢腹板预应力混凝土组合梁桥温度内力时，可只考虑混凝土顶底板温度变化的影响。波形钢腹板预应力混凝土组合梁桥的冲击系数要根据桥梁结构基频，按照JTG D60—2015的相关公式进行计算。

2.2.4　横向分析

横向分析包括横隔板、桥面板、底板及波形钢腹板与混凝土顶底板连接的横向抗弯分析。

根据要求不同，波形钢腹板预应力混凝土组合梁桥的横向分析可采用平面框架模型或三维有限元模型。对于桥面板跨径超过 6 m 的箱形截面以及单箱多室截面的横向分析应采用三维有限元模型进行分析。

用平面框架模型进行分析时，可将横截面简化成由顶底板与腹板组成的箱梁框架计算模型进行受力计算，波形钢腹板与顶底板连接部位做刚接处理，将波形钢腹板的重心间距视为腹板间距。

平面框架分析中，波形钢腹板的等效单位长度横向抗弯刚度 D_x 可按式(2.1) 计算：

$$D_x = EI_x \tag{2.1}$$

式中　D_x—— 等效单位长度横向抗弯刚度($N^2 \cdot mm^2/mm$)；

E—— 波形钢腹板的弹性模量(MPa)；

I_x—— 单位长度波形钢腹板绕纵桥向的惯性矩(mm^4/mm)。

汽车作用的横向内力计算可按以下步骤进行。

确定所需计算的截面，进行车辆荷载最不利纵横向布置；确定板的有效分布宽度：将箱梁外伸悬臂板视作固支悬臂板；将中部顶板视作简支于两腹板的简支板；根据 JTG 3362—2018 中的规定确定车轮荷载在板上的有效分布宽度；根据有效宽度范围，得出截面沿纵向单位箱梁上的作用荷载；应用平面杆系有限元程序进行箱梁横向内力计算，将顶板中点的弯矩值乘以 1.1 进行修正(其余弯矩值保持不变)。横隔板、桥面板、底板等各截面的极限承载力、抗裂、变形、应力等内容应满足 JTG 3362—2018 的相关要求。

2.3　承载能力极限状态计算

2.3.1　一般规定

波形钢腹板预应力混凝土组合梁桥的体内、体外预应力筋应作为抗拉钢筋来进行截面抗力计算，其中体外预应力筋的极限应力设计值应采用有效预应力，但不超过材料强度设计值。

弯桥采用波形钢腹板预应力混凝土组合箱梁时，应对其抗扭性能进行验算，并保证其抗扭承载力满足设计要求。

当弯桥和独墩桥采用波形钢腹板预应力混凝土组合梁时，应进行上部结构抗倾覆计算，同时在作用效应的标准组合下，单向受压支座不应处于脱空状态。

波形钢腹板预应力混凝土组合梁桥按承载能力极限状态进行验算时，作用的效应(其中车辆荷载应计入冲击系数) 应采用其作用基本组合的效应设计值，结构材料性能应采用其强度设计值。

2.3.2 承载能力极限状态验算

波形钢腹板预应力混凝土组合梁桥的正截面抗弯承载力验算应按 JTG 3362—2018 的规定执行。波形钢腹板预应力混凝土组合梁桥的波形钢腹板抗剪承载力验算应按该标准10.2 条的规定执行,波形钢腹板预应力混凝土组合梁桥抗剪连接件的承载力验算应按该标准 11.2 条的规定执行。

波形钢腹板预应力混凝土组合梁桥的体内、体外预应力筋应作为抗拉钢筋来进行截面抗力计算,体外预应力筋的极限应力设计值应按照式(2.2) 和式(2.3) 计算:

$$\sigma_{pu} = \sigma_{pe} \tag{2.2}$$

$$\sigma_{pu} \leqslant f_{pd} \tag{2.3}$$

式中 σ_{pu}—— 体外预应力筋的极限设计值(MPa);

σ_{pe}—— 体外预应力筋的有效预应力(MPa);

f_{pd}—— 预应力筋的抗拉屈服强度(MPa)。

体外预应力筋的转向块的抗拉和抗剪承载力计算应按《波形钢腹板组合梁桥技术标准》(CJJ/T 272—2017)12.2.2 条进行。组合腹板段内衬混凝土的斜截面抗剪承载力验算应按 JTG 3362—2018 的规定进行,同时应考虑波形钢腹板对抗剪承载力的贡献。

波形钢腹板预应力混凝土组合梁桥可按式(2.4) 进行上部结构抗倾覆验算:

$$r_{qf} S_{sk} \leqslant S_{bk} \tag{2.4}$$

式中 r_{qf}—— 抗倾覆稳定系数,不应小于 2.5;

S_{sk}—— 不平衡作用效应的标准组合;

S_{bk}—— 平衡作用效应的标准组合。

抗倾覆验算的车辆荷载及其组合应符合下列规定:验算倾覆稳定的车辆荷载应采用 JTG D60—2015 的车道荷载,集中荷载标准值应乘以 1.2 的系数;车辆荷载应按相应规范的最不利位置横向布置,多车道桥梁车辆荷载产生的效应不得折减;车辆荷载应计入冲击作用,应计入风荷载与车辆荷载的共同作用,风荷载应按《公路桥梁抗风设计规范》(JTG/T 3360-01—2018) 的规定进行计算。

2.4 正常使用极限状态计算

2.4.1 一般规定

正常使用极限状态下,应考虑采用作用(或荷载) 的短期效应组合、长期效应组合或短期效应组合 + 长期效应组合的影响。对波形钢腹板预应力混凝土组合梁桥的混凝土顶底板的抗裂和挠度进行验算,车辆荷载可不计冲击系数。

正常使用极限状态下,应对波形钢腹板预应力混凝土组合梁桥使用阶段的顶底板的法向应力和预应力筋的拉应力进行计算,计算时作用(或荷载) 取其标准值,车辆荷载效应考虑冲击系数。

2.4.2　正常使用极限状态验算

波形钢腹板预应力混凝土组合梁桥体内预应力筋的张拉控制应力及预应力损失按 JTG 3362—2018 的规定执行。

波形钢腹板正常使用时极限状态的剪切应力验算应按 CJJ/T 272—2017 10.2.6 条的规定执行。

对于斜、弯波形钢腹板预应力混凝土组合梁桥，应根据 JTG 3362—2018 的规定进行箱梁顶底板的斜截面抗裂验算，验算箱梁顶底板斜截面主拉应力时，应计入扭转剪应力的作用，扭转剪应力应采用作用效应的标准组合。

组合腹板段内衬混凝土的斜截面抗裂验算应按 JTG 3362—2018 的规定执行。

波形钢腹板预应力混凝土组合梁桥的挠度验算可根据整体计算规定的刚度计算截面用结构力学的方法进行计算，且应符合 JTG 3362—2018 的规定。计算中应考虑波形钢腹板剪切变形对挠度的影响，波形钢腹板因剪切变形产生的挠度按式(2.5)～(2.7)计算：

$$\omega_\tau = \int \frac{k_v V \beta_i \bar{V}}{G A_w} \mathrm{d}x \tag{2.5}$$

$$A_w = h_w t_w \zeta \tag{2.6}$$

$$\beta_i = h_w / h \tag{2.7}$$

式中　ω_τ—— 波形钢腹板因剪切变形产生的挠度(mm)；

k_v—— 剪切修正系数，可取 $k_v = 1$；

V—— 由荷载产生的剪力设计值(N)；

β_i—— 波形钢腹板的剪切分担率；

$\bar{V}$—— 由单位荷载产生的剪力；

G—— 波形钢腹板的剪切模量(MPa)；

A_w—— 波形钢腹板的有效剪切面积(mm^2)；

h_w—— 波形钢腹板的高度(mm)；

t_w—— 波形钢腹板的厚度(mm)；

ζ—— 波形钢腹板形状系数，$\zeta = (a_w + b_w)/(a_w + c_w)$；

a_w—— 波形钢腹板直板段长度(mm)；

b_w—— 波形钢腹板斜板段投影长度(mm)；

c_w—— 波形钢腹板斜板段长度(mm)；

h—— 组合梁高度(mm)。

波形钢腹板预应力混凝土组合梁桥顶底板混凝土的压应力及预应力筋的拉应力计算应按 JTG 3362—2018 的规定执行。

波形钢腹板预应力混凝土组合梁桥在施工阶段的变形验算应按 JTG 3362—2018 的规定执行。

2.5 安全验算内容及假定

2.5.1 安全验算内容

波形钢腹板PC组合梁桥的上部结构由混凝土顶底板和波形钢腹板组成，根据结构的受力特性，弯矩和轴向力由混凝土顶底板承受，剪力由波形钢腹板承受，扭矩由两者共同承受。

同预应力混凝土组合箱梁桥的设计思路相同，波形钢腹板PC组合梁桥的设计需要对安全性和使用性能进行验算分析，以保证结构的可靠性。验算的主要内容包括：① 梁结构在顺桥方向的力学特性，即对结构弯曲变形的安全性验算；② 波形钢腹板抗剪强度验算；③ 钢和混凝土结合部（简称钢混结合部）连接验算；④ 混凝土桥面板的局部应力验算。对于波形钢腹板PC组合箱梁结构，钢腹板的剪切失稳和钢混结合部的抗剪能力是研究的主要对象。鉴于波形钢腹板PC组合梁桥与预应力混凝土箱梁桥在设计、受力、施工等方面均有相同之处，本节重点对这种结构与预应力混凝土箱梁桥设计与施工的不同之处进行研究。

2.5.2 整体设计流程及计算假定

波形钢腹板PC组合梁桥的整体设计主要包括下列内容：纵桥向设计计算、横桥向设计计算、波形钢腹板的稳定性计算、波形钢腹板与混凝土连接计算、波形钢腹板之间连接计算等。

波形钢腹板PC组合梁桥整体设计验算时应符合下列基本假定：混凝土顶底板承受弯矩和轴力，波形钢腹板仅承受剪力，波形钢腹板的剪应力沿梁高方向均匀分布；波形钢腹板与上下混凝土翼缘板共同工作，不发生相对滑移或剪切破坏；箱梁截面符合平截面假定；不考虑混凝土的抗拉强度；忽略体外预应力筋的有效高度变化。

纵向计算模型除箱梁采用有效截面外，计算单元、边界条件、荷载的施加与预应力混凝土结构相同。波形钢腹板箱梁杆系结构分析时，对主梁仅考虑混凝土顶底板的有效截面进行截面特性的计算。

2.6 主梁构造体系

波形钢腹板PC组合梁桥的顶底板一般为预应力混凝土结构，腹板则为波形钢腹板，波形钢腹板与混凝土顶底板之间通过剪力连接件进行连接。由于取消了混凝土腹板，代之以钢腹板，预应力钢索不能在腹板内实现转向，所以波形钢腹板PC组合梁桥的预应力筋配置形式发生了变化，分为以下三种形式：仅混凝土顶底板内配置体内预应力筋、顶底板体内预应力筋＋体外预应力筋以及全体外预应力筋构造。此外，因为波形钢腹板箱梁的横向刚度较弱，故比一般的混凝土箱梁多设置了横隔板。

2.6.1　纵横立面布置

波形钢腹板 PC 组合箱梁在纵向立面的布置与传统混凝土箱梁大致相同，对于边中跨比，连续刚构桥一般取 0.56 左右，连续梁桥一般取 0.6 ～ 0.8。跨径较小时，波形钢腹板 PC 组合梁桥横断面常采用等截面形式，大跨连续梁、连续刚构等则常采用变截面形式。变截面形式有折线变化和曲线变化两种形式；有时考虑腹板加工的方便，箱梁整体上按折线或曲线变化，但波形钢腹板设置为等高。

波形钢腹板 PC 组合梁桥的横断面选择要考虑弯曲、扭转、畸变刚度，并兼顾道路宽度、连接构造、桥面板受力及下部与基础构造等因素，而且应该在考虑经济指标与施工方案后，决定箱梁的断面形状。其断面多数采用直腹板断面，但为减小桥面板悬挑长度，便于墩台合理设计，加大箱梁畸变刚度，亦有采用斜腹板断面的形式。倘若桥面较宽，桥型可有三种选择：单室多箱断面、单箱多室断面和带斜撑的单箱单室断面。

2.6.2　波形钢腹板的构造

波形钢腹板一般由卷材或板材弯折形成，其厚度一般不小于 10 mm。波形钢腹板的几何控制参数主要有：波形钢腹板高度 h_w、钢板厚度 t_w、直板段宽度 a_1、波形钢腹板波高 d_w、斜板段投影宽度 a_2、斜板段宽度 a_3、弯折半径 r 等。波形钢腹板型号宜采用图 2.2 所示的 1000 型、1200 型、1600 型三种型号。波形钢腹板的其他构造细节应符合《组合结构桥梁用波形钢腹板》(JT/T 784—2010) 的有关规定。小跨径桥梁宜选用 1000 型和 1200 型波形钢腹板；40 ～ 150 m 跨径连续梁桥宜选用 1600 型波形钢腹板。当使用图 2.2 所示形状以外的波形钢腹板时，应对波高、幅段长度、幅段倾角等进行合适的选择，并做相应的研究、试验以确保安全性。

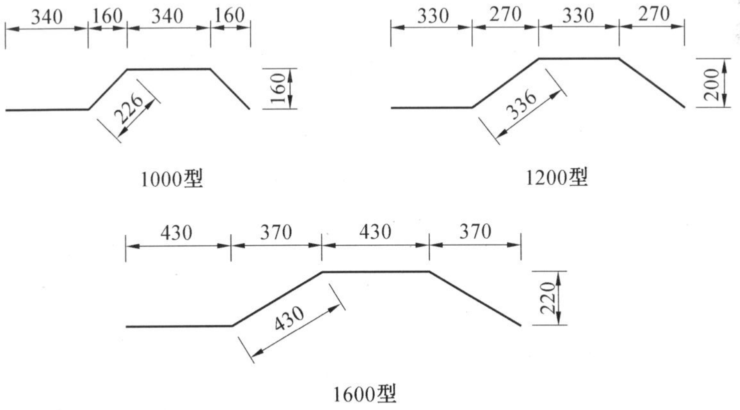

图 2.2　波形钢腹板几何尺寸

在不同厚度的波形钢腹板连接中，应从波形钢腹板的一侧或两侧做成坡度不大于 1 ∶ 4 的斜坡；当板厚相差不大于 4 mm 时，可不做斜坡。

2.6.3 高跨比设置

高跨比(即高度和跨度的比值)是波形钢腹板PC组合梁桥设计的重要参数之一。该参数影响桥梁的外形美观,也影响桥下的净空(跟船舶通行等使用功能有关),还影响桥梁自身力学性能,会直接影响桥梁的安全性和耐久性。减小高跨比可以降低主梁的自重,使得结构具有轻盈美观、用料省、工程量少、成本经济的优点,但过小的高跨比可能会导致主梁的受力和变形不能满足设计要求。波形钢腹板PC组合梁桥梁高的选择一般略高于混凝土PC箱梁桥。对现有波形钢腹板PC组合梁桥高跨比进行统计,已有波形钢腹板PC组合箱梁的高跨比在桥梁根部一般取1/17.5 ~ 1/16,略高于混凝土PC箱梁桥的1/18.8 ~1/16.7;跨中高跨比一般取1/50 ~ 1/34,高于混凝土PC箱梁桥的跨中高跨比(1/87.7 ~ 1/35)。具体设计还需采用有限元数值分析的方法进行校核。

2.6.4 梁底曲线设置

如前所述,波形钢腹板PC组合梁桥跨径较小时常采用等截面形式,但对大跨连续梁、连续刚构等则通常采用变截面的形式。变截面箱梁的梁底常以曲线的形式从根部渐变到跨中。曲线变化会对结构自重产生最直接的影响,增大梁底曲线次数可以使得上部结构轻型化,但主梁受力也随之发生改变,过大的梁底抛物线可能导致部分截面的应力、挠度不能满足使用要求。因此,合理的梁底曲线的取值是大跨径波形钢腹板PC组合梁桥设计的一个重要参数。

根据以往的设计经验,梁底曲线常选取1.5 ~ 2.0次抛物线。通过对波形钢腹板PC组合梁桥的梁底曲线进行统计分析可知,大跨径波形钢腹板PC组合梁桥梁底曲线集中在1.6 ~ 2.0次抛物线,国内已建和在建的100 m以上跨径的桥梁梁底曲线取值多为1.8和2.0次抛物线。关于合理梁底曲线取值,还有待进一步更全面、完善的研究。

2.7 混凝土桥面板设计

2.7.1 一般规定

波形钢腹板预应力混凝土组合梁的桥面板必须充分考虑波形钢腹板的力学特性进行设计。

桥面板的构造要求应符合GB 50917—2013的有关规定。

桥面板设置承托时,其外形尺寸及构造(图2.3)应符合下列规定。

① 当承托高度在80 mm以上时,应在承托底侧布置横向加强钢筋。

② 承托边至连接件外侧的距离不得小于40 mm,承托外形轮廓应在由最外侧连接件根部起的45°角线的界限以外。

③ 承托中横向钢筋下部水平段距连接件上翼缘应小于50 mm,剪力连接件抗掀起端底面高出横向钢筋的距离 h_{e0} 不得小于30 mm,横向钢筋间距不应大于4倍 h_{e0} 且不应大于300 mm。

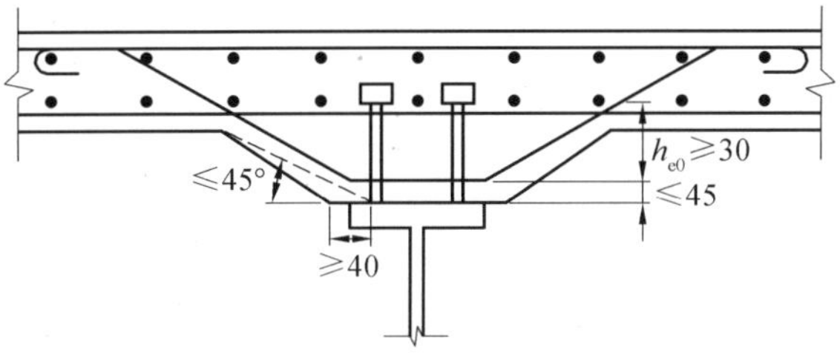

图 2.3　桥面板承托外形尺寸及构造

2.7.2　桥面板的设计弯矩

由荷载产生的弯矩原则上应考虑桥面板的支撑状态、形状、荷载状况，根据薄板理论进行计算。

由恒载产生的弯矩，可以将箱梁看作是考虑其各部件厚度变化的由波形钢腹板、混凝土顶底板组成的箱形框架来计算。计算中应考虑混凝土桥面板预应力筋产生的超静定力的影响（二次弯矩）。

2.7.3　桥面板纵向抗剪计算

波形钢腹板预应力混凝土组合梁承托及桥面板纵向抗剪承载力验算时，应分别验算图 2.4 所示的混凝土翼板纵向受剪控制截面 a—a、b—b、c—c 及 d—d。

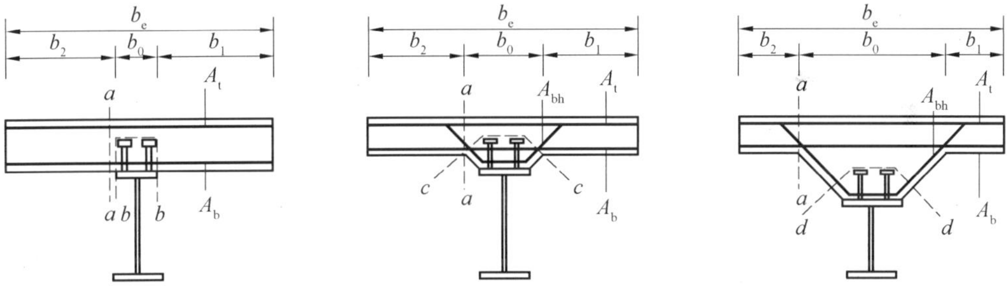

图 2.4　混凝土翼板纵向受剪控制界面

图中　A_t—— 混凝土桥面板顶部附近单位长度内钢筋面积的总和（mm^2）；

A_b—— 混凝土桥面板底部单位长度内钢筋面积的总和（mm^2）；

A_{bh}—— 承托底部单位长度内钢筋面积的总和（mm^2）。

单位长度混凝土桥面板内横向钢筋总面积应满足

$$A_e f_{sd}/L_s > 0.8 \tag{2.8}$$

式中　A_e—— 单位长度混凝土桥面板内横向钢筋总面积（mm^2/mm）；

f_{sd}—— 横向钢筋的抗拉强度设计值（MPa）；

L_s—— 桥面板纵向受剪界面的长度（mm）；

0.8—— 系数（MPa）。

表 2.1　单位长度内在垂直于主梁方向上的钢筋截面面积 A_e

剪切面	a—a	b—b	c—c	d—d
A_e	$A_b + A_t$	$2A_b$	$2(A_b + A_{bh})$	$2A_{bh}$

波形钢腹板 PC 组合梁承托及混凝土桥面板纵向界面抗剪承载力应符合

$$V_{1d} \leqslant V_{1Rd} \tag{2.9}$$

式中　V_{1d}—— 作用(或荷载)引起的单位梁长混凝土桥面板内纵向受剪界面的纵向剪力(N/mm);

V_{1Rd}—— 单位梁长混凝土桥面板内纵向受剪界面抗剪承载力设计值(N/mm)。

作用(或荷载)引起的单位梁长混凝土桥面板内纵向受剪界面的纵向剪力 V_{1d} 应符合以下规定。

单位梁长内,a—a 纵向受剪界面的纵向剪力为

$$V_{1d} = \max\left(V_1 \frac{b_1}{b_e}, V_1 \frac{b_2}{b_e}\right) \tag{2.10}$$

式中　b_e—— 混凝土桥面板的有效宽度(mm),如图2.6 所示;

b_1、b_2—— 混凝土桥面板左右两侧在 a—a 界面以外的有效宽度(mm),如图2.6 所示;

V_1—— 单位梁长钢梁与混凝土桥面板的截面纵向剪力(N/mm)。

单位梁长内 b—b、c—c、d—d 纵向受剪界面的纵向剪力按下式计算:

$$V_{1d} = V_1$$

单位梁长的界面纵向剪力应按下列要求进行计算,由竖向剪力引起的单位梁长的界面纵向剪力为

$$V_1 = \frac{V_d S_{0c}}{I_0} \tag{2.11}$$

式中　S_{0c}—— 混凝土桥面板对组合截面中和轴的面积矩(mm^3);

I_0—— 组合梁截面换算截面惯性矩(mm^4)。

由预应力筋集中锚固力、混凝土收缩变形或温差引起的纵向剪力,预应力筋在梁跨中间锚固,锚固点前后均传递纵向剪力,剪力为

$$V_1 = \frac{V_t}{l_{cs}} \tag{2.12}$$

预应力筋在梁跨中间锚固,锚固点前(预应力作用区段)传递剪力或梁端部锚固时,剪力为

$$V_1 = \frac{2V_t}{l_{cs}} \tag{2.13}$$

式中　V_d—— 形成组合作用之后,作用于组合梁的竖向剪力(N);

V_t—— 预应力筋集中锚固力、混凝土收缩变形或温差的初始效应在混凝土桥面板中产生的纵向剪力(N);

l_{cs}—— 混凝土收缩变形或温差引起的纵向剪力计算传递长度(mm),取主梁间距和主梁长度的 1/10 中的较小值。

单位长度内纵向界面抗剪承载力设计值按式(2.14) 及式(2.15) 计算,并取两者的较小值:

$$V_{1Rd} = 0.7b_f f_{td} + 0.8A_e f_{sd} \tag{2.14}$$

$$V_{1Rd} = 0.25b_f f_{cd} \tag{2.15}$$

式中　b_f—— 桥面板纵向受剪界面在垂直于主梁方向上的长度,按图 2.6 所示的 $a—a$、$b—b$、$c—c$ 及 $d—d$ 连线在连接件以外的最短长度取值(mm);

f_{td}—— 混凝土轴心抗拉强度设计值(MPa);

f_{sd}—— 横向钢筋的抗拉强度设计值(MPa);

f_{cd}—— 混凝土轴心抗压强度设计值(MPa)。

2.8　波形钢腹板设计

波形钢腹板是波形钢腹板 PC 组合箱梁结构中最具特点的部件。当波形钢腹板与上下混凝土桥面板的构造(梁高、混凝土板厚、腹板厚度) 不同时,波形钢腹板所承担的剪力也不同,一般腹板仅承担全部剪力的 60% ~ 85%;当达到极限状态时,混凝土顶底板可能开裂,此时的剪力几乎完全由钢腹板承担,故按波形钢腹板承担全部剪力进行设计更加安全。

波形钢腹板在剪力作用下既有剪切屈服问题,也有剪切屈曲问题,故应做两种验算,即强度验算和屈曲验算;此外,还需对钢腹板之间的连接进行验算。由于波形钢腹板承受的纵桥向轴力很小,波形钢腹板之间的连接验算中可以忽略轴向力的作用。对于组合腹板段的波形钢腹板应按波形钢腹板承担全部剪力设计,且剪应力沿腹板高度方向均匀分布。

2.8.1　波形钢腹板抗剪计算

波形钢腹板的抗剪验算应包括桥梁结构设计的三种状况,即持久状况、短时状况和偶然状况下正常使用的极限状态剪应力验算。

波形钢腹板的剪应力应同时计入剪力、扭矩以及其与预应力的竖向分力产生的效应。其中剪力包括预应力的二次效应,扭矩可取车辆荷载最不利偏载情况下的组合设计值。抗剪强度与剪切稳定验算时,预应力效应的分项系数不利时取 1.2,有利时取 1.0。

波形钢腹板持久状况承载能力极限状态的抗剪强度与剪切稳定验算应采用 JTG D60—2015 规定的作用效应的基本组合。波形钢腹板持久状况、短暂状况下正常使用的极限状态剪应力验算应采用 JTG D60—2015 规定的作用效应的标准组合。

(1) 波形钢腹板的承载能力极限状态抗剪强度应符合式(2.16) ~ (2.18) 要求:

$$\gamma_0(\tau_{md} + \tau_{td}) \leqslant f_v \tag{2.16}$$

$$\tau_{md} = \frac{V_{d1} - V_{p1}}{h_w t_w} \tag{2.17}$$

$$\tau_{td} = \frac{T_d}{2A_m t_w(1+\alpha)} \tag{2.18}$$

式中 γ_0—— 结构重要性系数；

τ_{md}—— 剪力与预应力的竖向分力产生的剪应力设计值(MPa)；

τ_{td}—— 扭矩产生的剪应力设计值(MPa)；

f_v—— 钢板的抗剪强度设计值(MPa)；

V_{d1}—— 作用效应基本组合下，计算截面单块波形钢腹板的剪力设计值(N)；

V_{p1}—— 作用效应基本组合下，预应力对计算截面单块波形钢腹板产生的竖向分力标准值(N)；

T_d—— 作用效应基本组合下，计算截面的扭矩设计值($N^2 \cdot mm$)。

(2) 波形钢腹板正常使用极限状态剪应力应符合式(2.19)～(2.21)要求：

$$\tau_{mk} + \tau_{tk} \leqslant 0.625 f_{yv} \tag{2.19}$$

$$\tau_{mk} = \frac{V_{k1} - V_{p1}}{h_w t_w} \tag{2.20}$$

$$\tau_{tk} = \frac{T_k}{2A_m t_w (1+\alpha)} \tag{2.21}$$

式中 τ_{mk}—— 剪力与预应力的竖向分力产生的剪应力设计值(MPa)；

τ_{tk}—— 扭矩产生的剪应力设计值(MPa)；

f_{yv}—— 波形钢腹板剪切屈曲强度标准值(MPa)，取屈曲强度的 $1/\sqrt{3}$；

V_{k1}—— 作用效应标准组合下，计算截面单块波形钢腹板的剪力设计值(N)；

T_k—— 作用效应标准组合下，计算截面的扭矩设计值($N^2 \cdot mm$)。

(3) 波形钢腹板的承载能力极限状态组合屈曲应符合式(2.22)～(2.23)要求：

$$\gamma_0 (\tau_{md} + \tau_{td}) \leqslant \tau_{cr} \tag{2.22}$$

$$\tau_{cr} = \frac{1}{\left(\frac{1}{\tau_{cr,L}^4} + \frac{1}{\tau_{cr,G}^4}\right)^{\frac{1}{4}}} \tag{2.23}$$

式中 τ_{cr}—— 波形钢腹板组合屈曲临界剪应力(MPa)；

$\tau_{cr,L}$—— 波形钢腹板局部屈曲临界剪应力(MPa)；

$\tau_{cr,G}$—— 波形钢腹板整体屈曲临界剪应力(MPa)。

(4) 波形钢腹板局部(整体)屈曲临界剪应力 $\tau_{cr,L}(\tau_{cr,G})$ 按式(2.24)～(2.26)计算：

$$\begin{cases} \tau_{cr,L}(\tau_{cr,G}) = f_v, & \lambda_s \leqslant 0.6 \\ \tau_{cr,L}(\tau_{cr,G}) = [1 - 0.614 \times (\lambda_s - 0.6)] \cdot f_v, & 0.6 < \lambda_s \leqslant \sqrt{2} \\ \tau_{cr,L}(\tau_{cr,G}) = f_v/\lambda_s^2, & \sqrt{2} < \lambda_s \end{cases} \tag{2.24}$$

$$\lambda_s = \sqrt{f_v/\tau_{cr,L}^e} \tag{2.25}$$

或

$$\lambda_s = \sqrt{f_v/\tau_{cr,G}^e} \tag{2.26}$$

式中 λ_s—— 折算板宽厚比，计算 $\tau_{cr,L}$ 时，按式(2.27)计算，计算 $\tau_{cr,G}$ 时，按式(2.29)计算；

$\tau_{cr,L}^e$—— 弹性局部屈曲临界剪应力(MPa)，按式(2.27)、式(2.28)计算：

$$\tau_{cr,L}^{e}=\frac{k\pi^2 E}{12(1-v^2)}\left(\frac{t_w}{h_w}\right)^2 \tag{2.27}$$

$$k=4+5.34\,(h_w/a_w)^2 \tag{2.28}$$

$\tau_{cr,G}^{e}$—— 弹性整体屈曲临界剪应力(MPa)，按式(2.29) ～ (2.31) 计算：

$$\tau_{cr,G}^{e}=\frac{36\beta\,(EI_y)^{\frac{1}{4}}\,(EI_x)^{\frac{3}{4}}}{h_w^2 t_w} \tag{2.29}$$

$$I_x=t_w(\delta^2+1)/(6\zeta) \tag{2.30}$$

$$I_y=\frac{t_w^3}{12(1-v^2)} \tag{2.31}$$

式中　k—— 波形钢腹板局部屈曲系数；

v—— 波形钢腹板的泊松比；

β—— 波形钢腹板整体嵌固系数，取 $\beta=1.0$；

I_y—— 单位长度波形钢腹板绕高度方向的惯性矩(mm^4/mm)；

I_x—— 单位长度波形钢腹板绕纵桥向的惯性矩(mm^4/mm)；

δ—— 波形钢腹板波高板厚比，取 $\delta=d_w/t_w$；

d_w—— 波形钢腹板波高；

t_w—— 波形钢腹板厚度；

ζ—— 波形钢腹板的形状系数。

2.8.2　波形钢腹板之间的连接计算

(1) 高强度螺栓的抗剪承载力设计值应按式(2.32) 计算：

$$N_v^b=0.9n_f\mu P \tag{2.32}$$

式中　N_v^b—— 螺栓的抗剪承载力设计值(N)；

n_f—— 传力摩擦面数；

P—— 高强度螺栓的预拉力(N)；

μ—— 摩擦面的抗滑移系数。

连接处使用的螺栓个数应满足式(2.33) 的要求：

$$N\geqslant\frac{V_{d1}}{N_v^b} \tag{2.33}$$

式中　N—— 螺栓个数。

(2) 波形钢腹板直角角焊缝在剪力作用下，其剪应力按式(2.34) 计算：

$$\tau_f=\frac{V_f}{0.7h_f\sum l_w}\leqslant f_f^w \tag{2.34}$$

式中　τ_f —— 波形钢腹板直角角焊缝在剪力作用下产生的剪应力(MPa)；

V_f—— 焊缝承受的竖向剪力设计值(N)；

h_f—— 角焊缝的焊脚尺寸(mm)；

$\sum l_w$—— 焊缝的计算长度之和(mm)，对每条焊缝取其实际长度减去 $2h_f$；

f_f^w—— 角焊缝的强度设计值(MPa),按《钢结构设计规范》取值。

2.8.3　波形钢腹板与翼缘板的焊接计算

(1) 在承载能力极限状态下,应对焊接连接纵桥向和横桥向的合成应力进行验算。波形钢腹板与翼缘板的角焊缝可按图2.5进行等效。

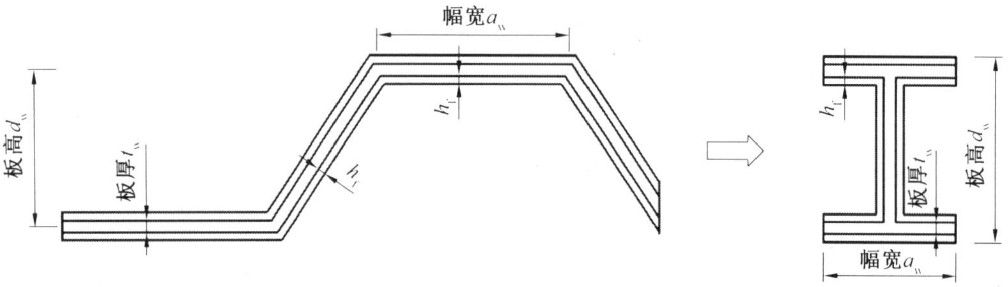

图2.5　角焊缝计算等效图

(2) 纵桥向的验算按照式(2.35)进行:

$$\tau_f = \frac{2Q_d^c}{0.7h_f \sum l_w} \leqslant f_f^w \tag{2.35}$$

式中　τ_f—— 水平剪力产生的剪应力(MPa);

Q_d^e—— 波形钢腹板与箱梁顶、底板连接处的单位长度水平剪力设计值(N);

h_f—— 角焊缝的焊脚尺寸(mm);

$\sum l_w$—— 焊缝的计算长度之和(mm),对每条焊缝取其实际长度减去$2h_f$。

(3) 横桥向的验算按照式(2.36)进行:

$$\sigma_M = \frac{6M_u}{\sum l_w (0.7h_f)^2} \leqslant f_f^w \tag{2.36}$$

式中　σ_M—— 由横向弯矩产生的正应力(MPa);

M_u—— 横向抗弯承载力设计值($N^2 \cdot m$)。

(4) 合成应力验算应满足式(2.37)要求:

$$\left(\frac{\tau_f}{f_f^w}\right)^2 + \left(\frac{\sigma_M}{f_f^w}\right)^2 < 1 \tag{2.37}$$

2.9　抗剪连接件设计

2.9.1　一般规定

波形钢腹板组合梁桥抗剪连接件的选用,应保证波形钢腹板与混凝土板有效结合,使主梁断面能成为组合断面。

抗剪连接件应进行承载能力极限状态抗剪强度计算和正常使用极限状态下的抗滑移

和应力计算。其中，承载能力极限状态抗剪强度计算应采用荷载的基本组合，正常使用极限状态计算应采用荷载的标准组合。

波形钢腹板预应力混凝土组合梁正常使用极限状态下，单个抗剪连接件承担的剪力设计值不应超过 75% 的抗剪承载力设计值。

2.9.2　连接件抗剪承载力计算

(1) 对于单箱单室截面，波形钢腹板与顶底板连接处的单位长度水平剪力按照式(2.38) 和式(2.39) 计算：

$$Q_d^e = \frac{(V_d - V_p)S}{2I} \tag{2.38}$$

$$Q_k^e = \frac{(V_k - V_p)S}{2I} \tag{2.39}$$

式中　Q_d^e—— 抗剪强度计算时，波形钢腹板与箱梁顶底板连接处的单位长度水平剪力设计值(N/mm)；

Q_k^e—— 抗滑移计算时，波形钢腹板与箱梁顶底板连接处的单位长度水平剪力设计值(N/mm)；

V_k—— 作用效应标准组合下，单箱截面的竖向剪力设计值(N)；

V_d—— 作用效应基本组合下，单箱截面波形钢腹板的剪力设计值(N)；

V_p—— 作用效应基本组合下，预应力对单箱截面产生的竖向分力标准值(N)；

S—— 混凝土顶板或底板对截面中性轴的面积矩(mm^3)；

I—— 组合梁截面的惯性矩(mm^4)。

(2) 波形钢腹板与混凝土顶板、底板的连接件的抗剪强度应符合式(2.40) 要求：

$$\gamma_0 Q_d^e \leqslant Q_{pu}/s \tag{2.40}$$

式中　γ_0—— 结构重要性系数；

Q_{pu}—— 连接件的水平抗剪承载力设计值(N)；

s—— 连接件纵桥向间距(mm)，对于嵌入型连接件取 0.5 倍波形钢腹板波长。

(3) 栓钉连接件的抗剪承载力设计值应根据下列公式确定。

单个栓钉连接件的抗剪承载力设计值由式(2.41) 及式(2.42) 确定，取两者中的较小值。当发生栓钉剪断破坏时，

$$Q_{pu}^c = 1.19A_{std}f_{std}\left(\frac{E_c}{E_S}\right)^{0.2}\left(\frac{f_{cu}}{f_{std}}\right)^{0.1} \tag{2.41}$$

当发生混凝土压碎破坏时，

$$Q_{pu}^c = 0.43\eta A_{std}\sqrt{E_c f_{cd}} \tag{2.42}$$

式中　Q_{pu}^c—— 栓钉水平抗剪承载力设计值(N)；

A_{std}—— 栓钉截面面积(mm^2)；

f_{std}—— 栓钉抗拉强度设计值(MPa)，当栓钉材料性能等级为 4.6 级时，f_{std} 取 400 MPa；

E_c、E_S—— 混凝土和栓钉的弹性模量(MPa)；

f_{cu}、f_{cd}—— 混凝土的立方体抗压强度和轴心抗压强度设计值(MPa)；

η—— 群钉效应折减系数，当 $6 < l_d/d < 13$ 时，对于强度等级为C30～C40的混凝土，$\eta = 0.21l/d + 0.73$(l_d 为栓钉纵向间距，d 为栓钉直径，单位mm)；对于C45、C50混凝土，$\eta = 0.016l_d/d + 0.80$；对于C55、C60混凝土，$\eta = 0.013l_d/d + 0.84$；当 $l_d/d \geqslant 13$ 时，不考虑群钉效应，取1.0。

(4) 栓钉连接件的抗滑移应符合式(2.43)～(2.45)的要求：

$$Q_k^c \leqslant Q_{sa}^c/s \tag{2.43}$$

$$Q_{sa}^c = 8.408\sqrt{f_{cu,k}}\,d^2,\quad H/d \geqslant 5.5 \tag{2.44}$$

$$Q_{sa}^c = 1.538\sqrt{f_{cu,k}}\,dH,\quad H/d < 5.5 \tag{2.45}$$

式中　Q_{sa}^c—— 单个栓钉的抗滑移水平剪力限值(N)；

$f_{cu,k}$—— 混凝土立方体抗压强度标准值(MPa)；

d—— 栓钉直径(mm)；

H—— 栓钉长度(mm)。

(5) 双开孔钢板连接件的水平抗剪承载力设计值 Q_{pu} 应取混凝土剪力销抗剪承载力 Q_{pu1}、混凝土剪力销抗劈裂承载力 Q_{pu2} 以及开孔钢板孔间抗剪承载力 Q_{pu3} 的最小值。

① 混凝土剪力销抗剪承载力设计值按式(2.46)计算：

$$Q_{pu1} = n_p[1.4(d_p^2 - d_s^2)f_{cd} + 1.2d_s^2 f_{sd}] \tag{2.46}$$

式中　d_p—— 钢板开孔直径(mm)；

d_s—— 贯穿钢筋直径(mm)；

n_p—— 开孔钢板连接件的排数，双开孔钢板连接件中，当两个开孔钢板之间的距离大于开孔钢板高度的1.5倍时，n_p 取2。

② 混凝土剪力销抗劈裂承载力设计值按式(2.47)计算：

$$Q_{pu2} = 7.5n_p f_{cd} d_p t \tag{2.47}$$

式中　t—— 开孔钢板厚度(mm)。

③ 开孔钢板孔间抗剪承载力设计值按式(2.48)计算：

$$Q_{pu3} = n_p f_v d_j t \tag{2.48}$$

式中　f_v—— 钢板抗剪强度设计值(MPa)；

d_j—— 开孔钢板的孔净距(mm)。

(6) 双开孔钢板连接件抗滑移应符合式(2.49)及式(2.50)要求：

$$Q_k^c \leqslant 2Q_{sa}/s \tag{2.49}$$

$$Q_{sa} = 0.154\pi[0.677f_{cu,k}(d_p^2 - d_s^2) + d_s^2 f_{stk}] - 35\,367 \tag{2.50}$$

式中　Q_{sa}—— 单个开孔钢板连接件销孔的抗滑移水平限值(N)；

f_{stk}—— 贯穿钢筋抗拉强度标准值(MPa)；

$f_{cu,k}$—— 混凝土立方体抗压强度标准值(MPa)。

(7) 单开孔钢板＋栓钉连接件的水平抗剪承载力取单个开孔钢板连接件与栓钉抗剪承载力之和。

(8) 单开孔钢板＋栓钉连接件抗滑移应符合式(2.51)要求：

$$Q_k^e \leqslant (Q_{sa} + nQ_{sa}^c)/s \tag{2.51}$$

式中　n——栓钉的排数，$n \leqslant 4$。

(9) 嵌入型连接件水平抗剪承载力按式(2.52)计算：

$$Q_{pu} = 0.6f_{cd}A_1 + \mu f_{s1d}A_S \tag{2.52}$$

式中　A_1——波形钢腹板斜板段的投影面积(mm^2)；

μ——系数，取 1.0；

f_{s1d}——接合钢筋的抗拉强度设计值(MPa)；

A_S——接合钢筋的面积(mm^2)。

(10) 嵌入型连接件在波形钢腹板斜板段处的混凝土应力应符合式(2.53)计算要求：

$$\frac{Q_k^e s}{0.25A_1 + 0.05A} \leqslant 0.8f_{cu,k} \tag{2.53}$$

式中　s——连接件纵桥向间距(mm)；

A_1——波形钢腹板斜板段的投影面积(mm^2)；

A——板腋有效承压面积(mm^2)。

(11) 角钢连接件的水平抗剪承载力按式(2.54)计算：

$$Q_{pu} = f_{cd}A_{as}/1.5 \tag{2.54}$$

式中　A_{as}——角钢承压面积(mm^2)，如图 2.6 所示。

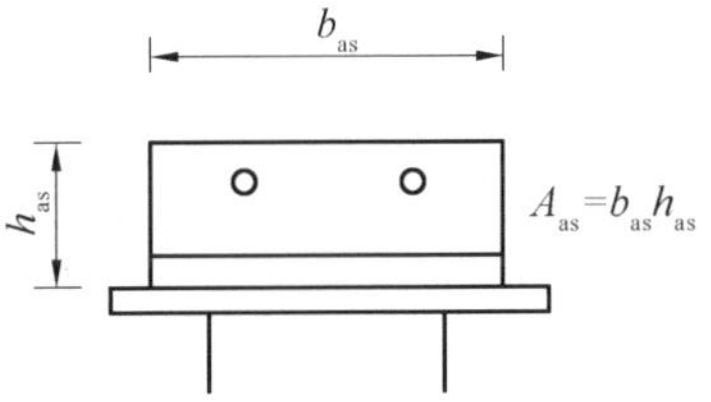

图 2.6　角钢承压面积计算图

(12) 角钢连接件中，角钢与翼缘板的连接焊缝应进行纵向水平力承载力验算，连接焊缝承受的水平剪力按式(2.55)计算：

$$F_h = sQ_d^e \tag{2.55}$$

式中　F_h——连接焊缝承受的水平剪力(N)；

Q_d^e——角钢连接件承受的单位长度水平剪力设计值(N/mm)。

2.9.3　连接件抗角隅弯矩计算

采用双开孔钢板连接件、单开孔钢板＋栓钉连接件、角钢连接件和栓钉连接件时，应进行连接件的抗角隅弯矩计算。

(1) 双开孔钢板连接件承受的角隅弯矩应符合式(2.56)要求：

$$M_d \leqslant n_p b_p Q_{pu} \tag{2.56}$$

式中　M_d——角隅弯矩设计值($N^2 \cdot m$)；

n_p——与角隅弯矩对应板宽内的开孔钢板数量；

b_p——开孔板的间距(mm)；

Q_{pu}—— 单个开孔钢板件抗剪承载力设计值(N)。

(2) 单开孔钢板＋栓钉连接件、栓钉连接件承受的角隅弯矩(图2.7)应符合式(2.57)及式(2.58)要求：

$$M_d \leqslant n_s b_s N_d \tag{2.57}$$

$$N_d = 1.283H^2\sqrt{f_{cd}} \leqslant \frac{\pi}{4}d^2 f_{std} \tag{2.58}$$

式中　M_d—— 角隅弯矩设计值($N^2 \cdot m$)；

n_s—— 与角隅弯矩对应板宽内的单排栓钉数量；

b_s—— 栓钉间距(mm)；

N_d—— 栓钉抗拉承载力设计值(N)；

H—— 栓钉长度(mm)；

f_{cd}—— 混凝土抗压强度设计值(MPa)；

d—— 栓钉直径(mm)；

f_{std}—— 栓钉抗拉强度设计值(MPa)。

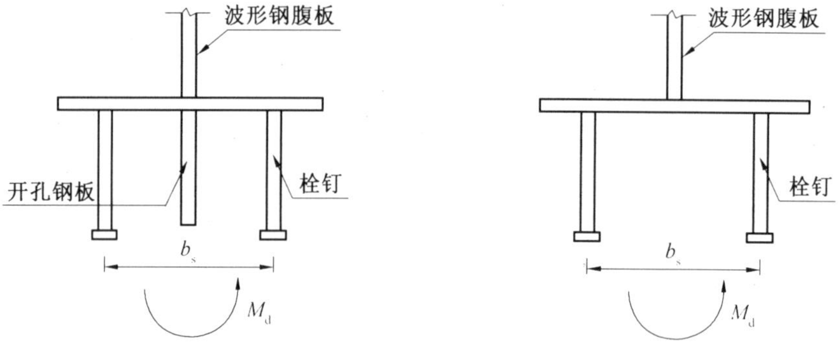

图2.7　作用于单开孔钢板＋栓钉连接件、栓钉连接件的角隅弯矩

(3) 角钢连接件承受的角隅弯矩应符合式(2.59)～(2.62)要求。

① U形钢筋不与角钢焊接：

$$M_d \leqslant A_s f_{sd} B_s / \sqrt{3} \tag{2.59}$$

$$M_d \leqslant 2A_u B_u f_u \tag{2.60}$$

$$M_d \leqslant 2u_u l_u B_u R_u \tag{2.61}$$

② U形钢筋与角钢焊接：

$$M_d \leqslant A_s f_{sd} B_s / \sqrt{3} + \min(2A_u B_u f_u, 2u_u l_u B_u R_u) \tag{2.62}$$

式中　A_s—— 贯穿钢筋面积(mm^2)；

f_{sd}—— 贯穿钢筋抗拉强度设计值(MPa)；

B_s—— 贯穿钢筋间距(mm)；

A_u—— 单根U形钢筋截面面积(mm^2)；

B_u——U形钢筋的轴间距(mm)；

f_u——U形钢筋抗拉强度设计值(MPa)；

u_u——U形钢筋截面周长(mm)；

l_u——U 形钢筋锚固长度(mm)；

R_u——U 形钢筋与混凝土黏结强度设计值(MPa)，应根据试验确定。

2.9.4　连接件疲劳计算

(1) 抗剪连接件应根据下列公式进行疲劳验算：

$$\gamma_{Ff}\Delta N_p \leqslant \Delta N_L/\gamma_{Mf} \tag{2.63}$$

$$\Delta N_p = N_{p,max} - N_{p,min} \tag{2.64}$$

式中　γ_{Ff}—— 疲劳荷载分项系数，取 1.0；

γ_{Mf}—— 疲劳抗力分项系数，对重要构件取 1.35，对次要构件取 1.15；

ΔN_p—— 抗剪连接件按疲劳荷载模型计算得到的剪力幅(N)；

ΔN_L—— 连接件疲劳容许剪力幅(N)，可按 JT/T 784—2010 第 11.4.3 条计算；

$N_{p,max}$、$N_{p,min}$—— 无限疲劳寿命验算的疲劳荷载模型按最不利情况加载于影响线得出的最大和最小剪力(N)。

(2) 抗剪连接件的疲劳荷载模型，采用 JTG D60—2015 规定的等效车道荷载形式。其集中荷载为 $0.7P_k$，均布荷载为 $0.3q_k$，集中荷载标准值 P_k 和均布荷载标准值 q_k 应按 JTG D60—2015 相关规定取值，计算时应考虑多车道的影响，横向多车道系数按 JTG D60—2015 的相关规定计算。

抗剪连接件的疲劳容许剪力幅应符合下式规定：

$$\Delta N_L \leqslant 0.2N_v^c \tag{2.65}$$

式中　N_v^c—— 连接件的抗剪承载力设计值(N)。

2.10　其他关键部位设计

2.10.1　横隔板设置

为使波形钢腹板预应力混凝土组合梁桥具有足够的刚度，必须以合适的间距来配置横梁和横隔板。横隔板间距应根据桥梁的扭转和畸变效应确定。

当将横隔板与转向块设计成一体时，除进行通常的荷载所引起的截面力验算之外，对于体外预应力筋的锚固与弯折所导致的局部作用力也必须进行验算。

锚固横梁、转向横梁宜采用实体有限元模型进行分析，并根据应力结果进行配筋。

波形钢腹板 PC 组合箱梁是将 PC 组合箱梁的混凝土腹板换成波形钢腹板而形成的组合结构，随之而来的问题是在底板厚度减小的情况下，抗扭刚度及抗剪刚度分别降低到 PC 组合结构的约 40% 和 10%，纵向及横向抗弯刚度分别降低到约 90% 和 75%。波形钢腹板箱梁与混凝土箱梁相比较，抗扭刚度及横向抗弯刚度都减小了，所以不仅要在支座处设置横隔梁，同时也要在跨径内适当布置横隔板来提高箱梁的有效抗扭刚度，这样有利于荷载的横向分布。此外，通过设置一定数量或间距的横向联系钢构件或混凝土横隔板来限制结构畸变变形，使箱梁在偏心荷载作用下的翘曲正应力与恒载和荷载正应力之和的比值限制在一定比例(10%)以内。合理的横隔梁的设置还应考虑体外预应力筋锚固和转向的要求。

单箱单室波形钢腹板预应力混凝土组合箱梁的扭转惯性矩可按式(2.66)计算。对于双室或多室截面,可仅考虑最外侧的波形钢腹板按单箱单室截面计算扭转刚度。

$$J_t = \frac{4A_m^2}{\dfrac{h_m}{n_s t_3(1+\alpha)} + \dfrac{b_m}{t_1(1-\alpha)} + \dfrac{h_m}{n_s t_4(1+\alpha)} + \dfrac{b_m}{t_2(1-\alpha)}} \tag{2.66}$$

式中　J_t—— 扭转惯性矩(mm^4);

A_m—— 箱梁薄壁中心线所围面积(mm^2),$A_m = h_m \times b_m$;

h_m—— 顶板与底板中心线之间的距离(mm);

b_m—— 箱梁中位线宽度,$b_m = (b_1 + b_2)/2$;

b_1、b_2—— 顶、底板处波形钢腹板中心线之间的距离(mm)(图2.8);

n_s—— 钢材与混凝土的剪切模量比,$n_s = G/G_c$;

t_i—— 箱梁横截面各部件的厚度(mm);

α—— 修正系数,$\alpha = 0.4h_m/b_m - 0.06 \geqslant 0$,且当 $h_m/b_m < 0.2$ 时,$\alpha = 0$。

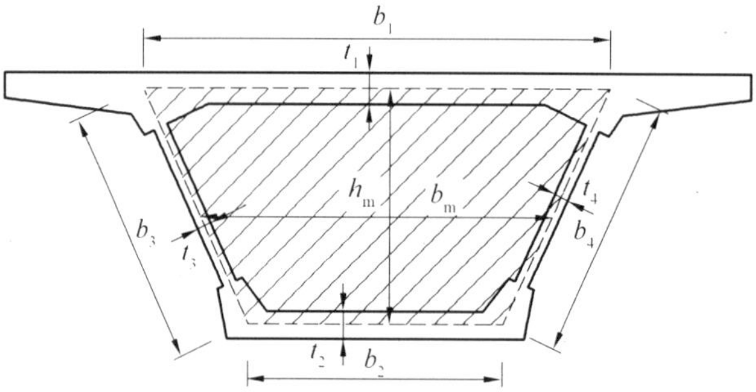

图2.8　波形钢腹板组合梁桥扭转惯性矩计算图

关于横隔板的间距设置还需要进一步研究,特别是对弯桥或斜桥更要慎重考虑。横隔板设置的原则一般是维持两种箱梁扭转刚度一致,除了支点和墩部需设置端横隔梁以外,在已建桥梁中,中横隔板间距在9～29 m之间。其中还要考虑到它兼作体外索转向块使用的情况,每跨至少要在两处设置横隔板。

2.10.2　内衬混凝土设置及剪力计算

当桥梁跨径较大时,箱梁根部截面梁高相应较高,此时需要在钢腹板内侧浇筑混凝土形成组合结构。混凝土能够提高波形钢腹板的抗屈曲能力,并且可以有效地把腹板承受的剪力传递给下部结构。根部截面高度达到6 m以上的几座已建波形钢腹板PC组合梁桥基本上都采取了这一措施,即在距离根部一定范围的波形钢腹板内侧浇筑混凝土。另外,当多跨桥梁各跨跨径相差较大时,也可以通过对小跨径梁的波形钢腹板浇筑内衬混凝土形成钢混结合部,达到平衡边主跨结构自重的作用。考虑到混凝土浇筑的可行性,内衬混凝土的最小厚度宜达到20 cm以上。

设置内衬混凝土的原则是使作用于中间支点截面的截面力光滑地向有波形钢腹板的截面传递。内衬混凝土的作用是增强波形钢腹板的屈曲强度，因此在设计波形钢腹板时，原则上不是针对分剪力，而是针对总剪力来进行设计的。

内衬混凝土应进行承载能力极限状态的斜截面抗剪承载力验算和正常使用极限状态斜截面抗裂验算。

在荷载作用下，验算内衬混凝土受力及配筋时，内衬混凝土承担的剪力值按其与波形钢腹板的剪切刚度进行分配。

内衬混凝土承担的剪力可按式(2.67) 计算：

$$V_{cd}=\frac{G_c A_c}{G_c A_c+G A_w}V \tag{2.67}$$

式中　V_{cd}—— 内衬混凝土承担的剪力设计值(N)；

G_c—— 内衬混凝土的剪切模量(MPa)；

A_c—— 内衬混凝土的平均截面面积(mm^2)；

G—— 波形钢腹板的剪切模量(MPa)；

A_w—— 波形钢腹板的有效抗剪截面面积(mm^2)；

V—— 剪力设计值(N)。

内衬混凝土主拉应力可按式(2.68) 及式(2.69) 计算：

$$\sigma_{tp}=\frac{1}{2}(\sigma_c-\sqrt{\sigma_c^2+4\tau_c^2}) \tag{2.68}$$

$$\tau_c=\frac{V_{cd}S_c}{b_c I_c} \tag{2.69}$$

式中　σ_{tp}—— 内衬混凝土的主拉应力(MPa)；

σ_c—— 内衬混凝土的轴向压应力(MPa)，轴向压应力按内衬混凝土平均厚度计算；

τ_c—— 内衬混凝土的剪应力(MPa)；

V_{cd}—— 内衬混凝土承担的剪力设计值(N)；

S_c—— 内衬混凝土最小厚度截面，剪应力计算点外侧部分对中性轴的面积矩(mm^3)；

I_c—— 内衬混凝土最小厚度截面惯性矩(mm^4)；

b_c—— 内衬混凝土最小厚度(mm)。

根据内衬混凝土承担的剪力值，对弯起钢筋及箍筋进行配置，其斜截面的抗剪承载力计算按 JTG 3362—2018 规定采用。

2.10.3　体外索设置及计算

波形钢腹板 PC 组合梁桥常采用体内、体外预应力并用的方式配置预应力筋。在混凝土顶底板内配置体内纵向预应力筋用以承受恒载，在箱内配置体外预应力筋用来抵抗设计荷载。采用悬臂施工的波形钢腹板 PC 组合梁桥，一部分体外索为结构受力所必需的，另一部分体外索用于施工时对每块节段梁的临时固定，即分为结构用索和施工用索两种。结构用索一般通过支座上的横隔梁固定、跨内的各横隔板转向加以布置，而施工用索往往要在各节段梁上设置锚固块加以固定。

波形钢腹板预应力混凝土组合梁桥的体内、体外预应力筋应作为抗拉钢筋来进行截面抗力计算，体外预应力筋的极限应力设计值应按照式(2.70) 和式(2.71) 计算：

$$\sigma_{pu} = \sigma_{pe} \tag{2.70}$$

$$\sigma_{pu} \leqslant f_{pd} \tag{2.71}$$

式中　σ_{pu}——体外预应力筋的极限设计值(MPa)；

σ_{pe}——体外预应力筋的有效预应力(MPa)；

f_{pd}——预应力筋的抗拉屈服强度(MPa)。

2.10.4　转向块设置及计算

如前所述，波形钢腹板 PC 组合箱梁的施工用索往往要在各节段梁上设置锚固块加以固定。波形钢腹板的纵向褶皱效应使得桥梁不具有纵向刚度，由顶底板单独承担轴向力，因此锚固块会因预应力发生应力集中现象，相比混凝土箱梁桥锚固块是个薄弱环节。因此，要考虑到箱梁的整体刚度来确定锚固块的形式，一般有两种处理方式，即加强桥面板方式和加强锚固块方式。加强桥面板方式是通过在桥面板的箱梁腹板位置设置纵向加劲肋，来确保锚固块上的作用力均匀地分散到桥面板上；加强锚固块方式在设置纵向钢筋混凝土加劲肋的同时，又用两块钢板把锚固块与底板连接在一起，起到分散预应力的目的。

转向块应做成能将体外预应力筋的转向力顺利传递到主梁的结构。另外，转向块及其周围的构件必须是能安全地抵抗转向力的结构。

转向块应进行抗拉承载力计算和抗剪承载力计算，计算方法可参照《公路桥梁加固设计规范》(JTG/T J22—2008) 的规定执行。

体外预应力筋的转向块采用拉杆－压杆计算模型(图 2.9) 计算时，内环筋(拉杆) 的抗拉承载力计算应按式(2.72) 计算：

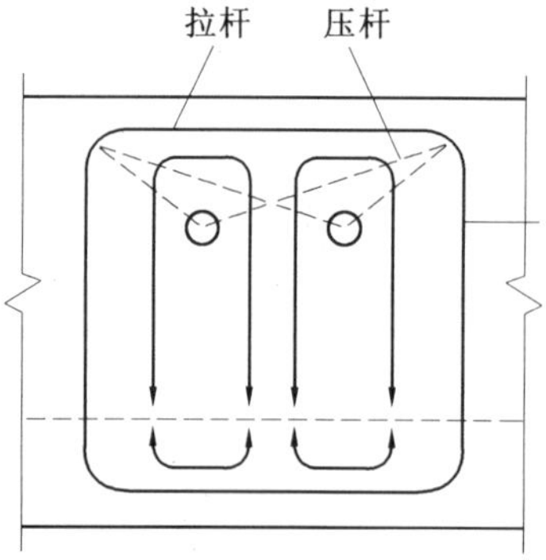

图 2.9　转向块的拉杆－压杆计算模型

$$\gamma_0 N_d \leqslant f_{sd} A_s \tag{2.72}$$

式中　γ_0—— 结构重要性系数；

N_d—— 竖向拉力的组合设计值(N)；

f_{sd}—— 内环筋的抗拉强度设计值，取普通钢筋抗拉、抗压强度设计值规定的 60%(MPa)；

A_s—— 内环筋的截面面积的 60%(mm^2)。

对体外预应力筋转向块的开裂面应进行抗剪承载力计算，并满足式(2.73)的条件(图 2.10)：

$$\gamma_0 V_d \leqslant \mu_1 (f_{sd} A_{sv} - N_d) \tag{2.73}$$

式中　γ_0—— 结构重要性系数；

V_d—— 开裂面剪力的组合设计值(N)；

μ_1—— 系数，整体浇筑混凝土的剪切面取 1.4；

f_{sd}—— 穿过剪切面的钢筋的抗拉强度设计值，取预应力筋抗拉强度标准值的 60%(MPa)；

A_{sv}—— 穿过剪切面的钢筋的截面面积(mm^2)；

N_d—— 与 V_d 对应的竖向拉力的组合设计值(N)。

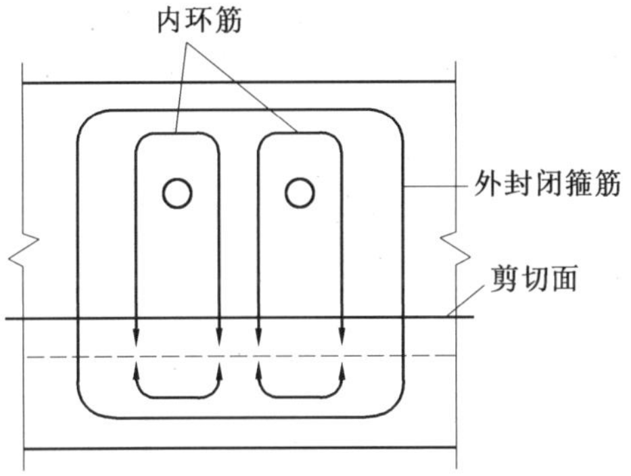

图 2.10　转向块开裂面抗剪承载力计算模型

2.11　构造要求

2.11.1　一般规定

波形钢腹板预应力混凝土组合梁及其桥面板应符合 JTG 3362—2018 的构造规定。

波形钢腹板预应力混凝土组合梁桥的梁高设计可参照常规预应力混凝土桥梁按跨径选定，在同等跨径情况下，梁高宜比预应力混凝土桥梁略高。根据桥面宽度不同，波形钢腹板预应力混凝土组合梁桥可采用图 2.11 所示的单箱单室、单箱双室、单箱多室、多箱单室、斜腹式单箱单室、外撑箱、内撑箱。

波形钢腹板预应力混凝土组合梁桥的截面总体尺寸可参照常规预应力混凝土桥梁的设计，跨径为 50 m 以下时，宜采用等截面波形钢腹板预应力混凝土组合梁桥；跨径为

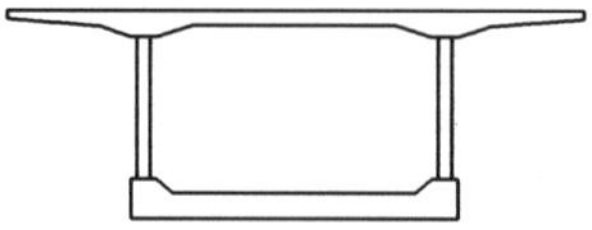

(a) 直腹式单箱单室

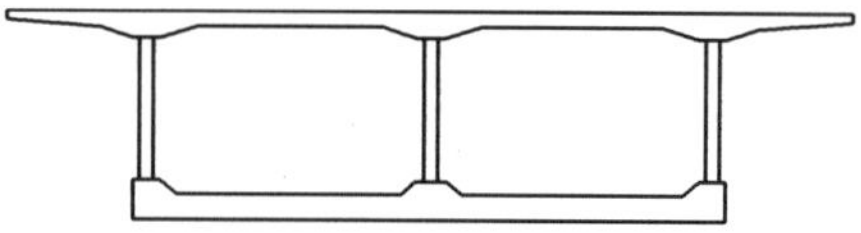

(b) 单箱双室

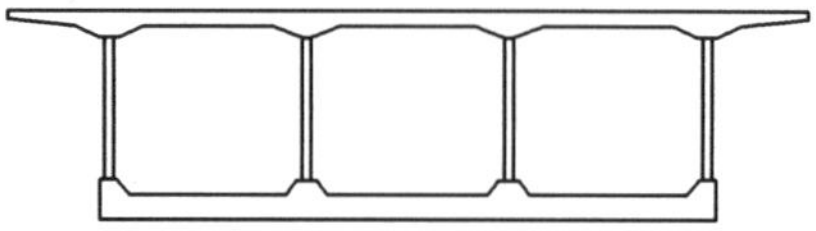

(c) 单箱多室

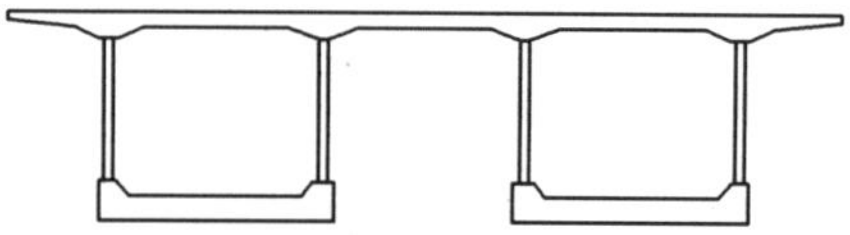

(d) 多箱单室

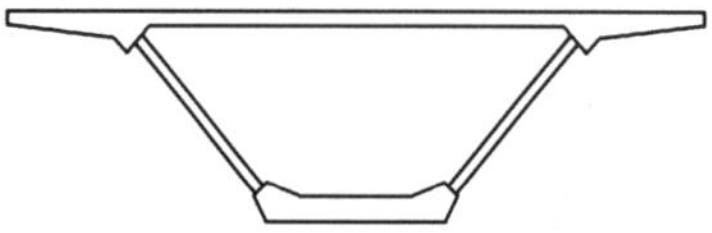

(e) 斜腹式单箱单室

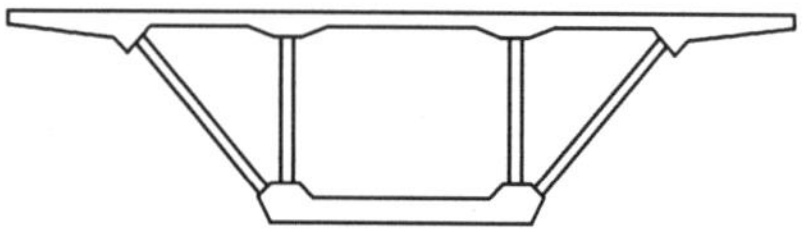

(f) 外撑箱

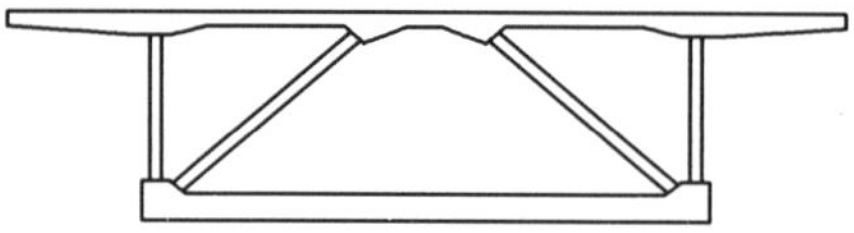

(g) 内撑箱

图 2.11 波形钢腹板预应力混凝土组合梁桥典型截面图

50 m 及以上时，宜采用变截面波形钢腹板预应力混凝土组合梁桥，支点梁高宜取为跨径的1/17 ～ 1/16，跨中梁高宜取为跨径的 1/33 ～ 1/30。

2.11.2 墩顶节段及组合腹板段

波形钢腹板预应力混凝土组合梁桥在支点处应设置内衬混凝土腹板以承受较大的剪力，支点附近内衬混凝土腹板的长度、厚度可参照常规预应力混凝土箱梁桥设置。

临近支点处的波形钢腹板高度较高时，应在波形钢腹板内侧设置内衬混凝土。组合腹板段长度不宜小于支点处梁高的 1.5 倍，内衬混凝土厚度应根据其抗剪承载力和斜截面抗裂验算确定，但最薄处不宜小于 20 cm。

组合腹板段内衬混凝土应根据抗裂验算结果确定是否设置竖向预应力筋或钢筋网片等有效防裂措施。

内衬混凝土宜采用栓钉与波形钢腹板连接。

2.11.3 混凝土桥面板

波形钢腹板预应力混凝土组合梁桥顶底板的厚度应根据预应力布置及结构受力要求来确定。顶板厚度不宜小于 250 mm，底板厚度不宜小于 220 mm。

波形钢腹板预应力混凝土组合梁桥根据顶底板与波形钢腹板连接形式的不同，在顶底板与腹板连接处宜采用必要的梗腋处理。

2.11.4　抗剪连接件

波形钢腹板与混凝土顶底板连接件形式的选取应考虑构造合理性、施工可行性、结构耐久性等因素。波形钢腹板与混凝土顶底板连接件的构造除应符合标准规定外，还应符合现行国家标准及行业标准的有关要求。

波形钢腹板与混凝土顶底板的连接，应能够靠传递作用于其连接部的桥轴方向水平剪力；应能抵抗因车辆荷载所导致的与桥轴成直角方向的桥面板角隅弯矩，以保证桥梁运营期间的安全性；应保证其正常使用时不发生过大的相对滑移。连接部必须密封并实施恰当的防腐蚀处理。其他构造还应具有足够的抗疲劳性能。

翼缘型连接件中，翼缘板的厚度不得小于 16 mm。

嵌入型连接件中，波形钢腹板斜板段的投影面积（A_1 =埋深×波高）不应小于板腋有效承压面积（$A_1 = b_0 h_0$）的 1/5（图 2.12）。

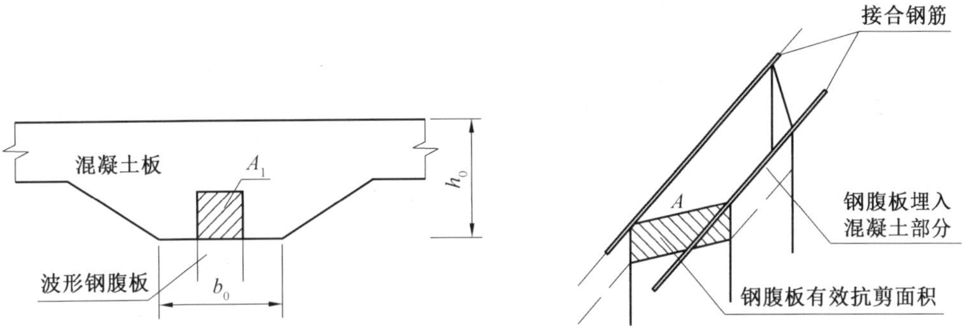

图 2.12　嵌入型连接件斜板段投影面积示意图

嵌入型连接件中，贯穿钢筋宜采用环氧防锈钢筋。波形钢腹板预应力混凝土组合梁桥采用翼缘型连接件时，为防止焊接部位的疲劳破坏，连接件的翼缘板纵向连接间应留一定的间隙，同时波形钢腹板顶面应切圆角，以避免焊缝与翼缘板焊缝相交。当波形钢腹板与梁底板采用翼缘型连接件时，应在连接件的翼缘板上设置出气孔以确保翼缘板下的混凝土浇筑密实。

开孔钢板连接件应符合下列规定。

① 开孔钢板厚度不宜小于 14 mm。

② 开孔钢板孔径应大于贯穿钢筋直径与集料最大颗粒直径的 2 倍之和，可取 45 ～ 60 mm。

③ 孔与孔的中心间距不宜大于 500 mm，可取 150 ～ 250 mm。

④ 孔距钢板边缘的净距不宜小于孔中心距的一半。

⑤ 贯穿钢筋应采用 HRB400 及以上强度级别的钢筋，直径不宜小于 16 mm，贯穿钢筋直径应与钢板开孔直径相匹配。

⑥ 双开孔钢板连接件中，两个开孔钢板之间的距离应大于开孔钢板高度的 1.5 倍。

当波形钢腹板与混凝土桥面板间剪力方向不明确或者有较大的掀起力时，宜布置栓钉连接件。

栓钉连接件应符合下列规定。

① 栓钉的长度不应小于栓钉直径的4倍，有拉拔作用时，不宜小于栓钉直径的10倍。

② 栓钉纵桥向的中心间距不应小于6倍的栓钉直径，且不小于100 mm；横桥向的中心间距不应小于4倍的栓钉直径，且不小于50 mm。

③ 栓钉连接件沿主要受力方向中心间距不应超过300 mm。

④ 栓钉连接件的外侧边缘距翼缘板边缘的距离不应小于20 mm。

⑤ 角钢连接件宜采用U形钢筋与角钢焊接的方式。

2.11.5　横隔板

为保证波形钢腹板预应力混凝土组合梁桥的抗扭刚度，应以合适的间距设置横隔板。

波形钢腹板预应力混凝土组合梁桥应在支点处以及底板或体外预应力筋纵向折线折角处设置横隔板，横隔板的最大间距不宜超过20 m。横隔板构造可参照常规预应力混凝土箱梁桥设计，当横隔板兼作体外预应力筋的锚固或转向装置时，应满足体外预应力筋的张拉、锚固、换索要求。

横隔板可采用混凝土板墙式与钢、混凝土横撑式。混凝土板墙式横隔板可与体外预应力筋的锚固块、转向块设为一体。

波形钢腹板预应力混凝土组合梁桥采用顶推施工或者波形钢腹板工字梁作为施工承重构件的工法施工时，波形钢腹板工字梁的横隔宜做成钢横撑式。

2.11.6　预应力体系

波形钢腹板预应力混凝土组合梁桥宜采用体内、体外预应力筋共用的预应力体系。体内预应力筋宜主要承担一期恒载，体外预应力筋宜主要承担二期恒载及荷载等。预应力筋的布置数量及形式应根据结构受力、桥梁施工方法确定。

体外预应力筋应避免与梁体发生共振，为此可适当增加体外预应力筋与梁体的固定装置。

体外预应力锚具的选用应符合《预应力筋用锚具、夹具和连接器》(GB/T 14370—2015)的要求。使用可更换或多次张拉的锚具时，预应力筋应预留能够再次张拉的工作长度。

体外预应力筋在转向块处的弯折转角不应大于15°，转向块鞍座处最小曲率应符合《无粘结预应力混凝土结构技术规程》(JGJ 92—2016)的有关规定。

2.11.7　转向块与转向器

转向块的构造形式应根据结构受力、体外预应力筋布置方式、转向器等因素进行选择。集束式转向器可用于成品和非成品体外预应力筋，散束式转向器可用于非成品体外预应力筋。

在转向块的设计中，宜考虑增加体外预应力筋的可能性，预留备用孔，以便在特殊需要时采用。

转向块内应设置两种钢筋，即围住单个转向器的内环筋和沿转向块周边围住所有转向器的外封闭箍筋。内环筋离转向器上缘的距离不小于 25 mm，直径不大于 20 mm；外封闭箍筋在竖直方向高于内环筋的净距不小于 50 mm；内环筋和外封闭箍筋沿转向器纵向布置的间距不小于 100 mm。

2.11.8　耐久性措施

涂装系统设计应综合考虑桥梁所处的腐蚀环境、涂层设计使用年限、涂层维修性能等因素，并符合《公路桥梁钢结构防腐涂装技术条件》(JT/T 722—2008) 的规定。

波形钢腹板内外表面、翼缘型连接件外露于混凝土的部分应进行防腐涂装。

波形钢腹板纵向节段间采用高强螺栓连接时，波形钢腹板搭接面应进行无机富锌漆涂装。

高强螺栓连接及焊接连接施工后应及时进行防腐涂装。

波形钢腹板预应力混凝土组合梁桥底板与波形钢腹板结合处可做成不小于 2% 的斜坡，并用硅胶等止水材料密封，防止雨、露水渗入(图 2.13)。

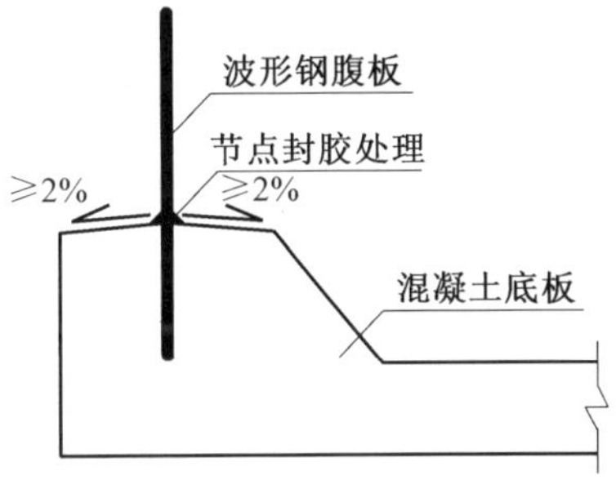

图 2.13　横向排水示意

端横梁与波形钢腹板连接部位采用硅胶等止水材料密封，防止雨、露水渗入。

本章参考文献

[1] 中交公路规划设计院有限公司.公路钢筋混凝土及预应力混凝土桥涵设计规范：JTG 3362—2018[S].北京：人民交通出版社，2018.

[2] 中国钢铁工业协会.碳素结构钢：GB/T 700—2006[S].北京：中国标准出版社，2007.

[3] 中国钢铁工业协会.低合金高强度结构钢：GB/T 1591—2018[S].北京：中国标准出版社，2019.

[4] 中国钢铁工业协会.桥梁用结构钢：GB/T 714—2015[S].北京：中国标准出版社，2016.

[5] 交通运输部公路局，中交第一公路勘察设计研究院有限公司.公路工程技术标准：JTG B01—2014[S].北京：人民交通出版社，2015.

[6] 中交公路规划设计院有限公司.公路桥涵设计通用规范：JTG D60—2015[S].北京：人民交通出版社，2015.

[7] 中交一公局集团有限公司.公路桥涵施工技术规范:JTG/T 3650—2020[S].北京:人民交通出版社,2020.
[8] 中交公路规划设计院有限公司.公路桥涵地基与基础设计规范:JTG 3363—2019[S].北京:人民交通出版社,2020.
[9] 中国钢铁工业协会.钢筋混凝土用钢　第1部分:热轧光圆钢筋:GB/T 1499.1—2017[S].北京:中国标准出版社,2017.
[10] 中交公路规划设计院.公路圬工桥涵设计规范:JTG D61—2005[S].北京:人民交通出版社,2005.
[11] 上海市政工程设计研究总院.城市桥梁设计规范:CJJ 11—2011[S].北京:中国建筑工业出版社,2011.
[12] 同济大学.城市桥梁抗震设计规范:CJJ 166—2011[S].北京:中交建筑工业出版社,2012.

第3章　波形钢腹板PC连续刚构桥力学特性分析

波形钢腹板PC连续刚构桥作为一种新的组合桥梁，与传统的箱型混凝土预应力桥梁相比，在静力特性和动力特性方面有较大的差异，因此，研究波形钢腹板PC连续刚构桥的静力特性、动力特性以及地震下的响应分析是有工程意义的。

本章使用多种有限元软件建立了波形钢腹板PC连续刚构桥模型，考虑不同的荷载工况，计算桥梁结构在恒载、汽车移动荷载、温度荷载和地基沉降等作用及其组合下的内力和位移，分析了其在静荷载作用下的受力特性，为以后桥梁变形检测提供了参考依据。本章还对波形钢腹板PC连续刚构桥进行了动力特性分析，研究了影响其屈服荷载的主要参数(如钢腹板的折叠角度和折叠倒角半径)，为设计提供了参考依据。在动力分析中通过计算得到其前十五阶振型及其自振频率，研究了基于反应谱法和时程分析法的在不同地震波下的地震响应，并对其结果进行了分析。其中，反应谱法采用了顺桥向、横桥向和竖向作用三个方向，得到了其位移和内力的一般规律；时程分析法选取了三种地震波进行时程分析，得到了其动态响应，分析了边跨跨中、中跨跨中以及桥墩根部等不同部位监测点的速度、位移等。

3.1　波形钢腹板PC连续刚构桥静力性能分析

3.1.1　工程概况和主要技术指标

1.工程概况

以波形钢腹板PC连续刚构桥为研究对象，桥梁的上部结构为170 m的三跨波形钢腹板PC组合连续箱梁，桥梁跨径布置为45 m＋80 m＋45 m。总体布置示意图如图3.1所示。

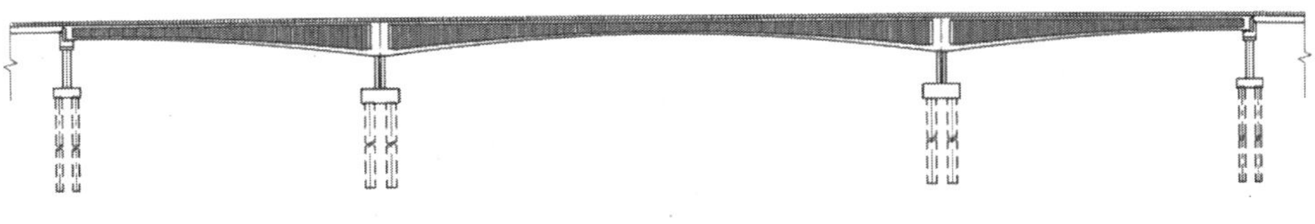

图3.1　总体布置示意图

2.技术指标

设计荷载：公路 Ⅰ 级；设计行车速度:120 km/h；桥梁宽度:24.5 m；地震荷载:$0.15g$。

3.主要材料

(1) 混凝土。

① C55 高性能混凝土:用于主桥箱梁。

② C40 混凝土:用于桥墩、台帽、墩身。

③ C30 混凝土:用于基桩和主桥承台。

(2) 钢材。

① 普通钢筋:HRB400 钢筋为热轧带肋钢筋;HPB300 钢筋为热轧光圆钢筋。

② Q345D 钢材:用于波形钢腹板,技术指标满足《低合金高强度结构钢》(GB/T 1591—2018) 标准要求。

③ 预应力钢绞线:公称直径为 15.22 mm,低松弛预应力钢绞线,抗拉强度标准值 $f_{pk}=1\ 860$ MPa,$E_p=1.95\times10^5$ MPa,松弛率小于 0.035。

4.主桥设计要点

(1) 波形钢腹板组合箱梁构造。

45 m＋80 m＋45 m 波形钢腹板上部构造为 170 m 的三跨波形钢腹板预应力混凝土连续箱梁。主梁采用单箱单室截面。由箱梁沿顶板顶缘中心旋转形成,箱梁底板水平设置,左右幅箱梁关于路线中心线对称。

单幅桥箱梁宽度为 12.22 m,桥面组成 0.5 m(护栏)＋11.38 m(行车道)＋0.36 m(护栏),箱梁底板宽度为 6.25 m。梁高和底板厚度均以二次抛物线的形式由跨中向根部变化,跨中梁高 270 cm,底板厚 28 cm,根部梁高 500 cm,底板厚 120 cm。箱梁翼缘悬臂 298.5 cm,悬臂段厚度 20 cm,悬臂段根部厚度 65 cm。桥面铺装:10 cm 厚沥青混凝土＋防水层＋8 cm 厚现浇混凝土调平层。箱梁采用悬臂浇筑施工。桥梁标准横断面如图3.2 所示。

(2) 波形钢腹板构造。

主桥上部结构波形钢腹板波长 1.60 m,波高 0.22 m,水平面板宽 0.43 m;水平折叠角度为 30.7°,弯折半径为 $15t$(t 为波形钢腹板厚度)。波形钢腹板跨中至中墩墩顶厚度依次采用 12 mm、16 mm、18 mm、20 mm 四种型号。波形钢腹板弯折大样如图 3.3 所示。

主墩采用矩形双肢墩,桥墩高 45 m,承台厚 4 m。

3.1.2 有限元模型的建立

为了分析波形钢腹板 PC 连续刚构桥的静力特性,使用大型有限元软件迈达斯(MIDAS Civil 2017),根据工程相关资料和规范,建立了全桥有限元模型,如图 3.4 所示,全桥共有 670 个节点,660 个单元,单元类型为梁单元。预应力筋布置图如图 3.5 所示。边界条件和单元连接如图 3.6 所示。

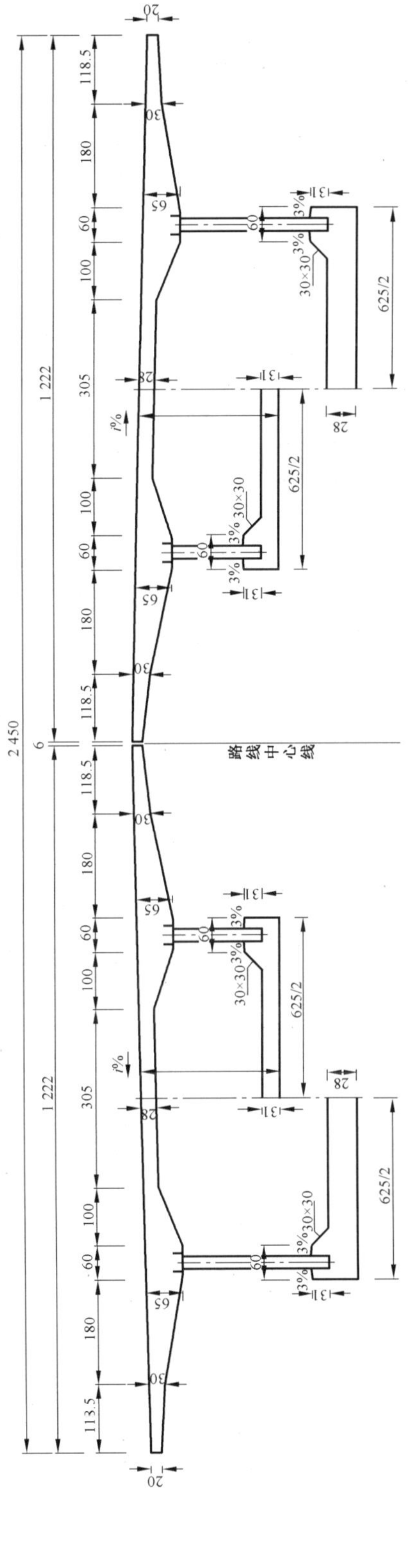
2 450
1 222
1 222
6
118.5
180
60
100
305
113.5
20
30
65
28
13
3%
30×30
625/2
i%
路线中心线

图3.2　标准横断面

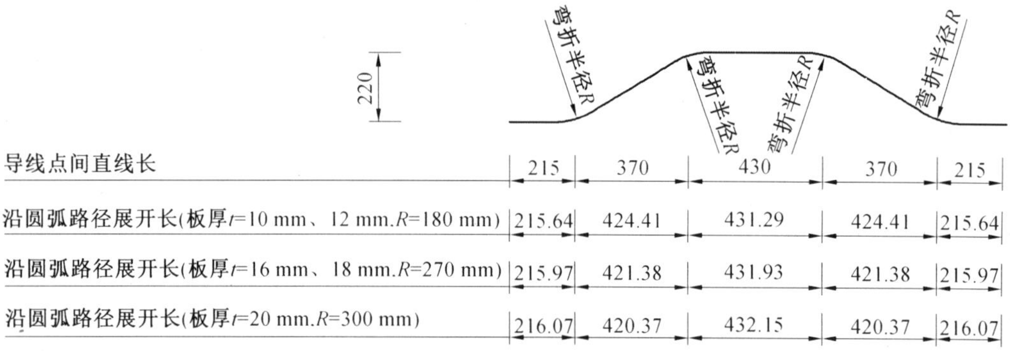

图 3.3　波形钢腹板弯折大样(mm)

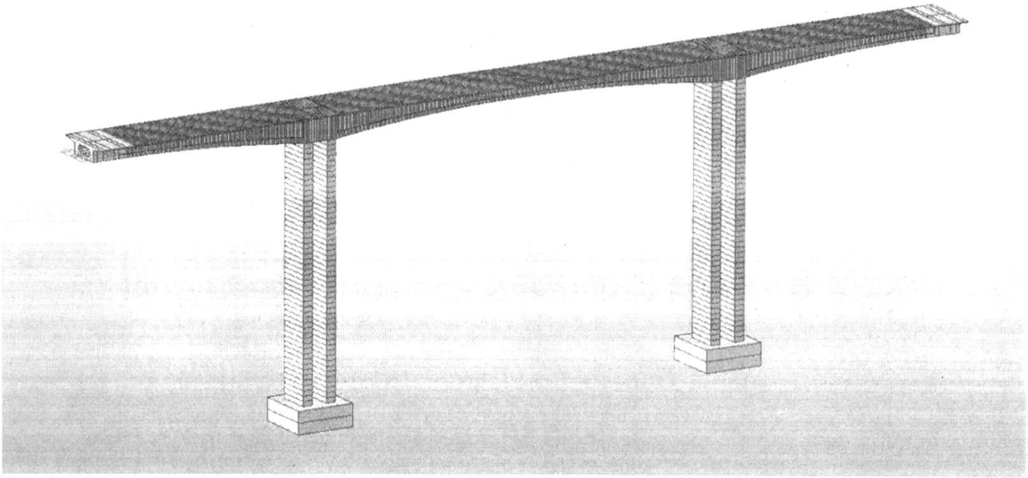

图 3.4　全桥有限元模型

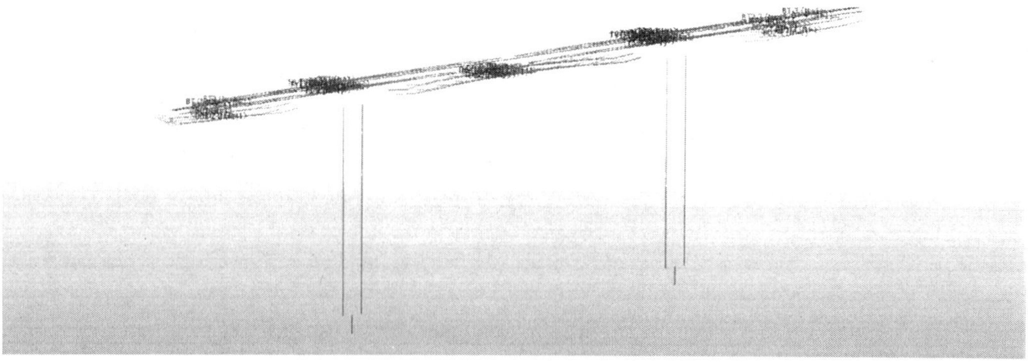

图 3.5　预应力筋布置图

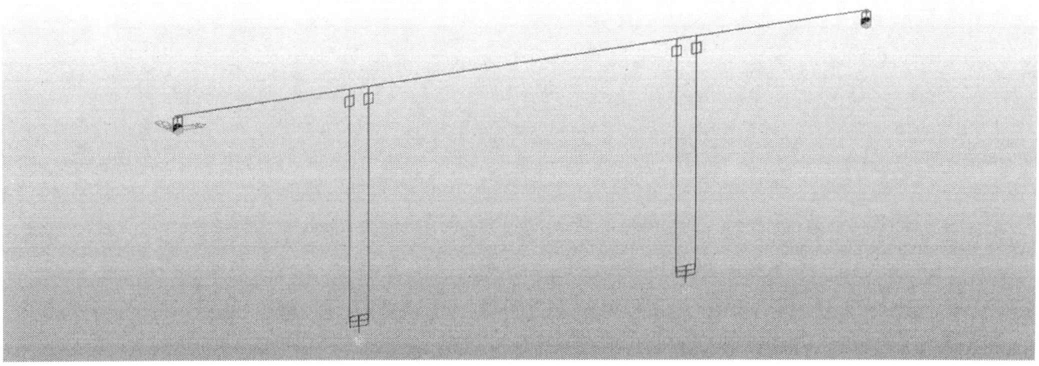

图 3.6　边界条件和单元连接

3.1.3　静荷载工况

静荷载作为桥梁结构在设计、施工阶段的主要依据，桥梁的静力特性分析是保证桥梁安全可靠工作的重要步骤。本小节对静力荷载进行了统计，对荷载工况进行了组合。因为桥梁类型是刚构桥，超静定结构，由结构力学知识可知，在支座位移作用下会产生非常大的内力，所以本小节主要侧重分析支座位移对桥梁的内力影响。

静荷载类型如下。

① 重力：按照规范设置材料容重，方向向下，取放大参数 1.04。混凝土弹性模量为 3 550 kN/cm^2，泊松比为 0.2，容重为 25 kN/m^3。钢材弹性模量为 20 600 kN/cm^2，泊松比为0.31，容重为 78.5 kN/m^3。二期恒载：采用线荷载方式加载，大小为 75 kN/m。

② 钢束预应力：钢束预应力施加情况为体内预应力筋，锚下控制张拉应力为 1 395 MPa、体外预应力锚下控制张拉应力为 1 116 MPa。

③ 车辆荷载：标准车辆荷载按照《公路工程技术标准》(JTG B01—2014) 定义。车辆荷载示意图如图 3.7 所示。其中 $q_k = 10.5$ kN/m，$P_k = 360$ kN。

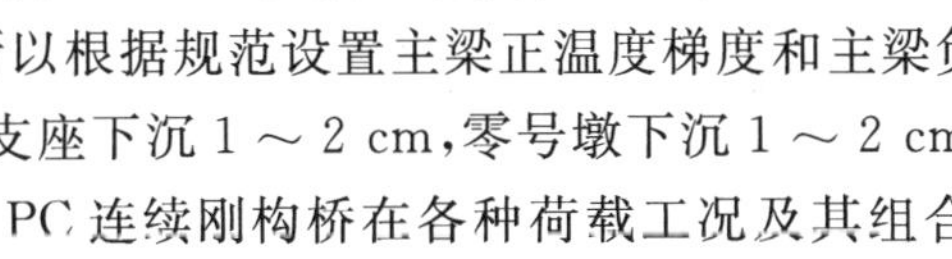

图 3.7　车辆荷载示意图

④ 温度荷载：系统降温 20 ℃、根据《公路桥涵设计通用规范》，由于全桥桥面铺装厚度10 cm 沥青混凝土，所以根据规范设置主梁正温度梯度和主梁负温度梯度。

⑤ 支座位移：左跨支座下沉 1 ～ 2 cm，零号墩下沉 1 ～ 2 cm。

为研究波形钢腹板 PC 连续刚构桥在各种荷载工况及其组合下的静荷载响应，对重力、钢束预应力、二期恒载、车辆荷载、温度荷载和支座沉降进行了荷载组合，分析在各种工况组合下大桥的静力特性。荷载工况组合见表 3.1。

表 3.1 荷载工况组合

荷载组合	组合类型
工况一	重力
工况二	重力＋钢束预应力＋二期恒载
工况三	重力＋钢束预应力＋二期恒载＋车辆荷载
工况四	重力＋钢束预应力＋二期恒载＋系统降温＋正温度梯度
工况五	重力＋钢束预应力＋二期恒载＋系统降温＋负温度梯度
工况六	重力＋钢束预应力＋二期恒载＋车辆荷载＋左跨支座沉降 1 cm
工况七	重力＋钢束预应力＋二期恒载＋车辆荷载＋左跨支座沉降 2 cm
工况八	重力＋钢束预应力＋二期恒载＋车辆荷载＋零号墩支座沉降 1 cm
工况九	重力＋钢束预应力＋二期恒载＋车辆荷载＋零号墩支座沉降 2 cm

3.1.4 静载数值仿真分析

1.自重作用

通过使用有限元软件 MIDAS Civil 2017 分析桥梁在自重作用下的位移和应力。此工况可模拟中跨合拢状态的静力特性。自重作用下(工况一)位移等值线图和应力图如图3.8 和图 3.9 所示。

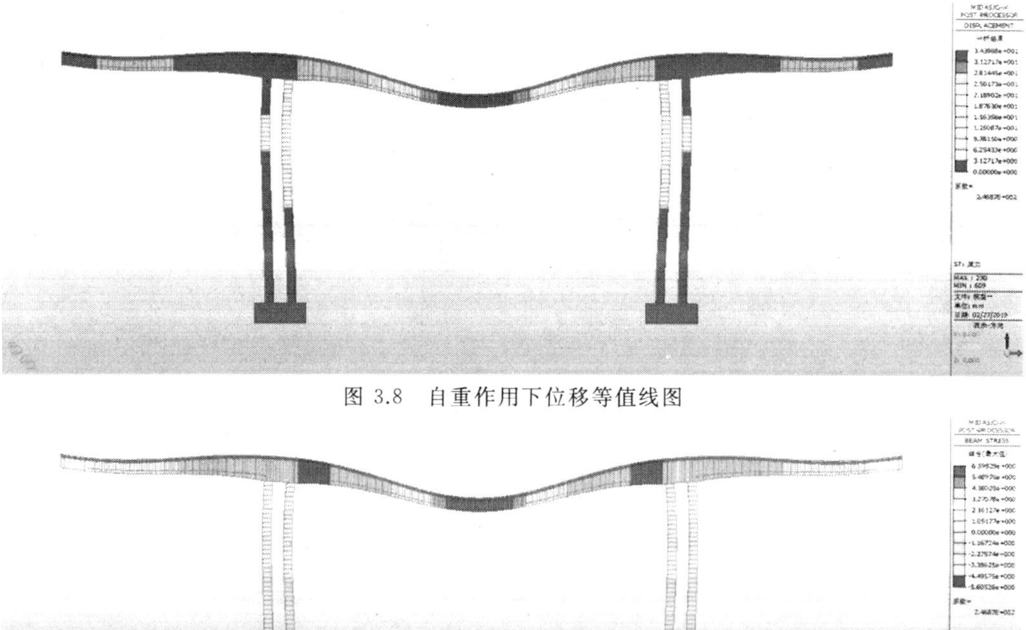

图 3.8 自重作用下位移等值线图

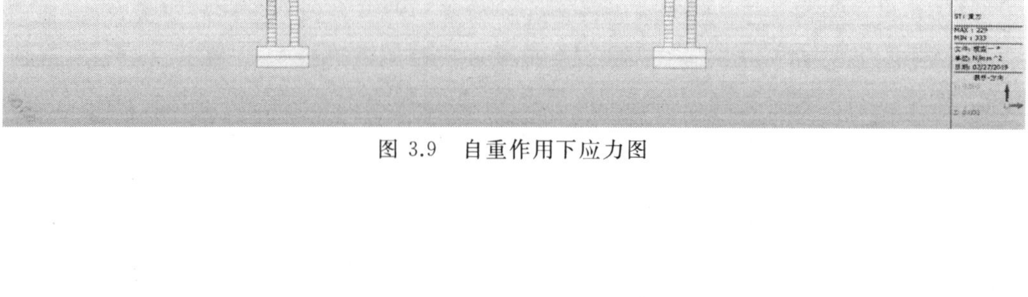

图 3.9 自重作用下应力图

从图3.8和图3.9可知，自重作用下，波形钢腹板PC连续刚构桥的最大竖向位移为3.44 cm，发生在中跨跨中位置，方向向下。边跨竖向位移为零。应力最大位置发生在中跨跨中，其大小为6.6 MPa。

2.自重和预应力组合

通过使用有限元软件MIDAS Civil 2017分析桥梁在自重、二期恒载和预应力作用下的位移和应力，此工况可模拟成桥状态下的静力特性。工况二位移等值线图和应力图如图3.10和图3.11所示。

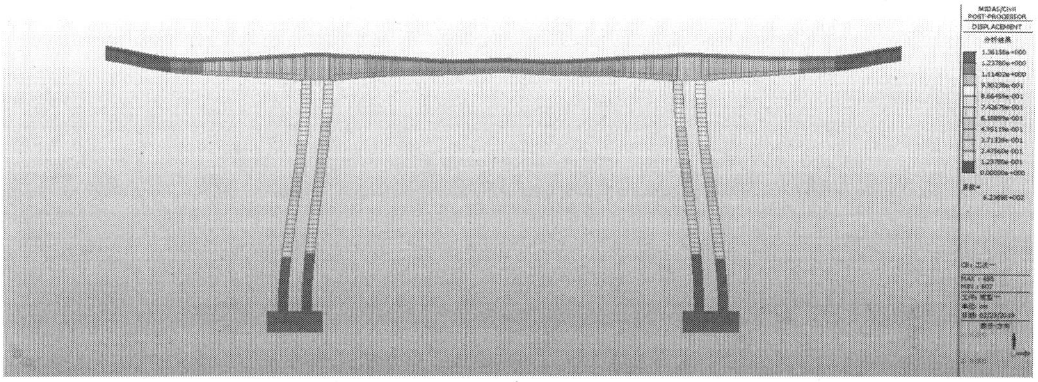

图3.10　工况二位移等值线图

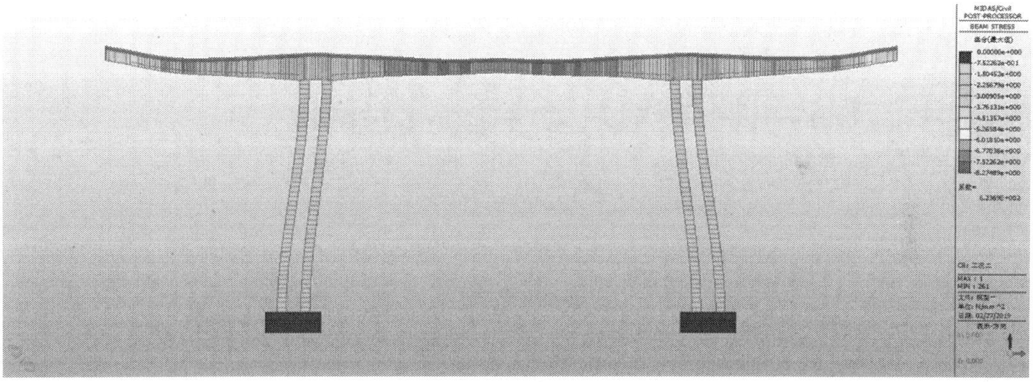

图3.11　工况二应力图

从图3.10和图3.11可知，桥梁在自重基础上加上二期恒载和预应力之后，中跨跨中竖向位移为0.495 cm，方向向上。对比在自重下的位移可知，预应力基本抵消了自重作用下的位移，并产生反拱。最大位移反而发生在边跨桥头位置，竖向位移为1.36 cm，方向向上。最大应力为预应力引起的受压应力为8.27 MPa，发生在跨中78.04 m的位置。全截面受压，预应力效率较高。

3.车辆荷载

(1) 影响线。

影响线是桥梁在移动荷载作用下进行结构受力分析的有效工具。此处影响线的定义为当单位移动荷载在桥面车道上移动时，通过静力数值模拟求出关键节点的位移和关键单元的内力，然后根据影响线可模拟结构在移动荷载作用下的最不利荷载分布形式。桥梁左跨跨中位移影响线如图3.12所示，中跨跨中位移影响线如图3.13所示，右跨跨中位移影响线如图3.14所示。

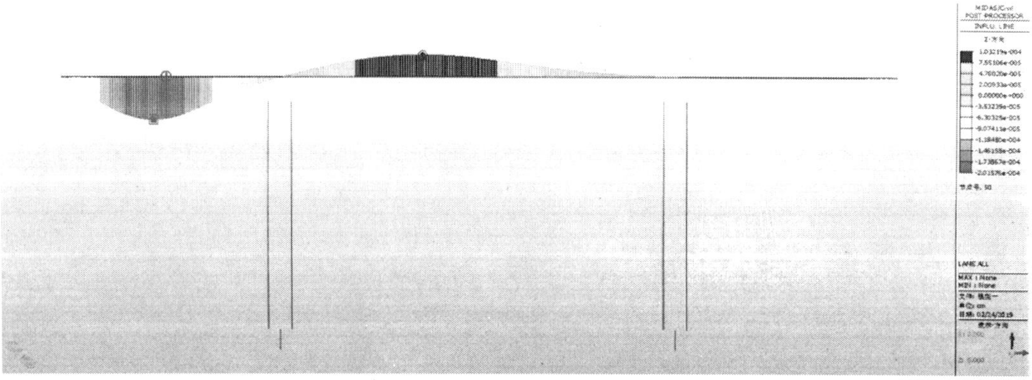

图3.12　左跨跨中位移影响线

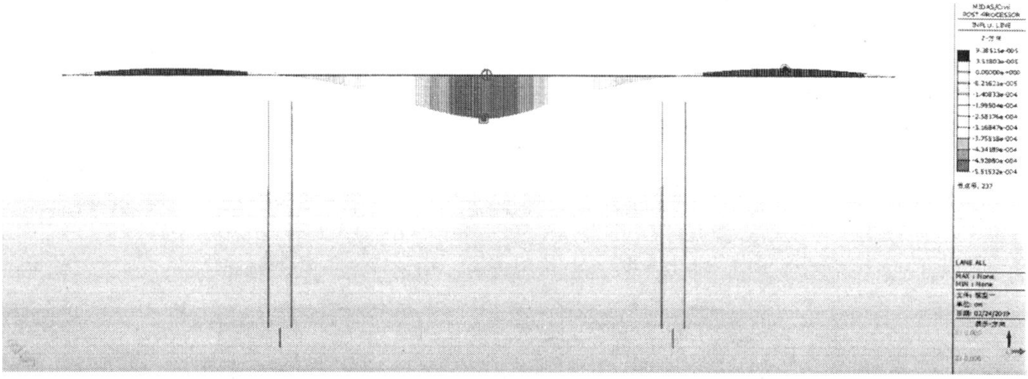

图3.13　中跨跨中位移影响线

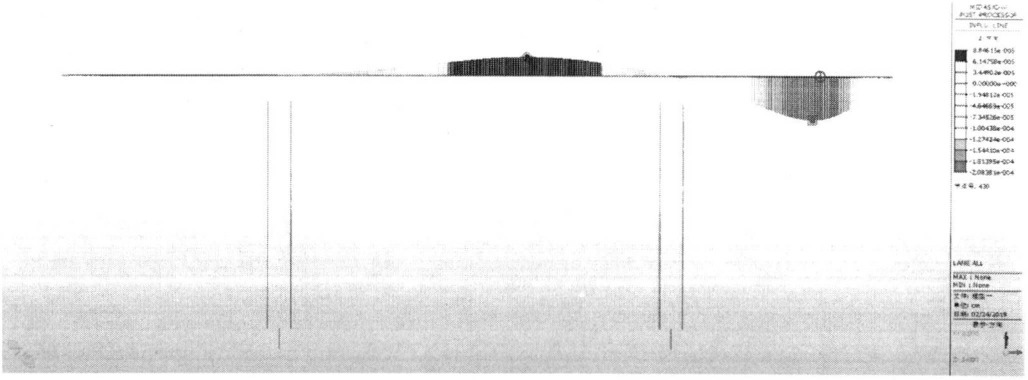

图3.14　右跨跨中位移影响线

如图3.12所示，当车辆荷载移动到18.49 m的位置时，影响线达到最大值-2.035×10^{-6} m。左跨跨中位移在左跨和右跨满布荷载时为最不利荷载布置。如图3.13所示，当车辆荷载移动到84.28 m的位置时，影响线达到最大值-5.58×10^{-4} m。中跨跨中位移在中跨满布荷载时为最不利荷载布置。如图3.14所示，当车辆荷载移动到151 m

处时，影响线达到最大值 -2.069×10^{-6} m。右跨跨中位移在左跨和右跨满布荷载时为最不利荷载布置。

(2) 自重 + 预应力 + 车辆荷载。

桥梁在一期恒载、二期恒载、预应力荷载和满布车辆荷载作用下(工况三)的位移等值线图如图 3.15 所示。梁单元(工况三)应力图如图 3.16 所示。

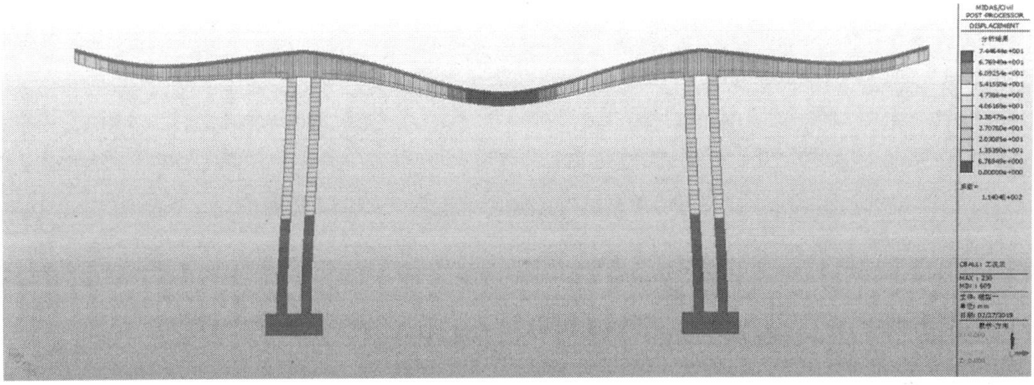

图 3.15　工况三位移等值线图

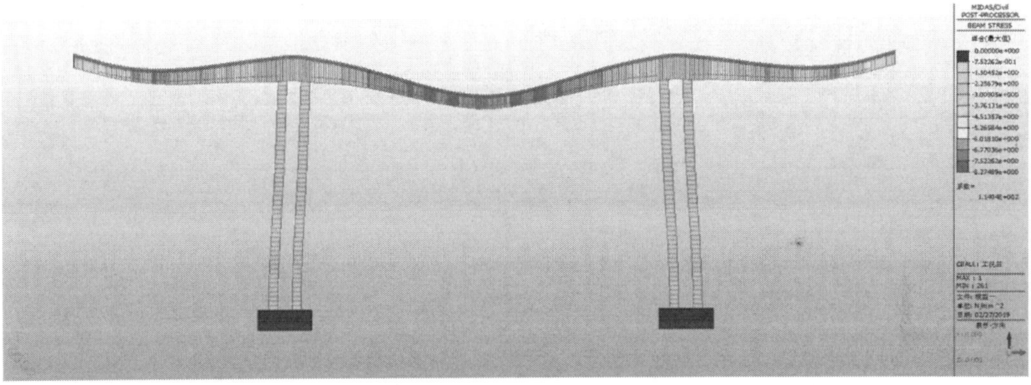

图 3.16　梁单元(工况三)应力图

由图 3.15 和图 3.16 可知，在车辆荷载作用下，桥梁的最大竖向为 7.45 cm，方向向下。边跨段最大向上竖向位移为 2.7 cm。根据规范《波型钢腹板组合梁桥技术标准》(CJJ/T 272—2017)、《公路钢筋混凝土及预应力混凝土桥涵设计规范》(JTG 3362—2018) 中的规定，由车辆荷载在主梁产生的最大挠度不应超过计算跨径的 1/600，悬臂段产生的最大挠度不应超过悬臂长度的 1/300。主梁变形满足规范规定的容许变形 8 000/600 = 13.33 (cm)，悬臂段产生的最大挠度满足规范规定的 4 500/300 = 15 (cm)。

4.温度荷载

根据超静定结构在温度荷载作用下也会产生很大的内力的力学常识，需要计算波形钢腹板 PC 连续刚构桥在温度下的力学特性。根据《公路桥涵设计通用规范》，桥梁需要进行温度荷载作用下的验算。图 3.17 和图 3.18 所示为工况四和工况五的位移等值线图。

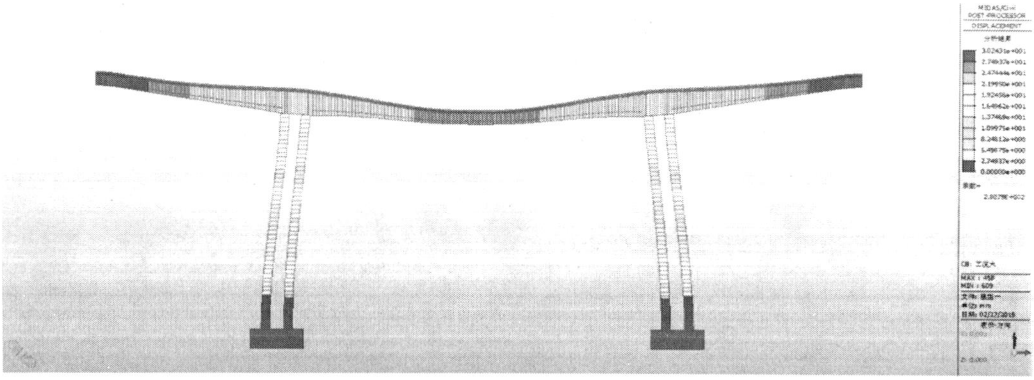

图 3.17 系统降温正温度梯度(工况四)位移等值线图

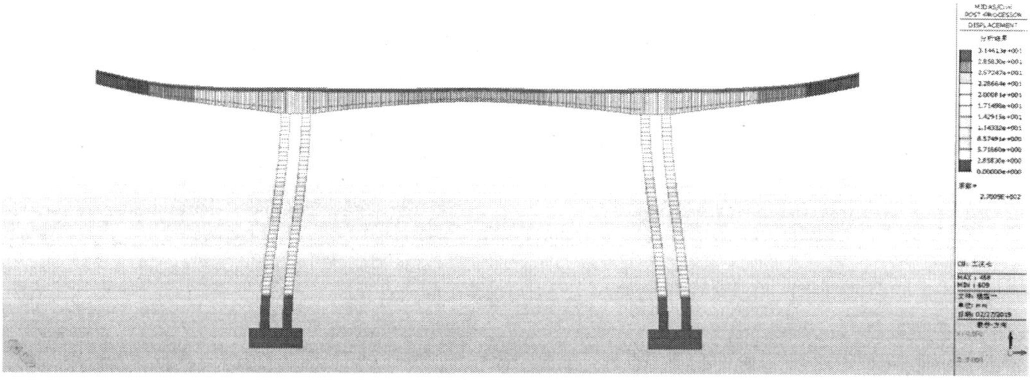

图 3.18 系统降温负温度梯度(工况五)位移等值线图

5.桥墩下沉

由于此桥型为波形钢腹板PC连续刚构桥,由力学原理可知,超静定结构对地基沉降特别敏感。为了研究波形钢腹板PC连续刚构桥在地基沉降工况下挠度和应力的规律,使用有限元软件对桥梁假设了几个地基沉降的工况,具体工况见3.1.3小节静荷载工况,分析了不同工况下的桥梁在挠度、内力和应力上的变化规律。

(1) 左跨桥墩沉降对挠度的影响。

图3.19和图3.20所示为工况六和工况七的位移等值线图。

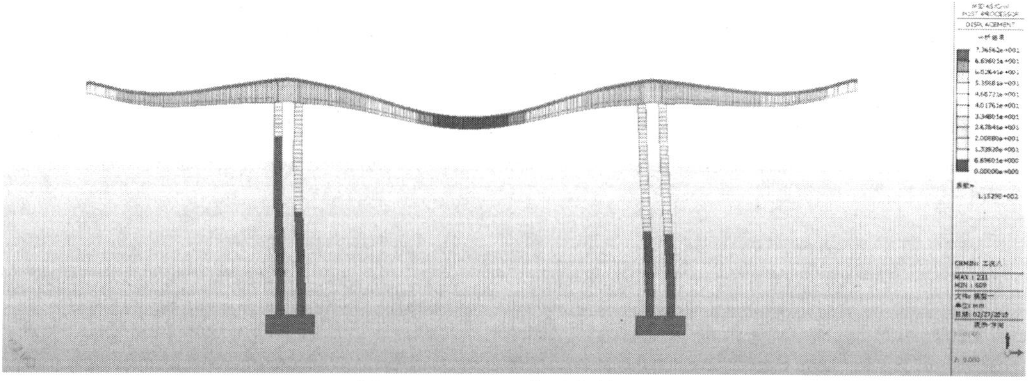

图 3.19 工况六位移等值线图

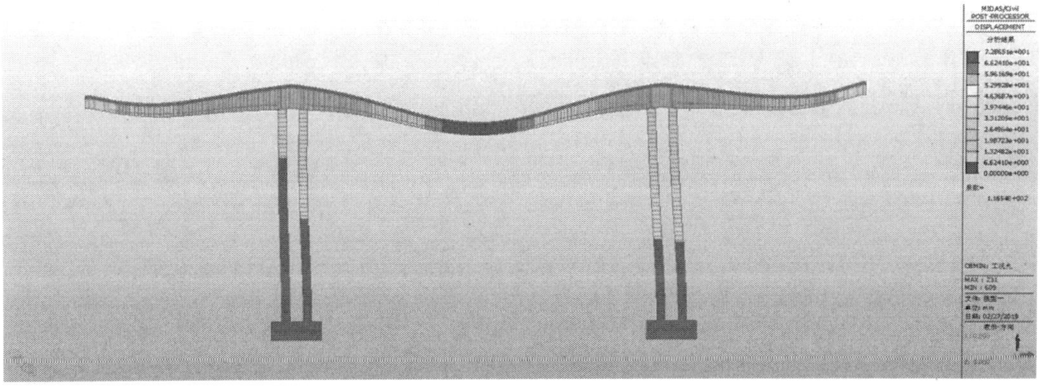

图 3.20　工况七位移等值线图

(2) 零号桥墩沉降对挠度的影响。

图 3.21 和图 3.22 所示为工况八和工况九的位移等值线图。

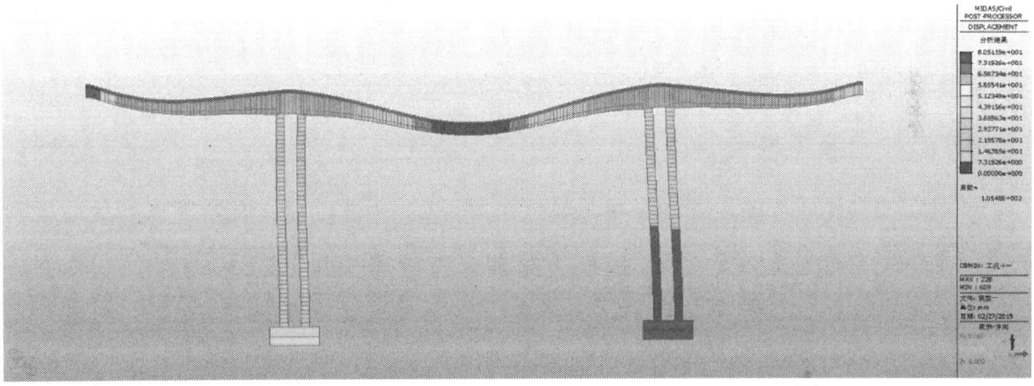

图 3.21　工况八位移等值线图

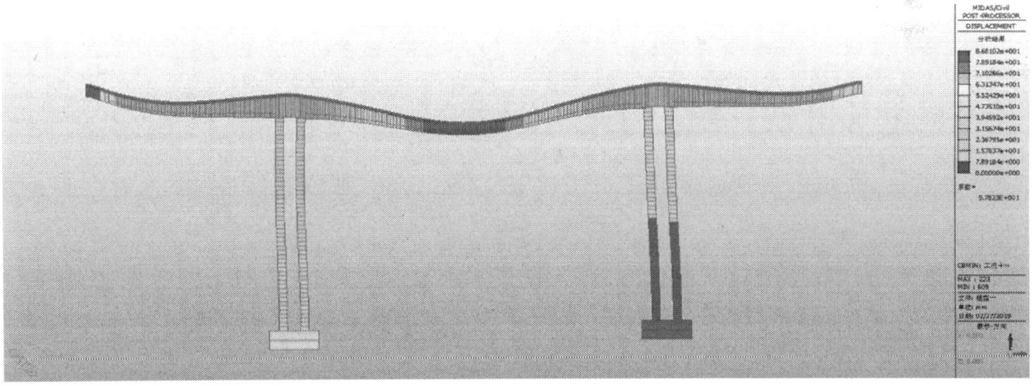

图 3.22　工况九位移等值线图

3.1.5　小结

本节对波形钢腹板 PC 连续刚构桥进行了静力特性计算分析，利用有限元软件 MIDAS Civil 2017 建立了桥梁的有限元模型，对桥梁进行了静载数值仿真分析，得出如下结论。

全桥在各工况下满足规范要求，证明本桥梁设计合理，安全可靠。桥梁在合拢状态时(工况一) 最大竖向位移为 3.44 cm，竖向位移为 0.5 cm，发生在中跨跨中位置，最大应力为 6.6 MPa。

预应力作用下，中跨跨中位移为0.5 cm，方向向上，抵消了自重下的向下的位移，减小了变形，全截面受压，最大应力为 8.27 MPa。在移动荷载作用下，桥梁中跨跨中最大竖向位移为7.45 cm，边跨最大位移为 2.7 cm，满足规范的变形要求。在温度荷载和温度梯度的作用下，桥梁最大位移为 31.44 mm，应力相比工况二增大 31.8%，可见温度荷载对桥梁影响较大，因此设计此类结构时应注意设置温度伸缩缝。

桥梁若发生支座沉降，位移变化不明显，内力增长较为迅速，应力变化比较大。边跨支座发生沉降要比中跨支座(零号墩) 对桥梁的最大应力大 2%，因此在设计建造时应根据地质条件采用沉降量小的桩基。

3.2　波形钢腹板 PC 连续刚构桥动力反应分析

3.2.1　自振特性分析

桥梁在地震作用下的地震响应和自振特性密切相关，进行特征值分析也是地震反应谱分析方法的基本步骤。通过计算自振特性，可以清楚地观察到桥梁的刚度和质量的分布情况，因此本节利用有限元软件 MIDAS Civil 2017 计算了桥梁的自振特性，给出前十五阶振型以及与振型相对应的自振频率。图 3.23 ～ 3.37 为波形钢腹板 PC 连续刚构桥的前十五阶振型。

图 3.23　一阶振型

图 3.24　二阶振型

图 3.25　三阶振型

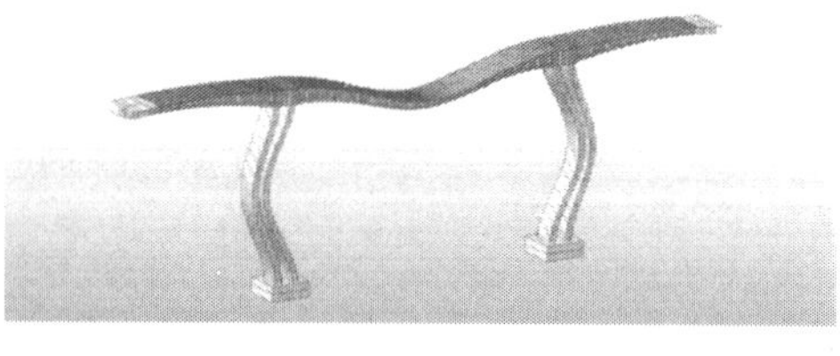

图 3.26　四阶振型

图 3.27　五阶振型

图 3.28　六阶振型

图 3.29　七阶振型

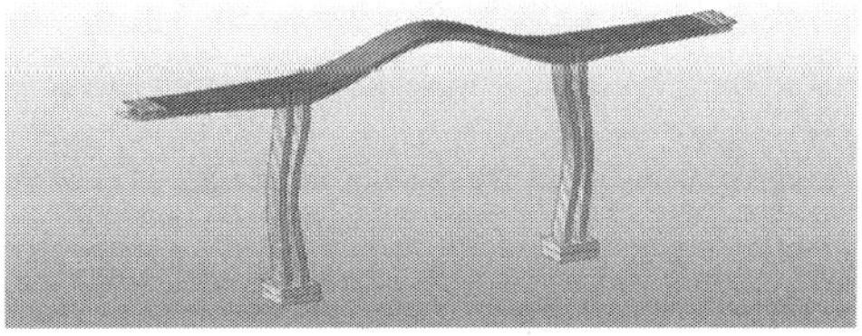

图 3.30　八阶振型

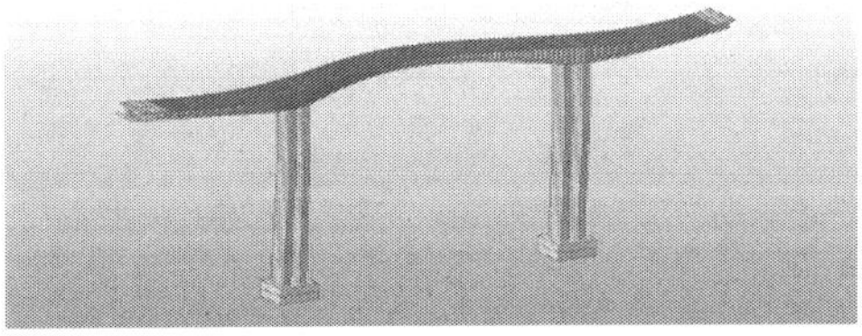

图 3.31　九阶振型

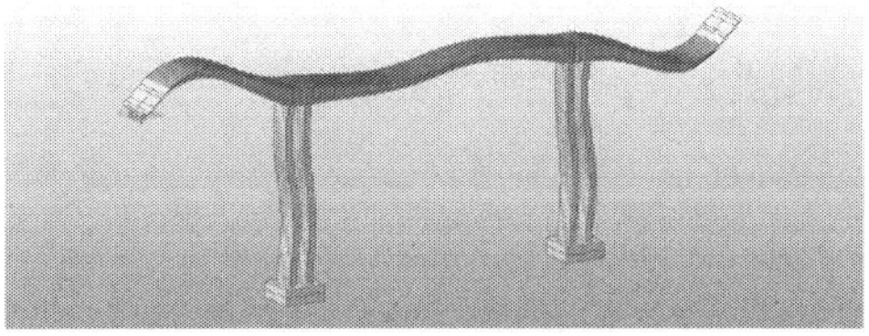

图 3.32　十阶振型

图 3.33　十一阶振型

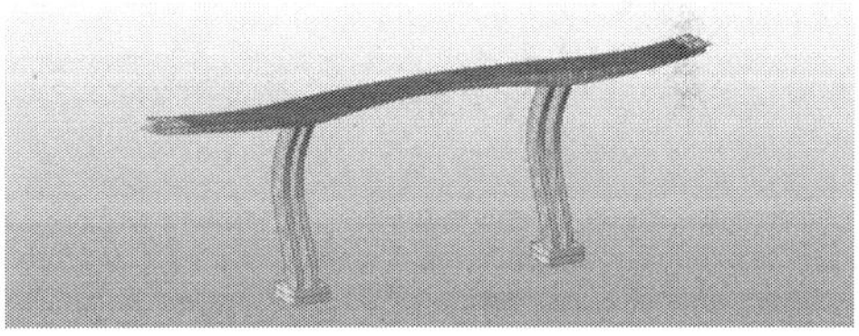

图 3.34　十二阶振型

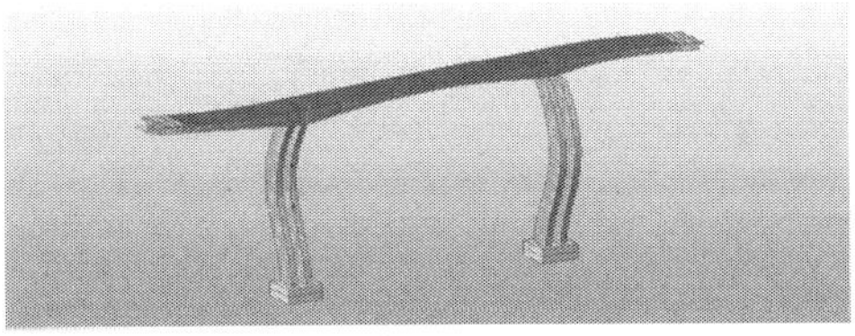

图 3.35　十三阶振型

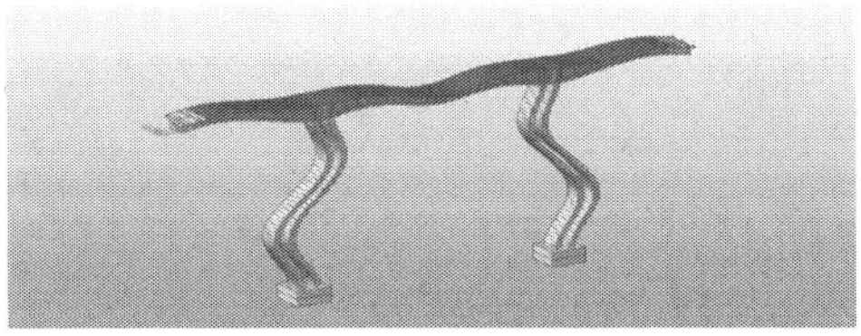

图 3.36　十四阶振型

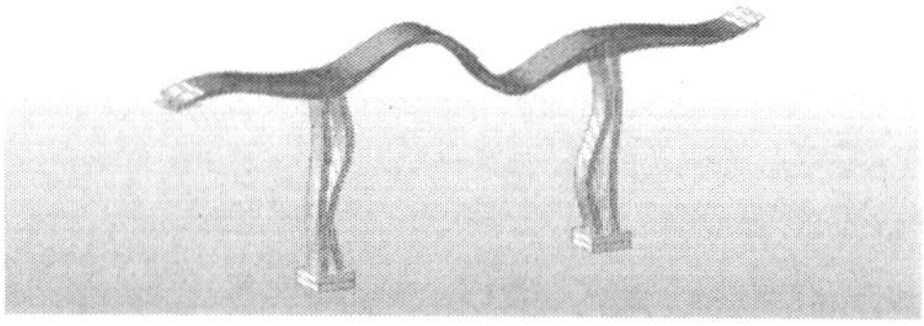

图 3.37 十五阶振型

表3.2为桥梁前十五阶自振特性。由表3.2可知,波形钢腹板PC连续刚构桥的自振周期为2.08 s,相应基频为0.479 8 Hz。一阶振型是顺桥向的第一阶振型,二阶振型是横桥向的第一阶振型,四阶振型是桥梁竖向的第一阶振型。桥梁一阶振型为主梁纵弯,符合桥梁体系的基本自振特征,主梁纵向位移可以使桥梁产生较大纵向变形,有利于桥梁的抗震耗能;主梁竖向弯曲振型出现在四阶,由此可得出主梁竖向抗弯刚度较小;桥墩弯曲出现在五阶,由此可得出桥梁桥墩刚度不大,且桥梁在五阶、六阶、七阶、十二阶、十三阶、十四阶都为桥墩振动,说明桥墩较柔软,应在设计时注意此问题。可以通过增加桥墩双肢之间的连接件来增加桥墩的刚度。

表 3.2 桥梁前十五阶自振特性

模态号	自振频率 /Hz	周期 /s	振型特点
1	0.479 758	2.084 386	主梁纵弯
2	2.073 259	1.012 004	主梁横弯
3	3.382 919	0.482 332	桥梁反对称横弯
4	3.610 326	0.314 993	主梁对称竖弯
5	4.771 290	0.295 603	桥墩对称弯曲
6	0.988 139	0.295 349	桥墩对称＋反对称弯曲
7	3.174 670	0.276 983	桥墩反对称弯曲
8	3.385 821	0.270 626	主梁二阶对称竖弯
9	3.695 130	0.209 587	主梁二阶对称横弯
10	6.768 473	0.147 744	主梁二阶反对称竖弯
11	6.854 064	0.145 899	主梁二阶正对称竖弯
12	7.361 076	0.135 850	桥墩横桥向对称弯曲
13	7.398 729	0.135 158	桥墩横桥向反对称弯曲
14	8.253 696	0.121 158	桥墩顺桥向对称弯曲
15	8.554 118	0.116 903	主梁三阶反对称竖弯

3.2.2 地震反应谱分析

应用反应谱分析之前,要进行结构的特征值运算。特征值分析目的是要得到桥梁的自振周期及其对应的自振振型。计算最大地震力时使用的多自由度体系的反应谱法利用了结构振型正交，分解多自由度的复杂振型，得到各个振型的独立运动，然后变成求解单自由度体系，利用反应谱理论分别计算各个振型的最大地震反应。由于每个振型对应的地震反应不在同一时刻达到最大值，因此求多自由度体系的最大地震反应时，不能直接求代数和进行计算，目前主流的组合方法是使用基于随机振动理论的平方和开方法 SRSS、完整二次项组合法 CQC 和绝对值相加法 ABS 等方法。

反应谱分析方法主要包括如下几个步骤：第一步，分析桥梁的特征值，对结构运动方程使用振型分解法进行分解，根据场地或规范反应谱，求出各阶振型反应的最大值；第二步，因为各个振型反应的最大值一般不同时出现，因此要将结构反应的最大值进行组合；第二步，由于地震是三维运动，所以地震反应谱分析方法要从三个正交方向输入，然后求解并进行组合。反应谱分析方法要从同时发生的地震运动的三个分量来估算最大响应。

3.2.3　确定反应谱函数

我国规范根据公路等级和桥梁的重要性以及发生震害后进行修复(抢修)的难易程度，将桥梁划分为四个等级的抗震设防类别，分别为 A、B、C、D。A 类桥梁为特大桥，单跨跨径超过 150 m；B 类桥梁是指除了 A 类桥梁的大桥、特大桥、高速公路和一级公路上的桥梁和二级公路上的桥梁；C 类桥梁是指除了 A 类桥梁、B 类桥梁和 D 类桥梁以外的公路桥梁；D 类桥梁是指在三级和四级公路上的中型和小型桥梁。对于不分类的桥梁，赋予了不同的抗震重要系数，有不同的地震基本加速度，规定了 E1 和 E2 量级设防地震，各类桥梁的抗震重要性系数及对应的重现期见表 3.3。另外，根据场地不同，依据场地条件和设防环境，规范规定了场地系数来调整地震动加速度的峰值。场地系数见表 3.4。

表 3.3　各类桥梁的抗震重要性系数及对应的重现期

桥梁抗震设防类别	重要性系数(E1 地震作用)	重现期 / 年	重要性系数(E2 地震作用)	重现期 / 年
A	1.0	475	1.7	2 000
B	0.43(0.5)	75(100)	1.3(1.7)	1 000(2 000)
C	0.34	50	1.0	475
D	0.23	25	—	—

注：高速公路和一级公路上的大桥、特大桥，其抗震重要性系数取 B 类括号内的值。

表 3.4　场地系数

场地类型	设防烈度					
	6 0.05g	7 0.10g	7 0.15g	8 0.20g	8 0.3g	9 0.4g
Ⅰ	1.2	1.0	0.9	0.9	0.9	0.9
Ⅱ	1.0	1.0	1.0	1.0	1.0	1.0
Ⅲ	1.1	1.3	1.2	1.2	1.0	1.0
Ⅳ	1.2	1.4	1.3	1.3	1.0	0.9

反应谱函数的确定对反应谱分析至关重要。本节根据《公路桥梁抗震设计规

范》(JTG/T 2231-01—2020)和本桥梁所在地的地质条件确定反应谱的选取依据为:本桥梁抗震设防桥梁类型为B,分区特征周期为0.45 s,场地类型为Ⅱ,设防烈度为7(0.15g),抗震规范为E1,阻尼比为0.05,本桥为高速公路和一级公路上的大桥、特大桥;因此得出输出数据为特征周期0.45 s,重要性系数0.5,场地系数1.00,阻尼调整系数1.00。本节仅考虑E1地震作用下三向地震动(顺桥向X、横桥向Y和竖向Z)。横向地震加速度反应谱如图3.38所示,竖向地震加速度反应谱如图3.39所示。

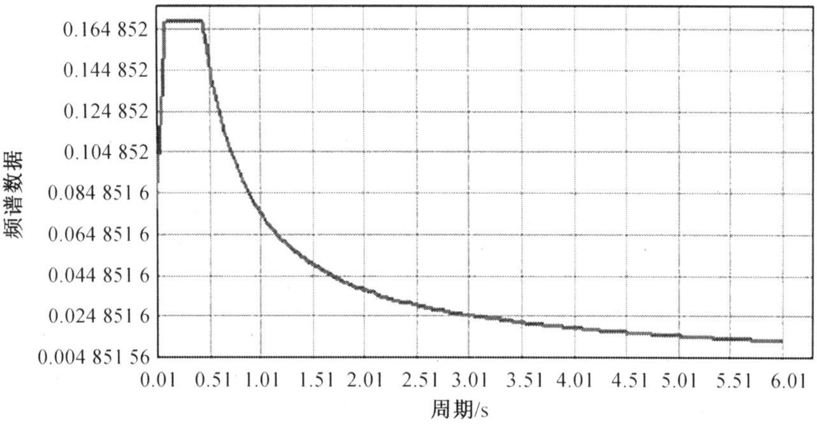

图3.38　横向地震加速度反应谱

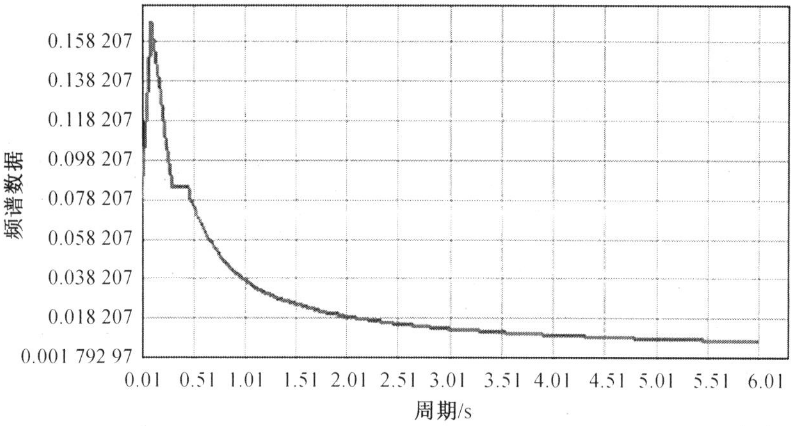

图3.39　竖向地震加速度反应谱

反应谱函数调整系数公式为

$$S_{max}=2.25C_iC_sC_dA$$

式中　C_i——抗震重要系数;

C_s——场地系数;

C_d——阻尼调整系数;

A——水平向设计基本地震动加速度峰值。

在本书研究中,取调整系数为3。

3.2.4　反应谱地震荷载工况

为了分析桥梁在地震反应谱作用下的响应，定义了三个方向，分别为 $X-Y$ 平面上 0° 的顺桥向、$X-Y$ 平面上 90° 的横桥向和 Z 方向（竖向），模态组合控制方式为 SRSS。地震反应谱荷载工况见表 3.5。

表 3.5　地震反应谱荷载工况

工况序号	类型	地震作用组合
工况一	顺桥向	E_X
工况二	横桥向	E_Y
工况三	顺桥向＋竖向	$\sqrt{E_X^2+E_Z^2}$
工况四	横桥向＋竖向	$\sqrt{E_Y^2+E_Z^2}$
工况五	顺桥向＋横桥向＋竖向	$\sqrt{E_X^2+E_Y^2+E_Z^2}$

注：表中 E_X、E_Y、E_Z 分别为顺桥向 X、横桥向 Y 和竖向 Z 地震作用最大效应。

3.2.5　反应谱位移结果分析

反应谱法计算地震力的质量参与系数满足顺桥向、横桥向和竖向大于 90%。桥梁在地震反应谱作用下的位移结果如下。桥梁位移监测点位置如图 3.40 所示，选取主梁左跨 1/2（监测点 1）、零号墩左侧（监测点 2）、零号墩右侧（监测点 3）、中跨跨中（监测点 4）、一号墩左侧（监测点 5）、一号墩右侧（监测点 6）、右跨 1/2（监测点 7）。位移提取结果见表 3.6～3.8。

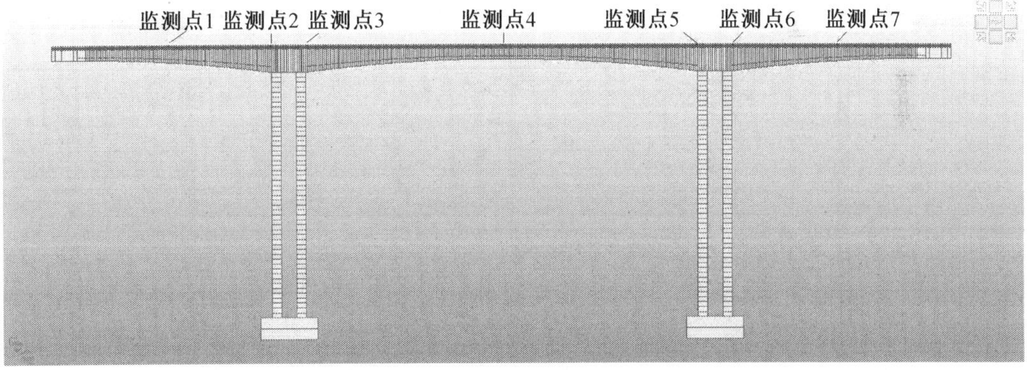

图 3.40　桥梁位移监测点位置

表 3.6　各地震反应谱工况下顺桥向位移　mm

工况序列	监测点 1	监测点 2	监测点 3	监测点 4	监测点 5	监测点 6	监测点 7
工况一	117.086	116.864	116.778	116.303	116.756	116.859	117.100
工况二	12.471	8.748	7.508	0.058	7.265	8.613	12.584
工况三	117.086	116.865	116.779	116.303	116.756	116.859	117.101
工况四	12.478	8.752	7.510	0.058	7.267	8.617	12.590
工况五	117.086	116.865	116.779	116.303	116.756	116.859	117.101

表 3.7 各地震反应谱工况下横桥向位移 mm

工况序列	监测点 1	监测点 2	监测点 3	监测点 4	监测点 5	监测点 6	监测点 7
工况一	0.000 0	0.000 0	0.000 0	0.000 0	0.000 0	0.000 0	0.000 0
工况二	21.560 8	38.871 3	44.071 0	59.920 1	44.866 6	39.706 6	21.904 6
工况三	0.000 0	0.000 0	0.000 0	0.000 0	0.000 0	0.000 0	0.000 0
工况四	21.560 8	38.871 3	44.071 0	59.920 1	44.866 6	39.706 6	21.904 6
工况五	21.560 8	38.871 3	44.071 0	59.920 1	44.866 6	39.706 6	21.904 6

表 3.8 各地震反应谱工况下竖向位移 mm

工况序列	监测点 1	监测点 2	监测点 3	监测点 4	监测点 5	监测点 6	监测点 7
工况一	7.378 4	0.254 7	0.197 3	44.001 5	0.580 0	0.134 0	7.527 5
工况二	7.229 7	0.148 9	0.174 8	44.001 5	0.543 2	0.097 0	7.382 4
工况三	27.866 6	0.978 7	0.500 5	63.329 7	0.987 1	0.441 2	27.996 1
工况四	27.727 3	0.987 1	0.478 4	63.329 7	0.950 7	0.406 7	27.859 6
工况五	27.866 6	0.978 7	0.500 5	64.329 7	0.987 1	0.441 2	27.996 1

顺桥向位移在不同工况下的变化规律如图 3.41 所示，横桥向的位移在不同工况下的变化规律如图 3.42 所示。桥梁在工况一和工况三顺桥向的地震反应谱作用下不发生横桥向位移，由此可知，顺桥向地震对横桥向位移影响很小。在工况二、工况四和工况五地震反应谱作用下，桥梁发生横桥向位移，且中跨跨中位移最大，越往两侧位移越小，由此可知，横桥向地震反应谱对跨中位移影响最大，影响力向两侧递减。竖向地震反应谱对桥梁横桥向位移作用不明显。

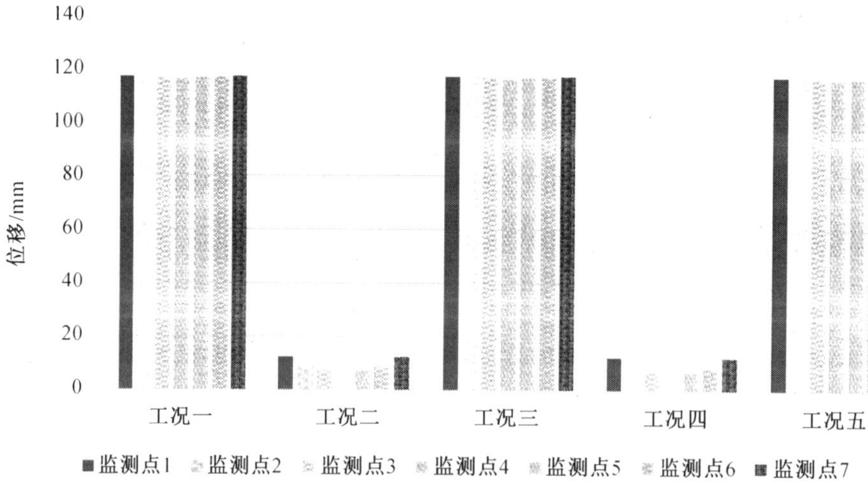

图 3.41 各工况下顺桥向位移

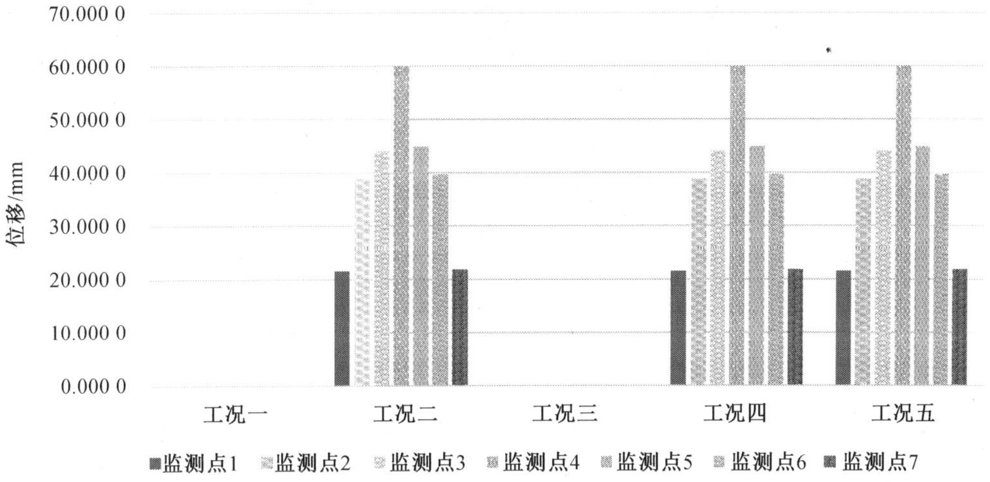

图 3.42　各工况下横桥向位移

3.2.6　反应谱内力结果分析

桥梁在地震反应谱作用下的内力结果如下。桥梁内力监测点位置如图 3.43 所示，选取左跨 1/2(监测点 1)、零号墩左侧(监测点 2)、零号墩右侧(监测点 3)、中跨 1/2(监测点 4)、一号墩左侧(监测点 5)、一号墩右侧(监测点 6)、右跨 1/2(监测点 7)。内力提取结果见表3.9 ～3.13。

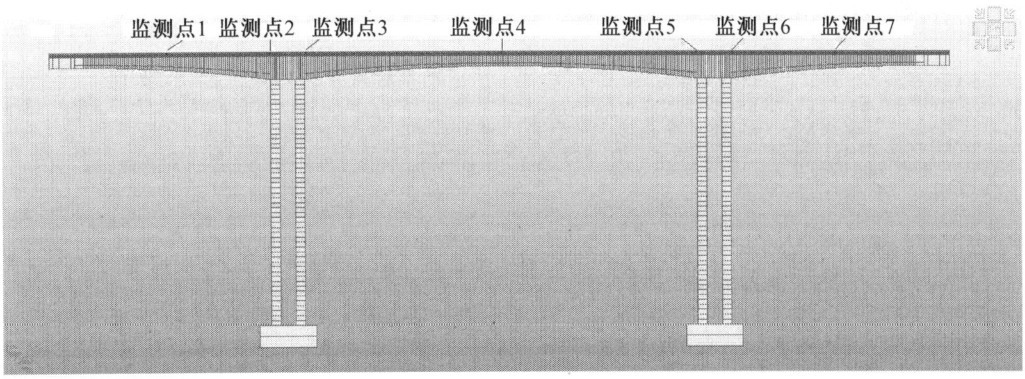

图 3.43　桥梁内力监测点位置

表 3.9　地震反应谱工况一关键位置内力

工况	截面	轴力 F_x /kN	剪力 F_y /kN	剪力 F_z /kN	扭矩 M_x /(kN·m)	弯矩 M_y /(kN·m)	弯矩 M_z /(kN·m)
工况一	监测点 1	49 452.62	0	1 796.55	0	19 454.98	0
	监测点 2	55 944.49	0	7 612.41	0	89 838.29	0
	监测点 3	55 496.37	0	10 011.76	0	177 450.42	0
	监测点 4	37 710.68	0	255.64	0	57 199.82	0
	监测点 5	55 492.54	0	10 011.06	0	177 403.97	0
	监测点 6	56 203.27	0	7 650.90	0	91 601.23	0
	监测点 7	49 431.22	0	1 600.13	0	20 125.10	0

表 3.10　地震反应谱工况二关键位置内力

工况	截面	轴力 F_x /kN	剪力 F_y /kN	剪力 F_z /kN	扭矩 M_x /(kN·m)	弯矩 M_y /(kN·m)	弯矩 M_z /(kN·m)
工况二	监测点 1	49 448.52	840.86	1 783.89	6 846.75	19 104.76	23 696.74
	监测点 2	55 931.38	670.46	7 606.31	5 010.36	89 645.58	32 040.25
	监测点 3	55 486.94	1 966.98	10 001.86	6 672.46	177 273.79	29 728.43
	监测点 4	37 710.68	13.19	32.61	11.99	57 199.80	59 482.05
	监测点 5	55 483.11	1 967.01	10 001.16	6 670.19	177 227.30	29 726.04
	监测点 6	56 190.22	672.26	7 644.87	5 010.01	91 412.58	32 036.65
	监测点 7	49 427.35	860.46	1 586.14	6 892.13	19 801.36	23 125.49

表 3.11　地震反应谱工况三关键位置内力

工况	截面	轴力 F_x /kN	剪力 F_y /kN	剪力 F_z /kN	扭矩 M_x /(kN·m)	弯矩 M_y /(kN·m)	弯矩 M_z /(kN·m)
工况三	监测点 1	49 453.39	0	5 952.69	0	50 502.41	0
	监测点 2	55 946.60	0	13 814.74	0	222 338.21	0
	监测点 3	55 503.54	0	15 072.14	0	238 483.16	0
	监测点 4	37 723.69	0	255.93	0	77 594.18	0
	监测点 5	55 499.72	0	15 071.43	0	238 436.83	0
	监测点 6	56 205.37	0	13 853.79	0	224 073.22	0
	监测点 7	49 431.95	0	5 045.35	0	51 309.16	0

表 3.12　地震反应谱工况四关键位置内力

工况	截面	轴力 F_x /kN	剪力 F_y /kN	剪力 F_z /kN	扭矩 M_x /(kN·m)	弯矩 M_y /(kN·m)	弯矩 M_z /(kN·m)
工况四	监测点 1	49 449.29	840.86	5 941.05	6 846.75	50 170.38	23 696.74
	监测点 2	55 933.49	670.46	13 808.80	5 010.36	222 150.72	32 040.25
	监测点 3	55 494.12	1 966.98	15 962.30	6 672.46	238 307.55	29 728.43
	监测点 4	37 723.69	13.19	95.61	11.99	77 594.16	59 482.05
	监测点 5	55 490.29	1 967.01	15 961.58	6 670.19	238 261.19	29 726.04
	监测点 6	56 192.32	672.26	13 847.91	5 010.01	223 889.54	32 036.65
	监测点 7	49 428.07	860.46	5 732.53	6 892.13	51 003.68	23 125.49

表 3.13　地震反应谱工况五关键位置内力

工况	截面	轴力 F_x /kN	剪力 F_y /kN	剪力 F_z /kN	扭矩 M_x /(kN·m)	弯矩 M_y /(kN·m)	弯矩 M_z /(kN·m)
工况五	监测点 1	49 453.39	840.86	5 952.69	6 846.75	50 502.41	23 696.74
	监测点 2	55 946.60	670.46	13 814.74	5 010.36	222 338.21	32 040.25
	监测点 3	55 503.54	1 966.98	15 072.14	6 672.46	238 483.16	29 728.43
	监测点 4	37 723.69	13.19	255.93	11.99	77 594.18	59 482.05
	监测点 5	55 499.72	1 967.01	15 071.43	6 670.19	238 436.83	29 726.04
	监测点 6	56 205.37	672.26	13 853.79	5 010.01	224 073.22	32 036.65
	监测点 7	49 431.95	860.46	5 745.35	6 892.13	51 309.16	23 125.49

由反应谱位移和内力的计算分析结果。

① 顺桥向的反应谱主要引起桥梁顺桥向的位移，对横桥向的位移影响不大；横桥向的反应谱主要引起桥梁横桥向的位移，且跨中位移最大；竖向反应谱主要引起桥梁竖向位移，对跨中竖向位移影响最大，对桥梁桥墩竖向位移几乎没有影响。

② 顺桥向的反应谱主要影响主梁的轴力 F_x、剪力 F_z 和弯矩 M_y，对其他内力值影响不大。横桥向的反应谱主要影响桥梁的主梁剪力 F_y，对弯矩 M_z 影响显著。

③ 工况五的三向地震一定程度上反映了地震荷载的最不利组合。三个方向的地震中，横向地震产生较大位移和内力，对桥梁的影响也最大，竖向地震相对影响较小。

④ 从五个工况可以看出，桥梁在地震荷载作用下内力对称，多个内力在监测点 3 处达到最大值，桥墩内肢受地震影响较大。

3.2.7　地震作用时程分析

地震作用时程分析是计算结构在动力荷载作用下的重要方法。时程分析就是将动力作用的时间函数引入结构动力微分方程式(3.1)，并积分求解得到结构的时程响应的过程。根据方程的求解方式的不同，时程分析的积分方式分为振型叠加法和直接积分法。振型叠加法适用于线性弹性结构分析，直接积分法直接结算体系的动力响应，通过逐步积分得到时间函数的时程结果。直接积分法常用的有 Wilson－θ 法和 Newmark 法，其他还有中心差分法、常加速度法、线性加速度法等方法。由于本书仅分析桥梁在E1地震作用下的时程响应，故采用线性分析，采用振型叠加法。

$$\boldsymbol{M}\ddot{u}(t)+\boldsymbol{C}\dot{u}+\boldsymbol{K}u(t)=F(t) \tag{3.1}$$

式中　$\boldsymbol{M}$—— 质量矩阵；

$\boldsymbol{C}$—— 阻尼矩阵；

$\boldsymbol{K}$—— 刚度矩阵；

$F(t)$—— 动力荷载；

$u(t)$、$\dot{u}(t)$、$\ddot{u}(t)$—— 相对位移、速度和加速度。

1.选取地震波

本书根据地震波的选取方法和设计的地震反应谱峰值加速度，选取地震波“1940，El Centro Site，270D”作为顺桥向波，选取“1940，El Centro Site，180D”作为横桥向波，选取“1940，El Centro Site，Vertical”作为竖向波。为了与设计时的地震烈度相当，本书对选取的三个方向的地震波进行了幅值调整，调整系数为0.5。

2.地面加速度

为了研究桥梁在地震波作用下的时程响应，考虑不同方向的地震波之间的组合，本节利用MIDAS Civil 2017进行E1地震作用下的线弹性时程分析，分析求解方法为振型叠加法，不考虑几何非线性。分析时间长度为54 s，分析时间步长为0.01 s。地震时程分析荷载工况见表3.14。

表3.14　地震时程分析荷载工况

工况序号	组合方式
工况一	顺桥向
工况二	横桥向
工况三	顺桥向＋竖向
工况四	横桥向＋竖向
工况五	顺桥向＋横桥向＋竖向

3.时程分析位移计算结果

桥梁在地震反应谱作用下的位移结果如下。现提取工况三和工况四作用下的监测点4时程位移结果，如图3.44～3.47所示。

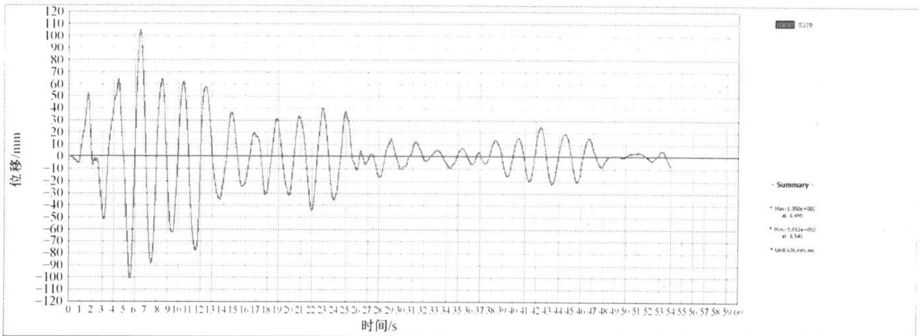

图3.44　工况三监测点4顺桥向时程位移

桥梁在工况三地震波作用下，顺桥向位移最大为 10.5 cm，在 6.49 s 达到最大值。

桥梁在工况三地震波的作用下，横桥向几乎不发生位移。

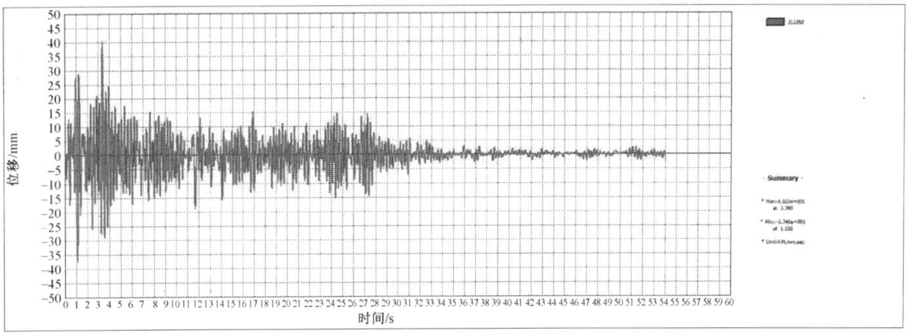

图 3.45　工况三监测点 4 竖向时程位移

桥梁在工况三地震波的作用下，顺桥向位移最大值为 4.02 cm，最大值发生在3.39 s。

桥梁在工况四地震波的作用下，顺桥向几乎不发生位移。

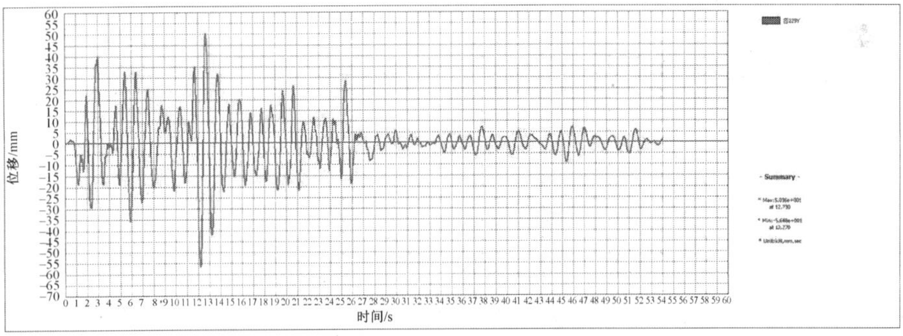

图 3.46　工况四监测点 4 横桥向时程位移

桥梁在工况四地震波的作用下，横桥向位移最大值为 5.036 cm，在 12.73 s 达到最大值。

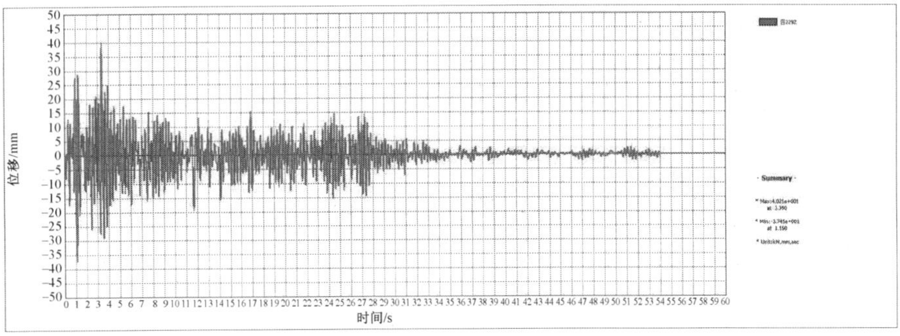

图 3.47　工况四监测点 4 竖向时程位移

桥梁在工况四地震波的作用下，竖向位移最大值为 4.02 cm，在 3.39 s 达到最大值。

现提取各工况下，7 个监测点的位移最大值，各地震时程荷载工况下顺桥向位移见表 3.15。

表 3.15　各地震时程荷载工况下顺桥向位移　　mm

工况序列	工况一	工况二	工况三	工况四	工况五
监测点 1	105.853 9	12.471 8	106.665 7	13.114 6	106.665 7
监测点 2	105.588 2	8.748 5	106.209 5	9.104 0	106.209 5
监测点 3	105.494 4	7.508 7	105.897 9	7.696 1	105.897 9
监测点 4	105.002 9	0.058 4	104.993 7	0.077 3	104.993 7
监测点 5	105.472 1	7.266 0	105.364 6	7.449 8	105.364 6
监测点 6	105.581 1	8.613 8	105.408 6	8.938 1	105.408 6
监测点 7	105.869 3	12.584 2	105.798 2	13.070 4	105.798 2

4.时程分析内力计算结果

桥梁在地震反应谱作用下的内力结果如下，监测位置与 3.2 节相同。现提取工况三和工况四作用下的监测点 3 和监测点 4 的弯矩 M_y 时程位移结果，如图 3.48 ~ 3.51 所示。

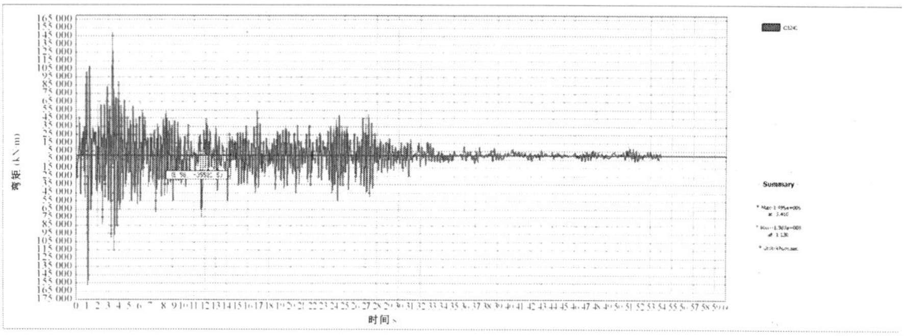

图 3.48　工况三监测点 3 弯矩时程

工况三监测点 3 的弯矩最大值为 1.495×10^5 kN·m，发生在 3.41 s。

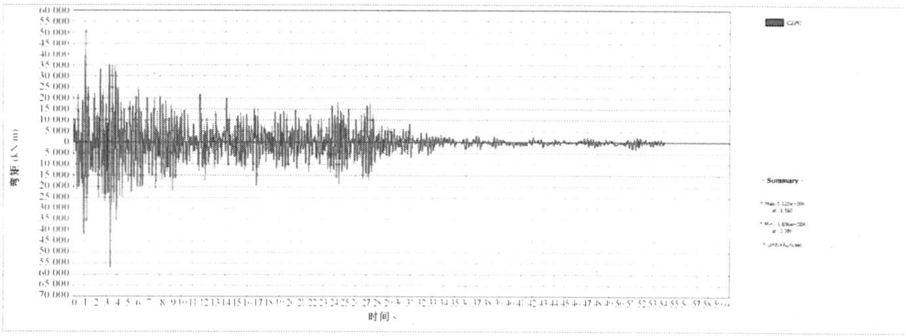

图 3.49　工况三监测点 4 弯矩时程

工况三监测点 4 的弯矩最大值为 5.12×10^4 kN·m，发生在 1.16 s。

工况四监测点 3 的弯矩最大值为 1.506×10^5 kN·m，发生在 3.41 s。

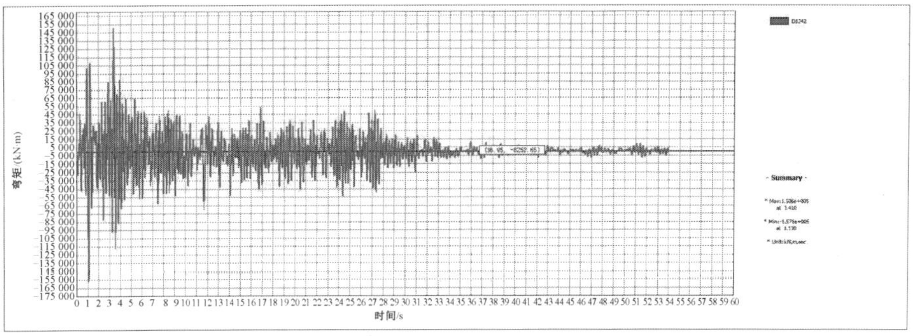

图 3.50　工况四监测点 3 弯矩时程

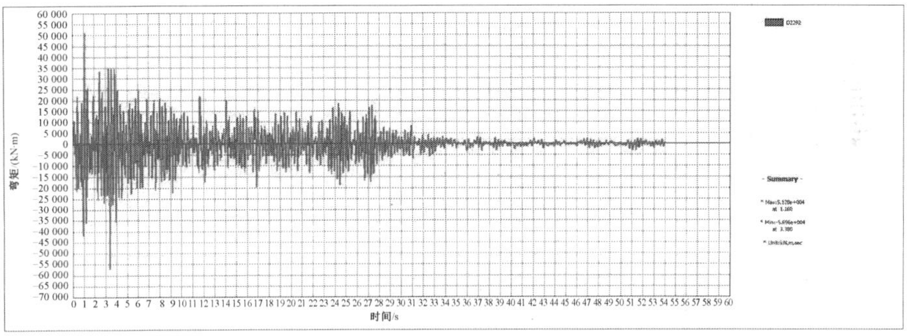

图 3.51　工况四监测点 4 弯矩时程

工况四监测点 4 的弯矩最大值为 5.12×10^4 kN·m，发生在 1.16 s。

3.2.8　反应谱法和时程分析法结果对比

前面使用两种方法对桥梁进行了地震的模拟，本节对两种模拟分析的结构进行对比。选取工况五位移响应和内力中的弯矩响应，进行结果对比，见表 3.16 ～ 3.18。

表 3.16　工况五顺桥向位移对比　mm

位置	时程结果	反应谱结果	时程 / 反应谱
监测点 1	106.665 696	117.086 681	0.910 997 691
监测点 2	106.209 479	116.865 172	0.908 820 628
监测点 3	105.897 879	116.779 011	0.906 822 879
监测点 4	104.993 733	116.303 346	0.902 757 630
监测点 5	105.364 596	116.756 931	0.902 426 906
监测点 6	105.408 618	116.859 600	0.902 010 772
监测点 7	105.798 222	117.101 037	0.903 478 096

表3.17 工况五横桥向位移对比 mm

位置	时程结果	反应谱结果	时程/反应谱
监测点1	18.913 570	21.560 768	0.877 221 535
监测点2	33.620 064	38.871 255	0.864 908 118
监测点3	37.882 054	44.071 007	0.859 568 605
监测点4	50.360 942	59.920 068	0.840 468 706
监测点5	38.527 196	44.866 623	0.858 705 056
监测点6	34.307 616	39.706 607	0.864 027 893
监测点7	19.211 378	21.904 635	0.877 046 251

表3.18 工况五竖向位移对比 mm

位置	时程结果	反应谱结果	时程/反应谱
监测点1	26.618 365	27.866 6	0.955 205 297
监测点2	0.923 118	0.978 7	0.943 164 971
监测点3	0.424 856	0.500 5	0.848 829 218
监测点4	59.613 211	64.329 7	0.926 682 083
监测点5	1.044 517	0.987 1	1.058 174 863
监测点6	0.367 502	0.441 2	0.833 016 751
监测点7	26.446 399	27.996 1	0.944 647 108

3.2.9 小结

本节主要对波形钢腹板PC连续刚构桥的动力特性和地震响应进行了分析，得到了桥梁的自振特性和地震作用下的反应谱分析结果和时程分析结果。主要得到以下结论。

① 此波形钢腹板PC连续刚构梁自振周期为2.08 s，相应基频为0.479 8 Hz。桥梁的主振型是主梁纵飘。桥梁的桥墩弯曲出现在五阶，说明本桥梁桥墩刚度较小，设计时应注意此处。

② 由反应谱位移计算分析结果可知，在假设的E1地震作用下，顺桥向位移主要由顺桥向地震力引起，最大位移为11.7 cm，主梁各个位置的顺桥向位移变化不大；横桥向的反应谱主要引起桥梁横桥向的位移，最大位移出现在中跨跨中位置，跨中位移最大为5.9 cm；竖向反应谱主要引起桥梁竖向位移，对跨中竖向位移影响最大，中跨跨中位置竖向位移为6.4 cm。三个方向反应谱叠加作用结果基本等于各个方向的单独作用的代数和。

(3) 由地震作用的时程分析结果可知，在假设的地震波作用下，地震反应结果基本和反应谱法的结果一致。轴力受地震波影响不大。主梁各方向剪力在桥墩处最大，在中跨跨中位置较小，各方向最大弯矩也集中在主梁桥墩处。

本章参考文献

[1] 李宏江，万水，叶见曙.波形钢腹板PC组合箱梁的结构特点[J].公路交通科技，2006，

19(3):53.
[2] HUANG L, HIKOSAKA H, KOMINE K. Simulation of accordion effect in corrugated steel web with concrete flanges[J]. Computers and structures, 2004(82): 2061-2069.
[3] MACHIDAMRONG C, WATANABE E,UTSUNOMIYS T. Analysis of corrugated steel web girders by an efficient beam bending theory [J]. Structural engineering and earthquake engineering, 2004,21(2): 131-142.
[4] JOHN R P, CAFOLLA J. Corrugated webs in plate girders for bridges [J]. Structures and buildings, 1997(5):157-164.
[5] CHAN C L, AKHALIDETAL Y. Finite element analysis of corrugated webs beams under bending [J]. Journal constructional steel research, 2002(58): 1391-1406.
[6] HASSAN H A, RICHARD S, ROBERT G D. Analysis of flange transverse bending of corrugated web I — girder under I — plane loads [J]. Journal of structural engineer, 2007, 133(3):347-355.
[7] 郑尚敏,马磊,万水.体外预应力对波形钢腹板箱梁自振频率的影响分析[J].东南大学学报(自然科学版),2014,44(1):140-144.
[8] 陈建兵,胡洋,万水.波形钢腹板组合梁桥振动特性测试与分析[J].铁道建筑,2011(4):6-8.
[9] 姚浩,程进.基于变分原理的波形钢腹板箱梁挠度计算解析法[J].工程力学,2016,33(8):177-184.
[10] 岳建彬,陈永康.波形钢腹板剪切屈曲强度研究[J].西部交通科技,2013(12):49-53,83.
[11] 朱力,蔡建军,聂建国.波形钢腹板的弹性剪切屈曲强度[J].工程力学,2013,30(7):40-46,54.
[12] 聂建国,李法雄,樊健生.波形钢腹板梁变形计算的有效刚度法[J].工程力学,2012,29(8):71-79.
[13] 聂建国,李法雄.考虑腹板剪切行为的波形钢腹板梁理论模型[J].中国公路学报,2011,24(6):40-48.
[14] 聂建国,朱力,唐亮.波形钢腹板的抗剪强度[J].土木工程学报,2013,46(6):97-109.

第4章　单箱多室波形钢腹板 PC组合箱梁桥剪力滞效应分析

4.1　箱型梁剪力滞效应分析简介

在箱梁结构中，因翼缘板剪切变形导致的截面正应力沿横向分布不均的现象，称为剪力滞后效应（简称剪力滞效应），若忽略该现象，将导致设计应力小于结构的真实应力而致使结构破坏。因此，国内外展开了对箱梁剪力滞效应的研究，除试验研究外，目前较为成熟的理论方法有弹性解法、比拟杆法、能量变分法与有限元法。

在弹性解法中，主要的解法有调谐函数法、正交异性板法以及折板理论法。弹性解法基于弹性理论，能够求得简单截面、简单边界条件下的精确解。但弹性力学方程求解体系的复杂性导致分析和计算的程序烦琐、适用面窄，难以适应复杂结构分析的需求。

比拟杆法最早出现在航空领域，Younger在探索机翼设计时提出了加劲薄板理论，将箱梁分解为二力杆与薄板的组合。简单来说，就是将纵向加劲肋用连续薄板等效替代，并假设其承担全部轴力，而板只承受剪力，随后建立微分控制方程，求出用级数表示的正应力。Malcolm等首先将该理论应用在土木工程的箱梁结构研究中，并比较了该法与正交异性板法、有限元法和实测数据的差异，认为加劲薄板理论更接近实测结果。在此基础上，后续有英国学者Evans推广得到了比拟杆法及三杆比拟法。国内许多学者基于此法开展了广泛应用。如张启伟利用比拟杆法，分析了单索斜拉箱梁桥恒载作用时的剪力滞效应。郭增伟等推导了变截面箱梁的正应力计算公式，这是对传统比拟杆法进行改进，克服了该法仅能用于分析等截面箱梁的弊端。周茂定等采用三杆比拟法，忽略波形钢腹板对抗弯的贡献，推导出了波形钢腹板组合简支箱梁的正应力和剪力滞系数分布公式，并与模型试验与有限元法结果进行对比。王慧东推导了压弯荷载作用下三杆比拟法控制方程。并给出了简支、悬臂边界条件下，箱梁正应力及剪力滞系数的计算公式。

相关学者研究了有蒙皮的飞机机翼的剪切变形规律，最早提出利用能量变分法求解剪力滞后问题，并开创性地给出了合理的剪力滞后翘曲纵向位移差函数格式，随后通过最小势能原理推导出梁体的微分控制方程并求出闭合解。Kuzmanovic等首先采用Reissner能量原理解决了带翼缘板的箱梁剪力滞后问题，随后，郭金琼等在Kuzmanovic的研究基础上，将剪力滞翘曲位移差函数修改为三次抛物线形式，并设计试验与数值计算结果进行对照。张世铎等分别采用二次、三次、四次剪力滞翘曲位移差函数，分析了变截面箱梁的剪力滞效应。除了多项式函数，倪元增研究了槽型梁和箱型梁的剪力滞效应，创新了剪力滞翘曲位移差函数，用余弦函数研究该问题，并首次考虑箱梁轴力自身平衡，将用能量原理求解该问题的进程推进了一大步。吴亚平等则对单箱多室箱梁的剪力滞效应进行能量变分法研究，并与规范结果对比。对于波形钢腹板组合箱梁，李立峰等通过波形钢腹板组合箱梁弯曲试验，认为弹性阶段波形钢腹板的弹性模量仅为平面钢板的 1/265，因此可以忽略波形钢腹板处的应变能，仅考虑剪力连接件处的应变能。马驰等基于倪元增及其他学者给出的假设，以波形钢腹板单箱单室、多室箱梁为研究对象，将波形钢腹板换算为平面钢板，求解得到剪力滞系数，并编写了包含剪力滞效应在内的矩阵位移法程序，以研究剪力滞效应对自振频率的影响。蔺鹏臻等考虑了预应力筋，求得正应力解析解，并探讨三种布筋形式对波形钢腹板箱梁剪力滞系数分布的影响。从上述横跨 70 年的研究中可以看出，基于 Reissncr 能量原理的剪力滞后效应的解法，最早的、也是最主要创新点在于对剪力滞翘曲位移差函数的修正。该函数从二次到高次多项式，再向余弦形式发展。基于此，最近的创新点还有利用附加的轴力自平衡条件修正翘曲位移差函数、考虑不同剪力连接件简化形式对应变能的影响、变截面箱梁或曲线箱梁的差分解、探讨预应力筋的影响等，不断地对用能量原理求解箱梁剪力滞效应的方法进行细化与修正。

有限差分法是解决基于能量变分法求得的剪力滞微分控制方程难以求得解析解（变截面箱梁、曲线梁桥等）的情况下诞生的数值解法。基于 Reissner 能量原理，张士铎最早在 1988 年得到了变截面悬臂箱梁在均布荷载、集中荷载作用下的剪力滞微分控制方程，随后利用有限差分法，解得剪力滞系数的数值解以及控制点处的剪力滞系数纵向分布。王修信等假定箱梁翼板纵向正应力任意次抛物线分布，用能量变分法解得变截面箱梁剪力滞微分控制方程组，并给出了有限差分格式以及实用算法。样条函数法同样基于能量变分法，特点在于通过样条函数插值建立位移场近似函数，得到数值解。杨绿峰等依据 Reissner 能量原理，提出箱梁剪力滞系数计算的样条里兹法。刘杰等取三次 B 样条函数为试函数，对能量变分法导出的等截面箱梁微分控制方程进行样条配点法求解。相较于其他精确解法，有限元法不再受制于工程结构的复杂几何构造；通用有限元软件的普及也降低了剪力滞效应研究的门槛，因此自 20 世纪 70 年代以来，许多学者和工程师利用有限元法分析了不同桥型、不同荷载作用、不同几何构造箱梁桥的剪力滞效应。Moffatt 等学者最早利用有限元法系统分析了不同荷载情况、不同支座条件下混凝土箱梁的剪力滞效应，并且分析了宽跨比、截面加劲肋分布等几何构造对箱梁正负剪力滞系数的影响，提出了有效宽度计算公式，并且部分结果被当时的英国规范采纳。Lee 采用六节点板单元，编制了自适应网格划分工具，求解得到单箱单室至单箱多室箱梁的剪力滞系数和有效宽度。经柏林等应用空间有限元法，充分讨论了宽幅变截面箱梁桥剪力滞效应，分析了剪力滞系数对于宽跨比、宽高比的敏感程度。彭大文等利用有限元软件，先后分析了单箱单室至单箱三室混凝土箱梁的剪力滞效应，并且研究了连续弯曲梁桥的有效宽度分布问题。卢海林等利用三维有限元软件建模，研究了曲线箱梁桥在车辆荷载作用下的剪力滞效应。

本章以波形钢腹板单箱单室、单箱二室组合箱梁为研究对象，考虑翼缘板各部分差异以及截面轴力自平衡条件，用四次多项式分别定义了两箱梁的剪力滞翘曲位移差函数。随后利用 Reissner 能量变分法，建立了箱梁剪力滞效应控制微分方程，并求出正应力闭合解；忽略波形钢腹板对截面抗弯的贡献，近似求出截面正应力的材料力学解，最终推导得到波形钢腹板组合箱梁的剪力滞系数。

4.2　基于最小势能原理求解考虑剪力滞的翼缘正应力

4.2.1　基本假设

依据变性特点，并且为了计算简便，对波形钢腹板组合箱梁在竖向荷载作用时的假定如下。

(1) 为了便于二重积分及得到微分方程的解析解，总体上参照原设计数据，将上下翼缘横截面简化为矩形截面、将二次抛物线型曲线桥身简化为直线型桥身，并忽略预应力筋影响。简化后的单箱单室及单箱二室箱梁截面图如图 4.1、图 4.2 所示。

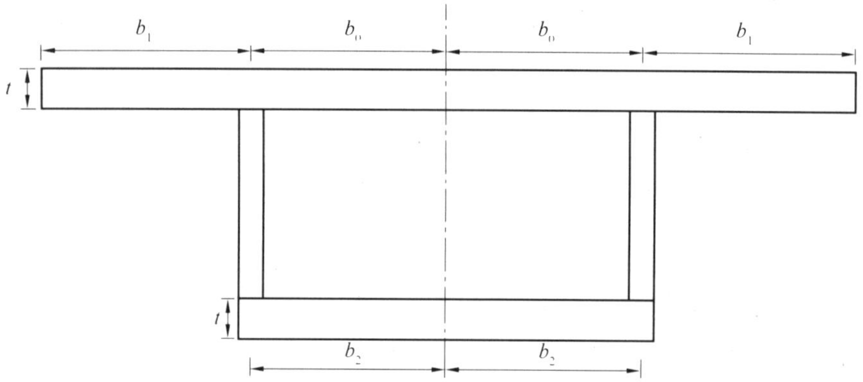

图 4.1　单箱单室箱梁截面图

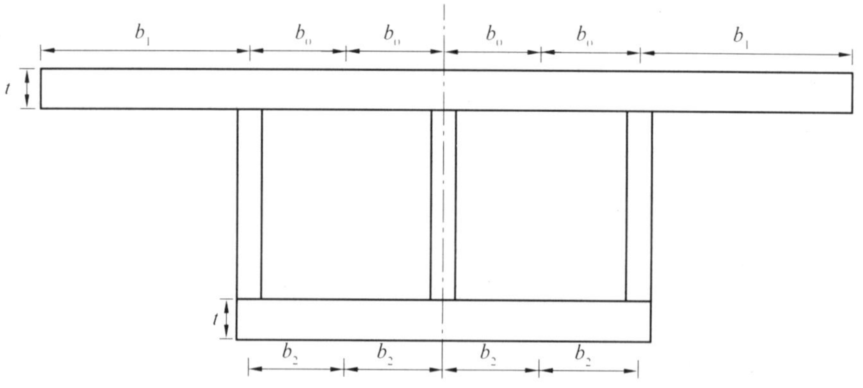

图 4.2　单箱二室箱梁截面图

(2) 对称竖向荷载作用时，单箱单室、单箱二室波形钢腹板组合箱梁顶底板均满足拟平截面假定。依照试验结果，假设波形钢腹板不受轴力，只承担沿竖向均匀分布的剪力，那么做能量变分时仅考虑其竖向剪切应变能。假设组合结构上下腹板的竖向应变、横向应变及板平面外的剪切应变均为零，那么只考虑翼缘板的纵向应变与平面内的剪切应变。结构在弹性范围内变形。

4.2.2　箱梁设计参数

对于单箱单室箱梁，$b_0=282.5$ cm，$b_1=325.5$ cm，$b_2=282.5$ cm，$t=65$ cm，$l=8\ 000$ cm。对于单箱二室箱梁，$b_0=141.25$ cm，$b_1=328.5$ cm，$b_2=141.25$ cm，$t=65$ cm，$l=8\ 000$ cm。

4.2.3　设置广义纵向位移函数

对于顶底板，设广义纵向位移函数 $u(x,y)$ 为

$$\begin{aligned}u(x,y)&=\mp z_{s/x}\left[w'(x)-\frac{V(x)}{G_{w}A_{w}}\right]+f(y)U(x)\\&=\mp z_{s/x}\varphi(x)+f(y)U(x)\end{aligned}\tag{4.1}$$

式中　$z_{s/x}$—— 上、下翼缘板截面形心分别到箱型截面形心的距离；

$w(x)$—— 箱梁竖向(z 向)挠度；

G_w—— 波形钢腹板有效剪切弹性模量；

A_w—— 波形钢腹板横截面面积，这里参考有效剪切模量计算公式 $G_w=G_s(a+c)/(a+b)$，其中 a、b、c 的含义如图 4.3 所示；

G_s—— 钢材的剪切模量；

$f(y)$—— 剪力滞翘曲位移差函数(取四次函数形式)；

$U(x)$—— 翼缘板最大纵向位移差函数；

$\varphi(x)$—— 箱梁截面相对于 y 轴的转角。

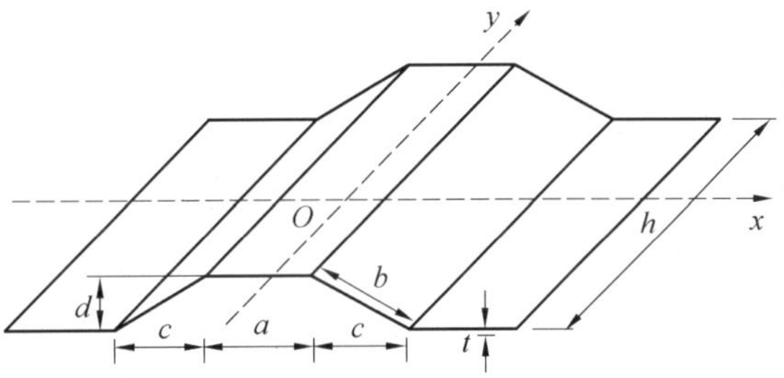

图 4.3　波形钢腹板参数

单箱单室波形钢腹板组合箱梁的剪力滞翘曲位移差函数 $f(y)$ 可写为

$$f(y)=\begin{cases}f_0(y)=-z_s\left(1-\dfrac{y^4}{b_0^4}\right)+d\\[2ex]f_1(y)=-z_s\left[1-\dfrac{(b_0+b_1-y)^4}{b_1^4}\right]\left(\dfrac{b_1}{b_0}\right)^4+d\\[2ex]f_2(y)=z_x\left(1-\dfrac{y^4}{b_2^4}\right)\left(\dfrac{z_x}{z_s}\right)^4+d\\[2ex]f_3(y)=d\end{cases}\tag{4.2}$$

式中　$f_0(y)$、$f_1(y)$、$f_2(y)$、$f_3(y)$—— 分别对应顶板中部、悬臂板、底板以及腹板的剪力滞翘曲位移差函数；

d—— 箱梁截面轴力自平衡时的附加轴力位移。

由轴力为零的平衡条件及腹板不承担轴力的假设，有

$$\int_A f(y)\mathrm{d}A = \int_{A_0} f_0(y)\mathrm{d}A + \int_{A_1} f_1(y)\mathrm{d}A + \int_{A_2} f_2(y)\mathrm{d}A = 0 \tag{4.3}$$

将式(4.2)代入，求解此二重积分，解得

$$d = \frac{4z_s}{5A}\left[A_0 + A_1\left(\frac{b_1}{b_0}\right)^4 - A_2\left(\frac{z_x}{z_s}\right)^5\right] \tag{4.4}$$

式中 $A_0 = b_0 t$；

$A_1 = b_1 t$；

$A_2 = b_2 t$；

$A = A_0 + A_1 + A_2$。

单箱二室波形钢腹板组合箱梁的剪力滞翘曲位移差函数 $f(y)$ 可写为

$$f(y)=\begin{cases} f_0(y) = -z_s\left[1-\dfrac{(y-b_0)^4}{b_0^4}\right]+d \\ f_1(y) = -z_s\left[1-\dfrac{(2b_0+b_1-y)^4}{b_1^4}\right]\left(\dfrac{b_1}{b_0}\right)^4+d \\ f_2(y) = z_x\left[1-\dfrac{(y-b_2)^4}{b_2^4}\right]\left(\dfrac{z_x}{z_s}\right)^4+d \\ f_3(y) = d \end{cases} \tag{4.5}$$

式中 $f_0(y)$、$f_1(y)$、$f_2(y)$、$f_3(y)$—— 分别对应顶板中部、悬臂板、底板以及腹板的剪力滞翘曲位移差函数；

d—— 箱梁截面轴力自平衡时的附加轴力位移。

由轴力为零的平衡条件及腹板不承担轴力的假设，有

$$\int_A f(y)\mathrm{d}A = \int_{A_0} f_0(y)\mathrm{d}A + \int_{A_1} f_1(y)\mathrm{d}A + \int_{A_2} f_2(y)\mathrm{d}A = 0 \tag{4.6}$$

将式(4.5)代入，求解此二重积分，解得

$$d = \frac{4z_s}{5A}\left[A_0 + A_1\left(\frac{b_1}{b_0}\right)^4 - A_2\left(\frac{z_x}{z_s}\right)^5\right] \tag{4.7}$$

式中 $A_0 = 2b_0 t$；

$A_1 = b_1 t$；

$A_2 = 2b_2 t$；

$A = A_0 + A_1 + A_2$。

4.2.4 建立微分控制方程组并求解

单箱单室、单箱二室波形钢腹板组合箱梁外力势能可写作

$$W = -\int_0^l M(x)\varphi'(x)\mathrm{d}x + \int_0^l V(x)\gamma(x)\mathrm{d}x \tag{4.8}$$

波形钢腹板剪切应变能为

$$V_w = \frac{3}{2}\int_0^l V(x)\gamma(x)\mathrm{d}x \tag{4.9}$$

式中　$\varphi'(x)$—— 箱梁截面相对于 y 轴的转角，$\varphi'(x)=w'(x)-\dfrac{V(x)}{G_wA_w}$；

$\gamma(x)$—— 箱梁剪切应变平均值，$\gamma(x)=\dfrac{V(x)}{G_wA_w}$。

混凝土翼缘板应变能形式推导：

$$\begin{aligned}V_{su}&=\frac{1}{2}\iiint_V u_0\,\mathrm{d}x\,\mathrm{d}y\,\mathrm{d}z\\&=\frac{1}{2}\iiint_V \sigma_{xx}\varepsilon_{xx}+\sigma_{xy}\gamma_{xy}\,\mathrm{d}x\,\mathrm{d}y\,\mathrm{d}z\\&=\frac{1}{2}\iiint_V E\varepsilon_{xx}^2+G\gamma_{xy}^2\,\mathrm{d}x\,\mathrm{d}y\,\mathrm{d}z\end{aligned}\tag{4.10}$$

且 $\varepsilon_{xx}=\dfrac{\partial u}{\partial x}=z_{s/x}\varphi'(x)+f(y)U'(x)$，$\gamma_{xy}=\dfrac{\partial u}{\partial y}+\dfrac{\partial v}{\partial x}=f'(y)U(x)$，代入式(4.10) 得

$$\begin{aligned}V_{su}&=\frac{1}{2}\iiint_V E\left[z_{s/x}\varphi'(x)+f(y)U'(x)\right]^2+G\left[f'(y)U(x)\right]^2\mathrm{d}x\,\mathrm{d}y\,\mathrm{d}z\\&=\frac{1}{2}\iiint_V E\{z_{s/x}^2\left[\varphi'(x)\right]^2+2z_{s/x}\varphi'(x)f(y)U'(x)+f^2(y)\left[U'(x)\right]^2\}+\\&\quad G\left[f'(y)\right]^2U^2(x)\mathrm{d}x\,\mathrm{d}y\,\mathrm{d}z\end{aligned}\tag{4.11}$$

因此，代入不同的剪力滞翘曲位移差函数，$f(y)$ 可分别写出顶板、悬臂板、与底板的应变能 V_{su0}、V_{su1}、V_{su2}，相加即得总应变能 V_{su}。

对于单箱单室组合箱梁，其应变能分别为

$$\begin{aligned}V_{su0}=\frac{Et}{2}\int_0^l\{&b_0z_s^2\left[\varphi'(x)\right]^2+\left[U'(x)\right]^2\int_0^{b_0}f_0^2(y)\mathrm{d}y-\\&2z_s\varphi'(x)U'(x)\int_0^{b_0}f_0(y)\mathrm{d}y+\frac{G}{E}U^2(x)\int_0^{b_0}\left[f_0'(y)\right]^2\mathrm{d}y\}\mathrm{d}x\end{aligned}$$

$$\begin{aligned}V_{su1}=\frac{Et}{2}\int_0^l\{&b_1z_s^2\left[\varphi'(x)\right]^2+\left[U'(x)\right]^2\int_{b_0}^{b_0+b_1}f_1^2(y)\mathrm{d}y-\\&2z_s\varphi'(x)U'(x)\int_{b_0}^{b_0+b_1}f_1(y)\mathrm{d}y+\frac{G}{E}U^2(x)\int_{b_0}^{b_0+b_1}\left[f_1'(y)\right]^2\mathrm{d}y\}\mathrm{d}x\end{aligned}$$

$$\begin{aligned}V_{su2}=\frac{Et}{2}\int_0^l\{&b_2z_x^2\left[\varphi'(x)\right]^2+\left[U'(x)\right]^2\int_0^{b_2}f_2^2(y)\mathrm{d}y+\\&2z_x\varphi'(x)U'(x)\int_0^{b_2}f_2(y)\mathrm{d}y+\frac{G}{E}U^2(x)\int_0^{b_2}\left[f_2'(y)\right]^2\mathrm{d}y\}\mathrm{d}x\end{aligned}$$

记

$$I_1=t\left[\int_0^{b_0}f_0^2(y)\mathrm{d}y+\int_{b_0}^{b_0+b_1}f_1^2(y)\mathrm{d}y+\int_0^{b_2}f_2^2(y)\mathrm{d}y\right]$$

$$I_2=t\left[b_0z_s^2+b_1z_s^2+b_2z_x^2\right]$$

$$I_3=t\left[z_x\int_0^{b_2}f_2(y)\mathrm{d}y-z_s\int_{b_0}^{b_0+b_1}f_1(y)\mathrm{d}y-z_s\int_0^{b_0}f_0(y)\mathrm{d}y\right]$$

$$I_4=t\left\{\int_0^{b_0}\left[f_0'(y)\right]^2\mathrm{d}y+\int_{b_0}^{b_0+b_1}\left[f_1'(y)\right]^2\mathrm{d}y+\int_0^{b_2}\left[f_2'(y)\right]^2\mathrm{d}y\right\}$$

式中 I_1—— 全部翼缘板的剪力滞翘曲惯性矩；

I_2—— 截面竖向抗弯惯性矩的一部分；

I_3—— 全部翼缘板的剪力滞翘曲惯性积；

I_4—— 全部翼缘板的剪力滞翘曲面积。

因此，单箱单室组合箱梁混凝土翼缘板应变能可写为

$$\begin{aligned} V_{su} &= V_{su0} + V_{su1} + V_{su2} \\ &= \frac{E}{2}\int_0^l I_1 [U'(x)]^2 + I_2 [\varphi'(x)]^2 + 2I_3\varphi'(x)U'(x) + \frac{G}{E}I_4U^2(x)\mathrm{d}x \end{aligned} \tag{4.12}$$

对于单箱二室组合箱梁，其应变能分别为

$$\begin{aligned} V_{su0} = \frac{Et}{2}\int_0^l \Big\{ & 2b_0 z_s^2 [\varphi'(x)]^2 + [U'(x)]^2 \int_0^{2b_0} f_0^2(y)\mathrm{d}y - \\ & 2z_s\varphi'(x)U'(x)\int_0^{2b_0} f_0(y)\mathrm{d}y + \\ & \frac{G}{E}U^2(x)\int_0^{2b_0} [f_0'(y)]^2\mathrm{d}y \Big\}\mathrm{d}x \end{aligned}$$

$$\begin{aligned} V_{su1} = \frac{Et}{2}\int_0^l \Big\{ & b_1 z_s^2 [\varphi'(x)]^2 + [U'(x)]^2 \int_{2b_0}^{2b_0+b_1} f_1^2(y)\mathrm{d}y - \\ & 2z_s\varphi'(x)U'(x)\int_{2b_0}^{2b_0+b_1} f_1(y)\mathrm{d}y + \\ & \frac{G}{E}U^2(x)\int_{2b_0}^{2b_0+b_1} [f_1'(y)]^2\mathrm{d}y \Big\}\mathrm{d}x \end{aligned}$$

$$\begin{aligned} V_{su2} = \frac{Et}{2}\int_0^l \Big\{ & 2b_2 z_x^2 [\varphi'(x)]^2 + [U'(x)]^2 \int_0^{2b_2} f_2^2(y)\mathrm{d}y + 2z_x\varphi'(x)U'(x)\int_0^{2b_2} f_2(y)\mathrm{d}y + \\ & \frac{G}{E}U^2(x)\int_0^{2b_2} [f_2'(y)]^2\mathrm{d}y \Big\}\mathrm{d}x \end{aligned}$$

记

$$I_1 = t\left[\int_0^{2b_0} f_0^2(y)\mathrm{d}y + \int_{2b_0}^{2b_0+b_1} f_1^2(y)\mathrm{d}y + \int_0^{2b_2} f_2^2(y)\mathrm{d}y\right]$$

$$I_2 = t[2b_0z_s^2 + b_1z_s^2 + 2b_2z_x^2]$$

$$I_3 = t\left[z_x\int_0^{2b_2} f_2(y)\mathrm{d}y - z_s\int_{2b_0}^{2b_0+b_1} f_1(y)\mathrm{d}y - z_s\int_0^{2b_0} f_0(y)\mathrm{d}y\right]$$

$$I_4 = t\left\{\int_0^{2b_0} [f_0'(y)]^2\mathrm{d}y + \int_{2b_0}^{2b_0+b_1} [f_1'(y)]^2\mathrm{d}y + \int_0^{2b_2} [f_2'(y)]^2\mathrm{d}y\right\}$$

与单箱单室相同，I_1 为全部翼缘板的剪力滞翘曲惯性矩，I_2 为截面竖向弯曲惯性矩，I_3 为全部翼缘板的剪力滞翘曲惯性积，I_4 为全部翼缘板的剪力滞翘曲面积。

因此，单箱二室组合箱梁混凝土翼缘板应变能可由与式(4.12)相同的形式表示为

$$\begin{aligned} V_{su} &= V_{su0} + V_{su1} + V_{su2} \\ &= \frac{E}{2}\int_0^l I_1 [U'(x)]^2 + I_2 [\varphi'(x)]^2 + \\ &\quad 2I_3\varphi'(x)U'(x) + \frac{G}{E}I_4U^2(x)\mathrm{d}x \end{aligned}$$

故最终体系的总势能为

$$\begin{aligned}\Pi &= V_w + V_{su} - W \\ &= \frac{1}{2}\int_0^l V(x)\gamma(x)dx + \frac{E}{2}\int_0^l I_1\,[U'(x)]^2 + I_2\,[\varphi'(x)]^2 + \\ &\quad 2I_3\varphi'(x)U'(x) + \frac{G}{E}I_4U^2(x)\mathrm{d}x + \\ &\quad \int_0^l M(x)\varphi'(x)\mathrm{d}x\end{aligned}$$

由最小势能原理知，当外力作用在平衡稳定的弹性体上时，任何可能的位移条件下，真实位移对应的应变能最小，即 $\partial\Pi=0$，记

$$F(x,U,U',\varphi')=\frac{1}{2}V(x)\gamma(x)+$$

$$\frac{E}{2}\left\{I_1\,[U'(x)]^2+I_2\,[\varphi'(x)]^2+2I_3\varphi'(x)U'(x)+\frac{G}{E}I_4U^2(x)\right\}+M(x)\varphi'(x)$$

由多变数变分的欧拉方程，总势能取极值时有此充要条件：

$$\partial\Pi=0\Leftrightarrow\begin{cases}\dfrac{\partial F}{\partial U}-\dfrac{\mathrm{d}\left(\dfrac{\partial F}{\partial U'}\right)}{\mathrm{d}x}=0\\ \dfrac{\partial F}{\partial\varphi'}=0\end{cases}$$

自然边界条件：

$$\frac{\partial F}{\partial U'}\delta U\bigg|_0^l=0$$

得微分方程组：

$$\begin{cases}GI_4U(x)-EI_1U''(x)-EI_3\varphi''(x)=0 & ①\\ EI_2\varphi'(x)+EI_3U'(x)+M(x)=0 & ②\\ \left[EI_1U'(x)+\dfrac{1}{2}EI_3\varphi'(x)\right]\delta U\bigg|_0^l=0\end{cases}\tag{4.13}$$

$$\begin{aligned}I_3②'+I_2① &= I_3[EI_2\varphi''(x)+EI_3U''(x)+V(x)]+\\ &\quad I_2[GI_4U(x)-EI_1U''(x)-EI_3\varphi''(x)]\\ &=EI_3^2U''(x)+I_3V(x)+GI_2I_4U(x)-EI_1I_2U''(x)\\ &=E(I_3^2-I_1I_2)U''(x)+GI_2I_4U(x)+I_3V(x)\\ &=0\end{aligned}\tag{4.14}$$

记 $k^2=\dfrac{GI_2I_4}{E(I_1I_2-I_3^2)}$、$\bar{n}=-\dfrac{I_2I_3}{I_1I_2-I_3^2}$，代入式(4.14)，整理得微分方程：

$$U''(x)-k^2U(x)=-\frac{\bar{n}V(x)}{EI_2}\tag{4.15}$$

微分方程的解为

$$U(x)=\frac{\bar{n}}{EI_2}(C_1\sinh kx+C_2\cosh kx+D)\tag{4.16}$$

将式(4.16)代入式(4.15),解得 $D=\dfrac{V(x)}{k^2}$,为与剪力有关的特解,故

$$U(x)=\frac{\bar{n}}{EI_2}\left[C_1\sinh kx+C_2\cosh kx+\frac{V(x)}{k^2}\right] \tag{4.17}$$

式中 C_1、C_2—— 与位移边界条件有关的未知数。

取位移边界条件为简支,施加均布荷载,即

$$U'(0)=0,\quad U'(l)=0;\quad M(x)=\frac{qx(l-x)}{2},\quad V(x)=\frac{q(l-2x)}{2}$$

代入式(4.17),得到

$$D=\frac{q(l-2x)}{2k^2},\quad C_1=\frac{q}{k^3},\quad C_2=\frac{q(1-\cosh kl)}{k^3\sinh kl}$$

即

$$U(x)=\frac{\bar{n}}{EI_2}\left[\frac{q}{k^3}\sinh kx+\frac{q(1-\cosh kl)}{k^3\sinh kl}\cosh kx+\frac{q(l-2x)}{2k^2}\right]$$

根据胡克定律,考虑了剪力滞后影响的弯曲正应力为

$$\sigma_{xx}=E\varepsilon_{xx}=E\frac{\partial u(x,y)}{\partial x}=\mp E\left[z_{s/x}\varphi'(x)+f(y)U'(x)\right] \tag{4.18}$$

由(4.13)式中②式得

$$\varphi'(x)=-\frac{M(x)}{EI_2}-\frac{I_3}{I_2}U'(x) \tag{4.19}$$

将式(4.19)代入式(4.18),得到考虑剪力滞后的截面正应力为

$$\begin{aligned}\sigma_{xx}&=E\left\{\mp z_{s/x}\left[-\frac{M(x)}{EI_2}-\frac{I_3}{I_2}U'(x)\right]+f(y)U'(x)\right\}\\&=\pm z_{s/x}\frac{M(x)}{I_2}+\left[f(y)\pm\frac{I_3z_{s/x}}{I_2}\right]EU'(x)\end{aligned} \tag{4.20}$$

剪力滞系数为

$$\lambda=\frac{\sigma_{xx}}{\bar{\sigma}} \tag{4.21}$$

式中 $\bar{\sigma}=\pm z_{s/x}\dfrac{M(x)}{I_2+I'_2}$;

I_2、I'_2—— 单箱单室、单箱二室截面移轴前的截面惯性矩,$I_2=\dfrac{1}{12}(b_0+b_1+b_2)t^3$,$I'_2=\dfrac{1}{12}(2b_0+b_1+2b_2)t^3$。

4.2.5 单箱单室箱梁截面正应力及剪力滞系数

将式(4.20)代入单箱单室波形钢腹板组合箱梁的剪力滞翘曲位移差函数 $f(y)$ 及相应的截面参数 I_1、I_2、I'_2、I_3、I_4,可得修正剪力滞后的截面正应力 σ_{xx} 及剪力滞系数 λ。

顶板正应力 σ_{xx0} 及剪力滞系数 λ_0 为

$$\begin{aligned}\sigma_{xx0}&=z_s\frac{M(x)}{I_2}+\left[f_0(y)+\frac{I_3z_s}{I_2}\right]EU'(x)\\&=z_s\frac{M(x)}{I_2}+\left[-z_s\left(1-\frac{y^4}{b_0^4}\right)+d+\frac{I_3z_s}{I_2}\right]EU'(x)\\&=z_s\frac{qx(l-x)}{2I_2}+\frac{\bar{n}}{I_2}\left[-z_s\left(1-\frac{y^4}{b_0^4}\right)+d+\frac{I_3z_s}{I_2}\right]\times\\&\quad\left[\frac{q}{k^2}\cosh kx+\frac{q(1-\cosh kl)}{k^2\sinh kl}\sinh kx-\frac{q}{k^2}\right]\end{aligned}\tag{4.22}$$

$$\begin{aligned}\lambda_0&=\frac{\sigma_{xx0}}{\bar{\sigma}}\\&=\left\{z_s\frac{M(x)}{I_2}+\left[f_0(y)+\frac{I_3z_s}{I_2}\right]EU'(x)\right\}\times\frac{I_2+I'_2}{z_sM(x)}\\&=\left\{z_s\frac{qx(l-x)}{2I_2}+\frac{\bar{n}}{I_2}\left[-z_s\left(1-\frac{y^4}{b_0^4}\right)+d+\frac{I_3z_s}{I_2}\right]\right.\\&\quad\left.\left[\frac{q}{k^2}\cosh kx+\frac{q(1-\cosh kl)}{k^2\sinh kl}\sinh kx-\frac{q}{k^2}\right]\right\}\times\\&\quad\frac{2(I_2+I'_2)}{z_sqx(l-x)}\\&=\frac{I_2+I'_2}{I_2}+\frac{2(I_2+I'_2)\bar{n}}{I_2z_sqx(l-x)}\left[-z_s\left(1-\frac{y^4}{b_0^4}\right)+d+\frac{I_3z_s}{I_2}\right]\times\\&\quad\left[\frac{q}{k^2}\cosh kx+\frac{q(1-\cosh kl)}{k^2\sinh kl}\sinh kx-\frac{q}{k^2}\right]\end{aligned}\tag{4.23}$$

悬臂板正应力 σ_{xx1} 及剪力滞系数 λ_1：

$$\begin{aligned}\sigma_{xx1}&=z_s\frac{M(x)}{I_2}+\left[f_1(y)+\frac{I_3z_s}{I_2}\right]EU'(x)\\&=z_s\frac{M(x)}{I_2}+\left[-z_s\left[1-\frac{(b_0+b_1-y)^4}{b_1^4}\right]\left(\frac{b_1}{b_0}\right)^4+d+\frac{I_3z_s}{I_2}\right]EU'(x)\\&=z_s\frac{qx(l-x)}{I_2}+\frac{\bar{n}}{I_2}\left\{-z_s\left[1-\frac{(b_0+b_1-y)^4}{b_1^4}\right]\left(\frac{b_1}{b_0}\right)^4+d+\frac{I_3z_s}{I_2}\right\}\times\\&\quad\left[\frac{q}{k^2}\cosh kx+\frac{q(1-\cosh kl)}{k^2\sinh kl}\sinh kx-\frac{q}{k^2}\right]\end{aligned}\tag{4.24}$$

$$\begin{aligned}\lambda_1&=\frac{\sigma_{xx1}}{\bar{\sigma}}\\&=\left\{z_s\frac{M(x)}{I_2}+\left[f_1(y)+\frac{I_3z_s}{I_2}\right]EU'(x)\right\}\times\frac{I_2+I'_2}{z_sM(x)}\\&=\left(z_s\frac{qx(l-x)}{2I_2}+\frac{\bar{n}}{I_2}\left\{-z_s\left[1-\frac{(b_0+b_1-y)^4}{b_1^4}\right]\left(\frac{b_1}{b_0}\right)^4+d+\frac{I_3z_s}{I_2}\right\}\right.\end{aligned}$$

$$\left[\frac{q}{k^2}\cosh kx+\frac{q(1-\cosh kl)}{k^2\sinh kl}\sinh kx-\frac{q}{k^2}\right]\Bigg)\times$$

$$\frac{2(I_2+I_2')}{z_s qx(l-x)}$$

$$=\frac{I_2+I_2'}{I_2}+\frac{2(I_2+I_2')\bar{n}}{z_s qx(l-x)I_2}\left\{-z_s\left[1-\frac{(b_0+b_1-y)^4}{b_1^4}\right]\left(\frac{b_1}{b_0}\right)^4+d+\frac{I_3 z_s}{I_2}\right\}\times$$

$$\left[\frac{q}{k^2}\cosh kx+\frac{q(1-\cosh kl)}{k^2\sinh kl}\sinh kx-\frac{q}{k^2}\right] \tag{4.25}$$

底板正应力σ_{xx2}及剪力滞系数λ_2：

$$\sigma_{xx2}=-z_x\frac{M(x)}{I_2}+\left[f_2(y)-\frac{I_3 z_x}{I_2}\right]EU'(x)$$

$$=-z_x\frac{M(x)}{I_2}+\left[z_x\left(1-\frac{y^4}{b_2^4}\right)\left(\frac{z_x}{z_s}\right)^4+d-\frac{I_3 z_x}{I_2}\right]EU'(x)$$

$$=-z_x\frac{qx(l-x)}{2I_2}+\frac{\bar{n}}{I_2}\left[z_x\left(1-\frac{y^4}{b_2^4}\right)\left(\frac{z_x}{z_s}\right)^4+d-\frac{I_3 z_x}{I_2}\right]\times$$

$$\left[\frac{q}{k^2}\cosh kx+\frac{q(1-\cosh kl)}{k^2\sinh kl}\sinh kx-\frac{q}{k^2}\right] \tag{4.26}$$

$$\lambda_2=\frac{\sigma_{xx2}}{\bar{\sigma}}$$

$$=\left\{-z_x\frac{M(x)}{I_2}+\left[f_2(y)-\frac{I_3 z_x}{I_2}\right]EU'(x)\right\}\times\frac{I_2+I_2'}{-z_x M(x)}$$

$$=\left\{-z_x\frac{qx(l-x)}{2I_2}+\frac{\bar{n}}{I_2}\left[z_x\left(1-\frac{y^4}{b_2^4}\right)\left(\frac{z_x}{z_s}\right)^4+d-\frac{I_3 z_x}{I_2}\right]\right.$$

$$\left.\left[\frac{q}{k^2}\cosh kx+\frac{q(1-\cosh kl)}{k^2\sinh kl}\sinh kx-\frac{q}{k^2}\right]\right\}\times$$

$$\frac{2(I_2+I_2')}{-z_x qx(l-x)}$$

$$=\frac{I_2+I_2'}{I_2}-\frac{2(I_2+I_2')\bar{n}}{z_x I_2 qx(l-x)}\left[z_x\left(1-\frac{y^4}{b_2^4}\right)\left(\frac{z_x}{z_s}\right)^4+d-\frac{I_3 z_x}{I_2}\right]$$

$$\left[\frac{q}{k^2}\cosh kx+\frac{q(1-\cosh kl)}{k^2\sinh kl}\sinh kx-\frac{q}{k^2}\right] \tag{4.27}$$

其中

$$d=\frac{4z_s}{5A}\left[A_0+A_1\left(\frac{b_1}{b_0}\right)^4-A_2\left(\frac{z_x}{z_s}\right)^5\right]$$

$$I_1=t\left[\int_0^{b_0}f_0^2(y)\mathrm{d}y+\int_{b_0}^{b_0+b_1}f_1^2(y)\mathrm{d}y+\int_0^{b_2}f_2^2(y)\mathrm{d}y\right]$$

$$=t\left(\int_0^{b_0}\left[-z_s\left(1-\frac{y^4}{b_0^4}\right)+d\right]^2\mathrm{d}y+\int_{b_0}^{b_0+b_1}\left\{-z_s\left[1-\frac{(b_0+b_1-y)^4}{b_1^4}\right]\left(\frac{b_1}{b_0}\right)^4+d\right\}^2\mathrm{d}y+\right.$$

$$\int_0^{b_2}\left[z_x\left(1-\frac{y^4}{b_2^4}\right)\left(\frac{z_x}{z_s}\right)^4+d\right]^2\mathrm{d}y\Big\}$$

$$I_2=t(b_0z_s^2+b_1z_s^2+b_2z_x^2)$$

$$I_2'=\frac{1}{12}(b_0+b_1+b_2)t^3$$

$$I_3=t\left[z_x\int_0^{b_2}f_2(y)\mathrm{d}y-z_s\int_{b_0}^{b_0+b_1}f_1(y)\mathrm{d}y-z_s\int_0^{b_0}f_0(y)\mathrm{d}y\right]$$

$$=t\Big\{z_x\int_0^{b_2}\left[z_x\left(1-\frac{y^4}{b_2^4}\right)\left(\frac{z_x}{z_s}\right)^4+d\right]\mathrm{d}y-$$

$$z_s\int_{b_0}^{b_0+b_1}\left\{-z_s\left[1-\frac{(b_0+b_1-y)^4}{b_1^4}\right]\left(\frac{b_1}{b_0}\right)^4+d\right\}\mathrm{d}y-$$

$$z_s\int_0^{b_0}\left[-z_s\left(1-\frac{y^4}{b_0^4}\right)+d\right]\mathrm{d}y\Big)$$

$$k^2=\frac{4GI_2I_4}{E(4I_1I_2-I_3^2)}$$

$$\bar{n}=-\frac{I_2I_3}{4I_1I_2-I_3^2}$$

4.2.6　单箱二室箱梁截面正应力及剪力滞系数

与单箱单室相似，将式(4.20)及式(4.21)代入单箱二室波形钢腹板组合箱梁的剪力滞翘曲位移差函数 $f(y)$ 及相应的截面参数 I_1、I_2、I_2'、I_3、I_4，可得修正剪力滞后的截面正应力 σ_{xx} 及剪力滞系数 λ。

顶板正应力 σ_{xx0} 及剪力滞系数 λ_0：

$$\sigma_{xx0}=z_s\frac{M(x)}{I_2}+\left[f_0(y)+\frac{I_3z_s}{I_2}\right]EU'(x)$$

$$=z_s\frac{M(x)}{I_2}+\left\{-z_s\left[1-\frac{(b_0-y)^4}{b_0^4}\right]+d+\frac{I_3z_s}{I_2}\right\}EU'(x)$$

$$=z_s\frac{qx(l-x)}{2I_2}+\frac{\bar{n}}{I_2}\left\{-z_s\left[1-\frac{(b_0-y)^4}{b_0^4}\right]+d+\frac{I_3z_s}{I_2}\right\}\times$$

$$\left[\frac{q}{k^2}\cosh kx+\frac{q(1-\cosh kl)}{k^2\sinh kl}\sinh kx-\frac{q}{k^2}\right]\tag{4.28}$$

$$\lambda_0=\frac{\sigma_{xx0}}{\bar{\sigma}}$$

$$=\left\{z_s\frac{M(x)}{I_2}+\left[f_0(y)+\frac{I_3z_s}{I_2}\right]EU'(x)\right\}\times\frac{I_2+I_2'}{z_sM(x)}$$

$$=\Big(z_s\frac{qx(l-x)}{2I_2}+\frac{\bar{n}}{I_2}\left\{-z_s\left[1-\frac{(b_0-y)^4}{b_0^4}\right]+d+\frac{I_3z_s}{I_2}\right\}$$

$$\left[\frac{q}{k^2}\cosh kx+\frac{q(1-\cosh kl)}{k^2\sinh kl}\sinh kx-\frac{q}{k^2}\right]\Big)\times$$

$$\frac{2(I_2+I'_2)}{z_s qx(l-x)}$$

$$=\frac{I_2+I'_2}{I_2}+\frac{2(I_2+I'_2)\bar{n}}{I_2 z_s qx(l-x)}\left\{-z_s\left[1-\frac{(b_0-y)^4}{b_0^4}\right]+d+\frac{I_3 z_s}{I_2}\right\}\times$$

$$\left[\frac{q}{k^2}\cosh kx+\frac{q(1-\cosh kl)}{k^2\sinh kl}\sinh kx-\frac{q}{k^2}\right] \tag{4.29}$$

悬臂板正应力 σ_{xx1} 及剪力滞系数 λ_1：

$$\sigma_{xx1}=z_s\frac{M(x)}{I_2}+\left[f_1(y)+\frac{I_3 z_s}{I_2}\right]EU'(x)$$

$$=z_s\frac{M(x)}{I_2}+\left\{-z_s\left[1-\frac{(2b_0+b_1-y)^4}{b_1^4}\right]\left(\frac{b_1}{b_0}\right)^4+d+\frac{I_3 z_s}{I_2}\right\}EU'(x)$$

$$=z_s\frac{qx(l-x)}{I_2}+\frac{\bar{n}}{I_2}\left\{-z_s\left[1-\frac{(2b_0+b_1-y)^4}{b_1^4}\right]\left(\frac{b_1}{b_0}\right)^4+d+\frac{I_3 z_s}{I_2}\right\}$$

$$\left[\frac{q}{k^2}\cosh kx+\frac{q(1-\cosh kl)}{k^2\sinh kl}\sinh kx-\frac{q}{k^2}\right] \tag{4.30}$$

$$\lambda_1=\frac{\sigma_{xx1}}{\bar{\sigma}}$$

$$=\left\{z_s\frac{M(x)}{I_2}+\left[f_1(y)+\frac{I_3 z_s}{I_2}\right]EU'(x)\right\}\times\frac{I_2+I'_2}{z_s M(x)}$$

$$=\left(z_s\frac{qx(l-x)}{2I_2}+\frac{\bar{n}}{I_2}\left\{-z_s\left[1-\frac{(2b_0+b_1-y)^4}{b_1^4}\right]\left(\frac{b_1}{b_0}\right)^4+d+\frac{I_3 z_s}{I_2}\right\}\right.$$

$$\left.\left[\frac{q}{k^2}\cosh kx+\frac{q(1-\cosh kl)}{k^2\sinh kl}\sinh kx-\frac{q}{k^2}\right]\right)\times\frac{2(I_2+I'_2)}{z_s qx(l-x)}$$

$$=\frac{I_2+I'_2}{I_2}+\frac{2(I_2+I'_2)\bar{n}}{z_s qx(l-x)I_2}\left\{-z_s\left[1-\frac{(2b_0+b_1-y)^4}{b_1^4}\right]\left(\frac{b_1}{b_0}\right)^4+d+\frac{I_3 z_s}{I_2}\right\}$$

$$\left[\frac{q}{k^2}\cosh kx+\frac{q(1-\cosh kl)}{k^2\sinh kl}\sinh kx-\frac{q}{k^2}\right] \tag{4.31}$$

底板正应力 σ_{xx2} 及剪力滞系数 λ_2：

$$\sigma_{xx2}=-z_x\frac{M(x)}{I_2}+\left[f_2(y)-\frac{I_3 z_x}{I_2}\right]EU'(x)$$

$$=-z_x\frac{M(x)}{I_2}+\left\{z_x\left[1-\frac{(b_2-y)^4}{b_2^4}\right]\left(\frac{z_x}{z_s}\right)^4+d-\frac{I_3 z_x}{I_2}\right\}EU'(x)$$

$$=-z_x\frac{qx(l-x)}{2I_2}+\frac{\bar{n}}{I_2}\left\{z_x\left[1-\frac{(b_2-y)^4}{b_2^4}\right]\left(\frac{z_x}{z_s}\right)^4+d-\frac{I_3 z_x}{I_2}\right\}$$

$$\left[\frac{q}{k^2}\cosh kx+\frac{q(1-\cosh kl)}{k^2\sinh kl}\sinh kx-\frac{q}{k^2}\right] \tag{4.32}$$

$$\lambda_2=\frac{\sigma_{xx2}}{\bar{\sigma}}$$

$$=\left\{-z_x\frac{M(x)}{I_2}+\left[f_2(y)-\frac{I_3z_x}{I_2}\right]EU'(x)\right\}\times\frac{I_2+I_2'}{-z_xM(x)}$$

$$=\left(-z_x\frac{qx(l-x)}{2I_2}+\frac{\bar{n}}{I_2}\left\{z_x\left[1-\frac{(b_2-y)^4}{b_2^4}\right]\left(\frac{z_x}{z_s}\right)^4+d-\frac{I_3z_x}{I_2}\right\}\right.$$
$$\left.\left[\frac{q}{k^2}\cosh kx+\frac{q(1-\cosh kl)}{k^2\sinh kl}\sinh kx-\frac{q}{k^2}\right]\right)\times\frac{2(I_2+I_2')}{-z_xqx(l-x)}$$

$$=\frac{I_2+I_2'}{I_2}-\frac{2(I_2+I_2')\bar{n}}{z_xI_2qx(l-x)}\left\{z_x\left[1-\frac{(b_2-y)^4}{b_2^4}\right]\left(\frac{z_x}{z_s}\right)^4+d-\frac{I_3z_x}{I_2}\right\}$$
$$\left[\frac{q}{k^2}\cosh kx+\frac{q(1-\cosh kl)}{k^2\sinh kl}\sinh kx-\frac{q}{k^2}\right] \tag{4.33}$$

其中

$$d=\frac{4z_s}{5A}\left[A_0+A_1\left(\frac{b_1}{b_0}\right)^4-A_2\left(\frac{z_x}{z_s}\right)^5\right]$$

$$I_1=\left[\int_0^{2b_0}f_0^2(y)\mathrm{d}y+\int_{b_0}^{2b_0+b_1}f_1^2(y)\mathrm{d}y+\int_0^{2b_2}f_2^2(y)\mathrm{d}y\right]t$$
$$=t\int_0^{2b_0}\left\{-z_s\left[1-\frac{(b_0-y)^4}{b_0^4}\right]+d\right\}^2\mathrm{d}y+$$
$$t\int_{b_0}^{2b_0+b_1}\left\{-z_s\left[1-\frac{(2b_0+b_1-y)^4}{b_1^4}\right]\left(\frac{b_1}{b_0}\right)^4+d\right\}^2\mathrm{d}y+$$
$$t\int_0^{2b_2}\left\{z_x\left[1-\frac{(b_2-y)^4}{b_2^4}\right]\left(\frac{z_x}{z_s}\right)^4+d\right\}^2\mathrm{d}yI_2$$
$$=t(2b_0z_s^2+b_1z_s^2+2b_2z_x^2)$$

$$I_2'=\frac{1}{12}(2b_0+b_1+2b_2)t^3$$

$$I_3=t\left[z_x\int_0^{2b_2}f_2(y)\mathrm{d}y-z_s\int_{b_0}^{2b_0+b_1}f_1(y)\mathrm{d}y-z_s\int_0^{2b_0}f_0(y)\mathrm{d}y\right]$$
$$=tz_x\int_0^{2b_2}\left\{z_x\left[1-\frac{(b_2-y)^4}{b_2^4}\right]\left(\frac{z_x}{z_s}\right)^4+d\right\}\mathrm{d}y-$$
$$tz_s\int_{b_0}^{2b_0+b_1}\left\{-z_s\left[1-\frac{(2b_0+b_1-y)^4}{b_1^4}\right]\left(\frac{b_1}{b_0}\right)^4+d\right\}\mathrm{d}y-$$
$$tz_s\int_0^{2b_0}\left\{-z_s\left[1-\frac{(b_0-y)^4}{b_0^4}\right]+d\right\}\mathrm{d}y$$

$$k^2=\frac{4GI_2I_4}{E(4I_1I_2-I_3^2)}$$

$$\bar{n}=-\frac{I_2I_3}{4I_1I_2-I_3^2}$$

4.3　箱梁剪力滞效应沿纵向横向分布

利用能量变分法求得的箱梁剪力滞系数公式，对比单箱单室、单箱二室箱梁顶底板剪力滞系数沿纵向不同截面处的横向分布情况，并分析两种箱梁的峰值正应力及峰值剪力滞系数、有效分布宽度的差异。

由图4.4～4.7及4.1节推导出的计算式可知，单箱单室波形钢腹板组合简支箱梁在均布荷载作用下，剪力滞系数呈四次函数分布，顶板整体的剪力滞系数分布呈M形，底板整体的剪力滞系数分布呈U形，且顶底板的剪力滞系数都在腹板与翼缘交界处达到峰值。

另外，从剪力滞系数沿箱梁纵向的分布规律来看，无论顶板或底板，靠近支座位置的剪力滞系数都显著大于梁体中部，如顶板剪力滞系数峰值在0.1×l处与0.2×l处的差值是0.2×l处与0.3×l处差值的3.5倍。而当截面纵向位置从0.3×l到0.5×l时，剪力滞系数的分布情况则逐渐趋同。

与单箱单室相似，单箱二室波形钢腹板组合简支箱梁在均布荷载作用下，剪力滞系数呈四次函数分布，且顶底板的剪力滞系数也都在两道腹板与翼缘交界处达到峰值。

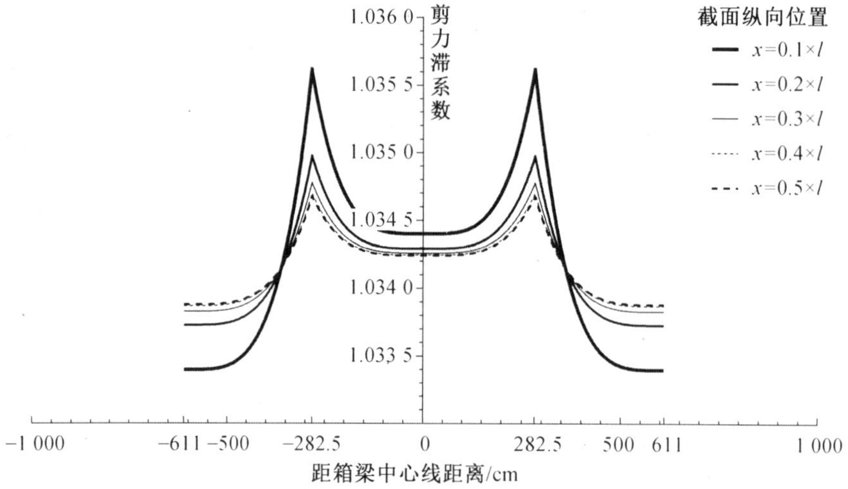

图4.4 单箱单室波形钢腹板组合箱梁顶板剪力滞系数横向分布

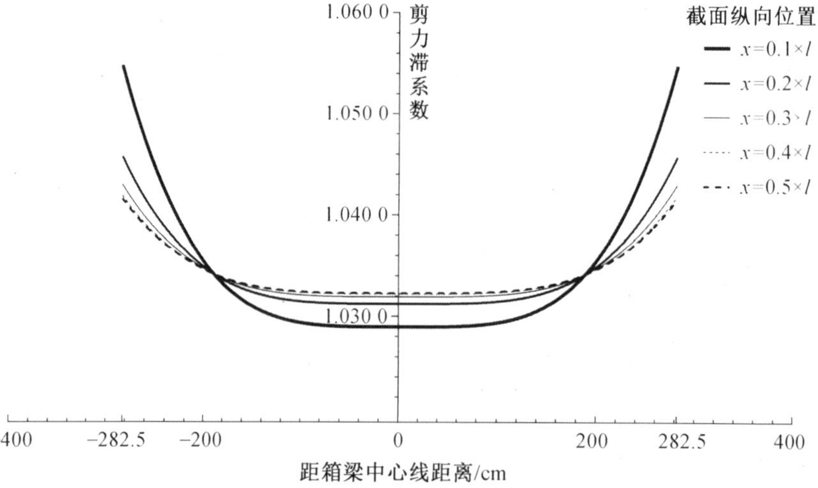

图4.5 单箱单室波形钢腹板组合箱梁底板剪力滞系数横向分布

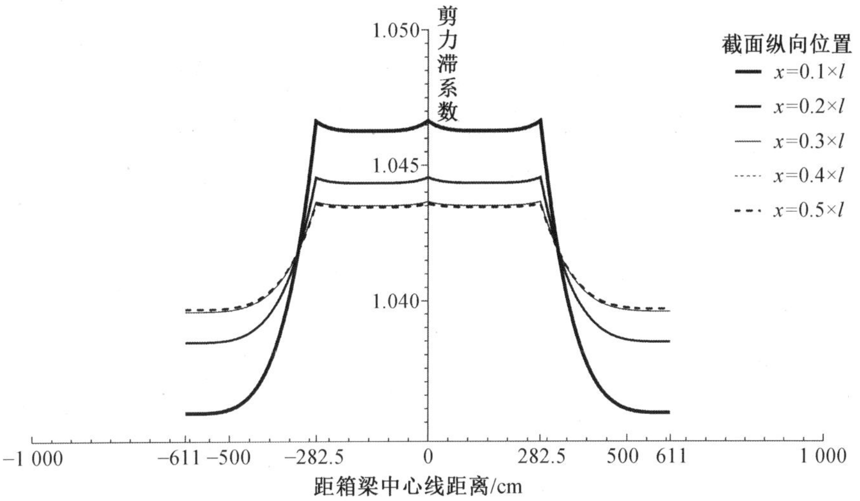

图 4.6　单箱二室波形钢腹板组合箱梁顶板剪力滞系数横向分布

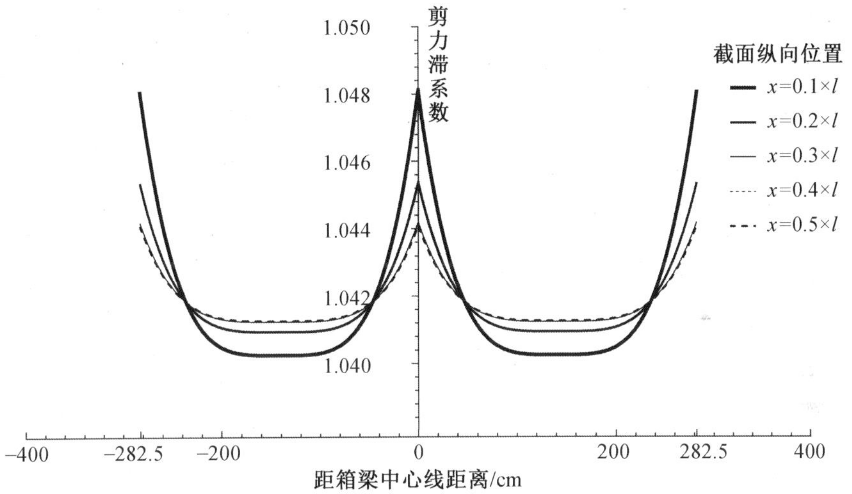

图 4.7　单箱二室波形钢腹板组合箱梁底板剪力滞系数横向分布

4.4　剪力滞系数分布影响因素

确定箱梁剪力滞系数随设计参数的变化是很重要的工作，可以帮助设计者选用合适的设计参数，以减小截面正应力的不均匀分布。依据前人对于混凝土箱梁的研究，翼缘板厚度、梁高、悬翼比等因素对箱梁的剪力滞效应有比较明显的影响。而这三种几何参数的变化对波形钢腹板组合箱梁的影响如何，又分别对单箱单室、单箱二室箱梁的影响有何区别还有探讨的空间。

因此，本节分别讨论跨中截面($0.5\times l$)处单箱单室、单箱二室波形钢腹板组合箱梁在自重荷载简支边界条件下，翼缘板厚度、梁高、悬翼比等因素对剪力滞系数横向分布、有效宽度以及部分控制点处的剪力滞系数的影响。

4.4.1 翼缘板厚度

本节中，取混凝土上下翼缘板均为 65 cm，并分别在此基础上以 5 cm 为单位增减，求解出 7 种不同板厚情况下的顶底板剪力滞系数以进行对比分析，如图 4.8 和图 4.9 所示。

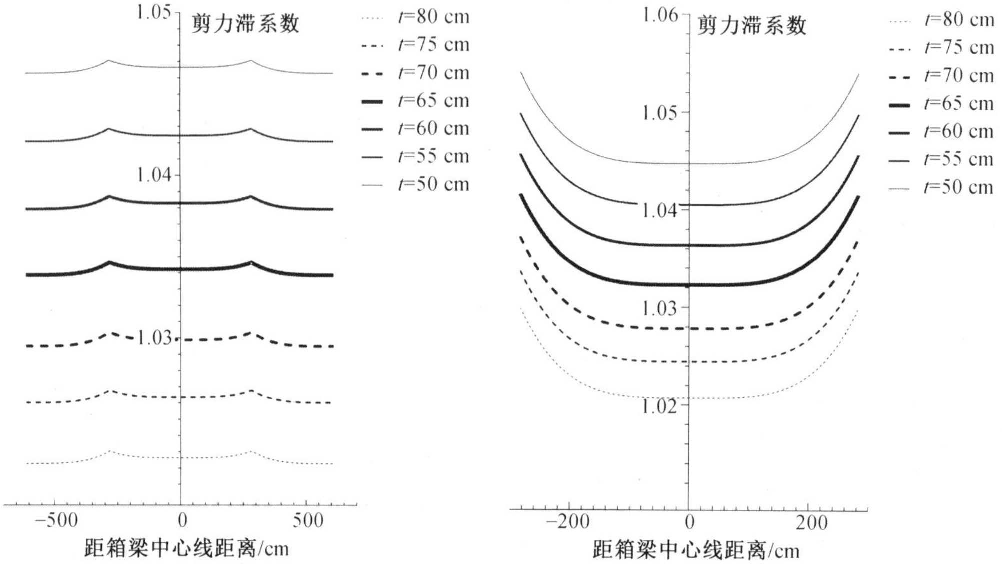

(a) 顶板 (b) 底板

图 4.8 不同翼缘板厚的单箱单室箱梁顶底板剪力滞系数横向分布

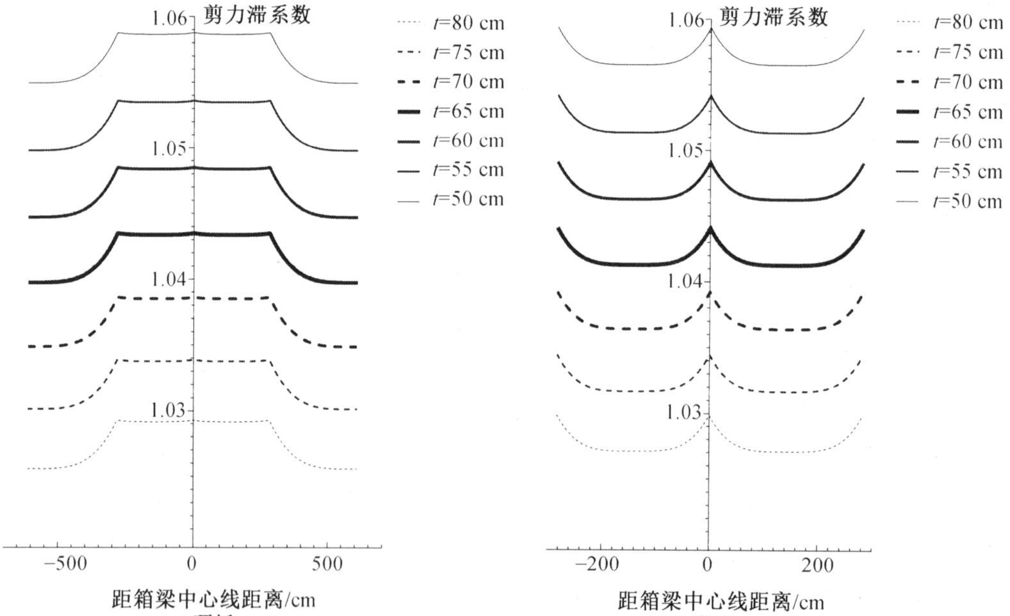

(a) 顶板 (b) 底板

图 4.9 不同翼缘板厚的单箱二室箱梁顶底板剪力滞系数横向分布

从图中看出，随着翼缘板厚度以 5 cm 为单位均匀减小，单箱单室、单箱二室波形钢腹板组合箱梁顶底板的剪力滞系数均匀增大，峰值剪力滞系数也相应增大。

此处有关板厚对剪力滞后的影响，还应考虑有效宽度的另一控制条件：计入 5 ～ 8 倍悬臂板厚作为翼缘有效宽度，防止因剪力滞后导致的翼缘局部开裂。

4.4.2　梁高

类似地，将梁高在 214 cm 的基础上以 10 cm 为单位增减，分析不同梁高箱梁在剪力滞效应上的差别，如图 4.10 ～ 4.13 所示。

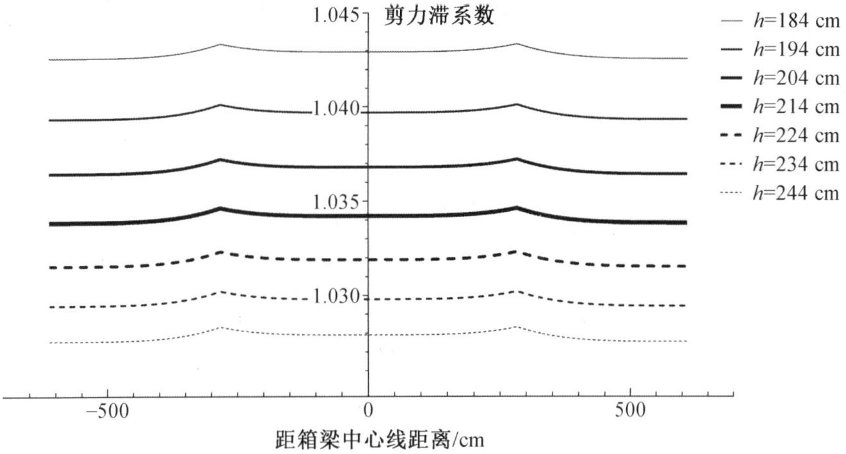

图 4.10　不同梁高的单箱单室箱梁顶板剪力滞系数横向分布

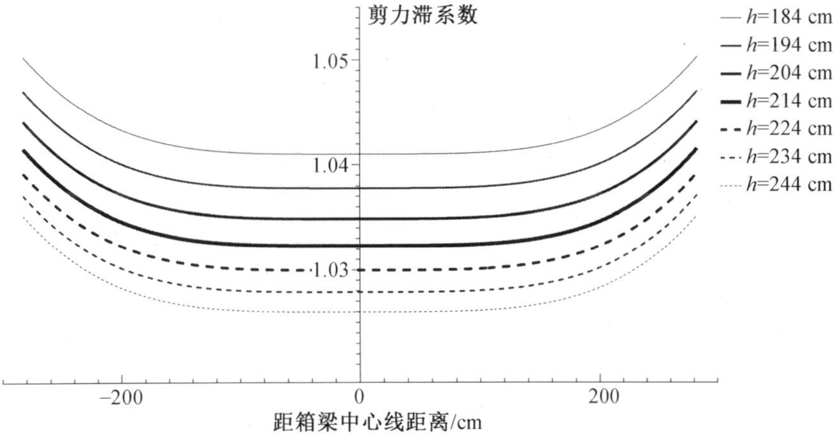

图 4.11　不同梁高的单箱单室箱梁底板剪力滞系数横向分布

从图 4.10 ～ 4.13 中可以看出，随着箱梁高度的不断增加，单箱单室波形钢腹板组合箱梁顶底板的剪力滞系数不断减弱。但是，可以发现，有别于改变腹板厚度时的均匀增减，均匀增加箱梁高度导致的剪力滞系数变化是不均匀的，且有收敛的趋势；以箱梁截面中部顶底板的剪力滞系数差为例，能够明显发现剪力滞系数差值的不均匀变化。

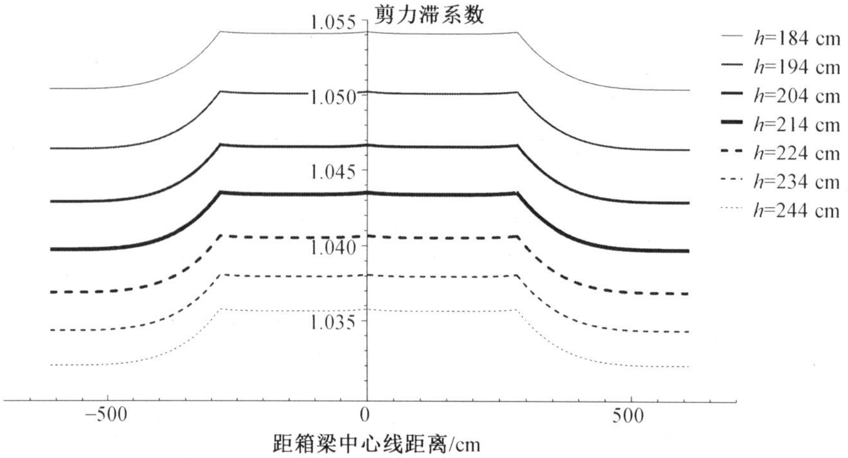

图 4.12 不同梁高的单箱二室箱梁顶板剪力滞系数横向分布

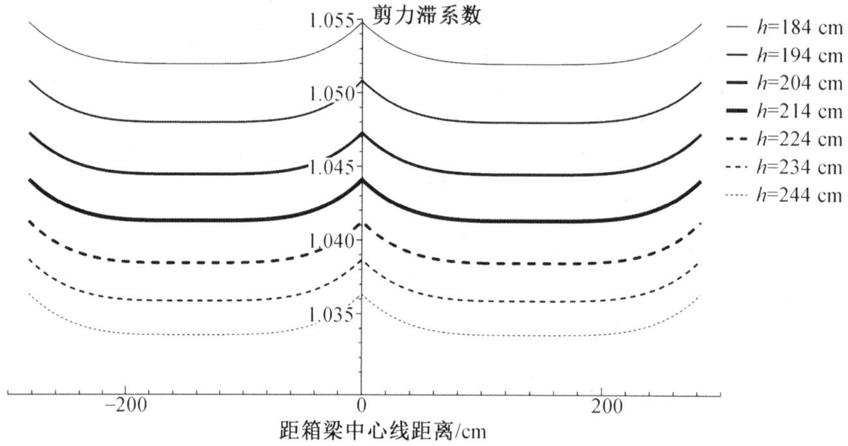

图 4.13 不同梁高的单箱二室箱梁底板剪力滞系数横向分布

梁高的变化对单箱二室波形钢腹板组合箱梁的影响与单箱单室一致，随着梁高的增加，顶底板剪力滞系数的变化也呈现出不均匀递减的规律。

由此可见，增加箱梁高度将有助于减小箱梁的剪力滞系数。这一点与混凝土箱梁类似，即减小箱梁的宽高比(b/h)将减小箱梁的剪力滞系数。因此，无论对于单箱单室还是单箱二室波形钢腹板组合箱梁，选择合适的梁高可以有效减小剪力滞系数。

但是，改变梁高几乎不改变箱梁的有效分布宽度，不同梁高时的有效分布宽度见表 4.1。

表 4.1 不同梁高时的有效分布宽度

有效分布宽度	h/cm						
/m	50	55	60	65	70	75	80
单室顶板	12.219 0	12.219 0	12.219 0	12.219 0	12.219 1	12.219 0	12.219 0
二室顶板	12.204 7	12.204 8	12.204 8	12.204 8	12.204 8	12.204 8	12.204 9

续表4.1

有效分布宽度 /m	h/cm						
	50	55	60	65	70	75	80
单室底板	5.665 2	5.665 3	5.665 2	5.665 2	5.665 2	5.665 3	5.665 2
二室底板	5.658 2	5.658 1	5.658 1	5.658 1	5.658 1	5.658 1	5.658 2

4.4.3 悬翼比

在这一部分，通过变化箱梁顶板悬臂部分的长度 b_1，固定箱梁中部翼板长度 b_0，以改变悬翼比 b_1/b_0。具体来说，在悬臂板 $b_1=328.5$ cm 的基础上以 20 cm 的长度增减箱梁顶板长度，分别得到 $(b_1-40)/b_0$、$(b_1-20)/b_0$、b_1/b_0、$(b_1+20)/b_0$、$(b_1+40)/b_0$ 五种悬翼比情况下的单箱单室、单箱二室箱梁剪力滞系数横向分布情况，如图 4.14 ～ 4.17 所示。

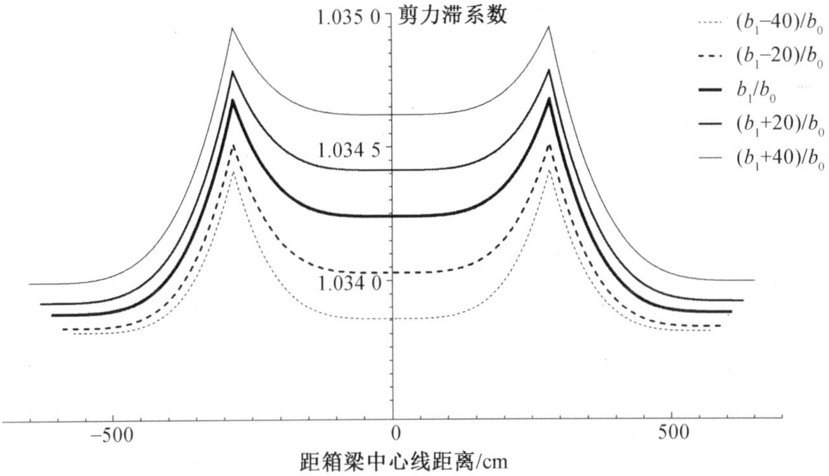

图 4.14　不同悬翼比下单箱单室箱梁顶板剪力滞系数横向分布

可以从图中发现，对于单箱单室箱梁，悬翼比的变化影响了顶板剪力滞系数的分布形态。整体上看，悬翼比越大，剪力滞系数越大，而顶板悬翼比的变化对于底板的剪力滞系数分布影响不大，总体上，底板剪力滞系数随着悬翼比的增大而增大。

单箱二室箱梁的剪力滞系数分布规律在不同悬翼比下的表现与单箱单室箱梁相似，随着悬翼比的增大，剪力滞系数的分布均匀增大，峰值点依旧出现在翼缘板与腹板交界处。因此，在桥面拓宽时，带来的全截面剪力滞系数增大不能忽视。不同悬翼比时的有效分布宽度见表 4.2。

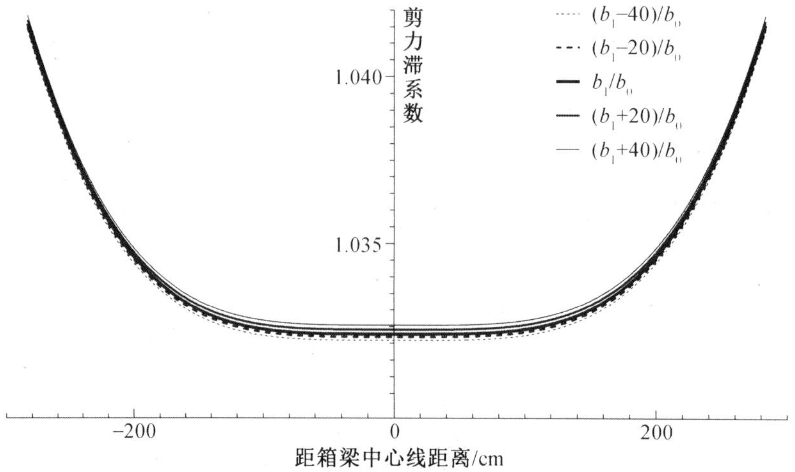

图 4.15 不同悬翼比下单箱单室箱梁底板剪力滞系数横向分布

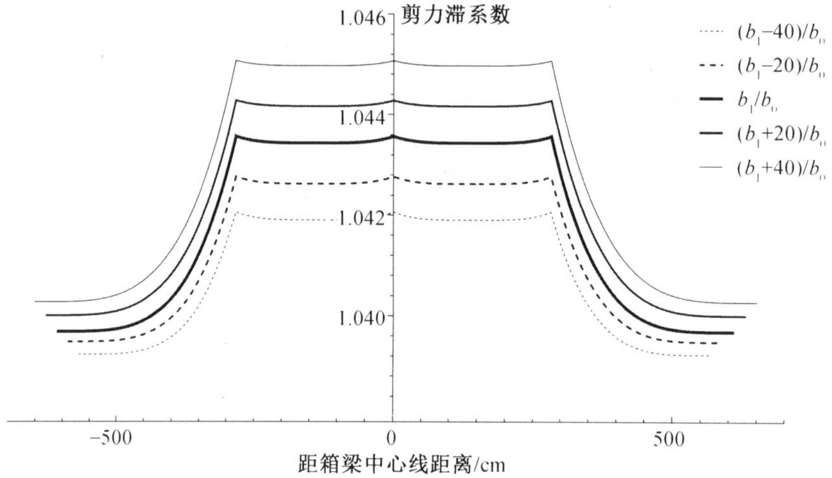

图 4.16 不同悬翼比下单箱二室箱梁顶板剪力滞系数横向分布

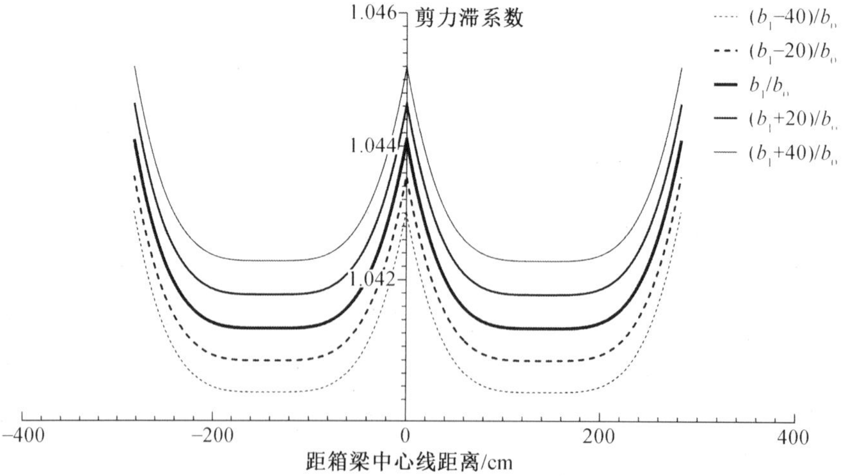

图 4.17 不同悬翼比下单箱二室箱梁底板剪力滞系数横向分布

表 4.2　不同悬翼比时的有效分布宽度

有效分布宽度/m	悬翼比				
	$(b_1-0.4)/b_0$	$(b_1-0.2)/b_0$	b_1/b_0	$(b_1+0.2)/b_0$	$(b_1+0.4)/b_0$
宽度 b	11.42	11.82	12.22	12.62	13.02
单室顶板	11.419 8	11.819 6	12.219 0	12.618 7	13.018 1
二室顶板	11.411 7	11.808 8	12.204 8	12.601 6	12.997 4
宽度 $2b_2$	5.7	5.7	5.7	5.7	5.7
单室底板	5.665 3	5.665 4	5.665 2	5.665 3	5.665 3
二室底板	5.658 6	5.658 4	5.658 1	5.658 0	5.657 8

悬翼比变化时，箱梁顶板的有效分布宽度变化明显。有效分布宽度同样随悬翼比的增减而增减，并且单箱二室箱梁的有效分布宽度小于单箱单室箱梁，但箱梁底板的有效分布宽度变化较小。

因悬翼比对剪力滞系数影响的不均匀性，接下来对比单箱单室、单箱二室箱梁在不同悬翼比下顶底板峰值、非悬臂板处最小剪力滞系数的差异，如图 4.18 ～ 4.21 所示。

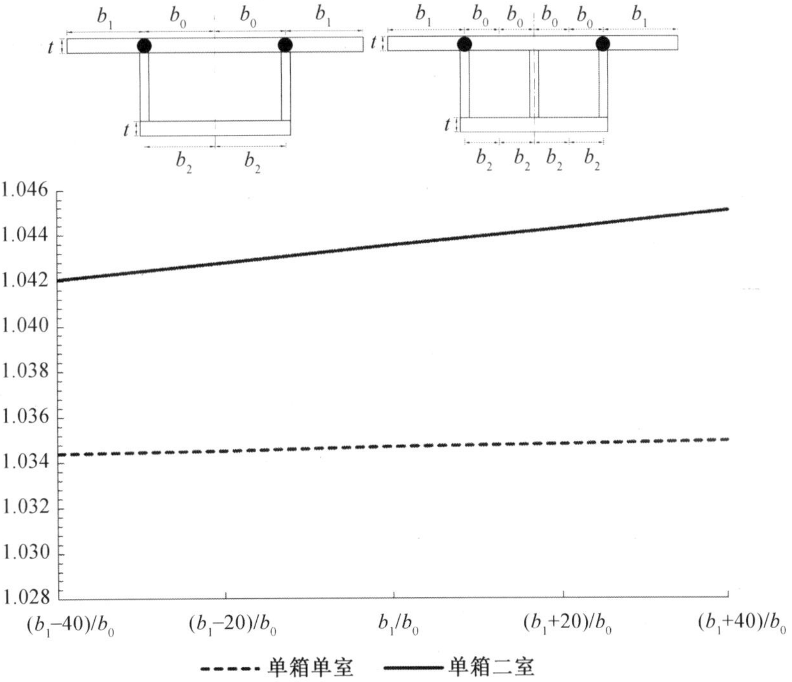

图 4.18　不同悬翼比下箱梁顶板峰值剪力滞系数分布

此处对比分析不同悬翼比对单室、二室箱梁上翼缘与外侧腹板交界处的峰值剪力滞系数的影响。不同悬翼比下箱梁顶板峰值剪力滞系数分布如图4.18所示，并利用最小二乘法二阶拟合，得到峰值剪力滞系数 λ_{max} 与悬翼比 b_1/b_0 的关系。

单箱单室箱梁顶板：

$$\lambda_{max,top1}=1.061\ 39\times 10^{-3}\times\left(\frac{b_1}{b_0}\right)^2-5.663\ 91\times 10^{-4}\times\frac{b_1}{b_0}+1.033\ 88 \tag{4.34}$$

单箱二室箱梁顶板：

$$\lambda_{max,top2}=1.249\ 34\times 10^{-3}\times\left(\frac{b_1}{b_0}\right)^2+7.734\ 04\times 10^{-3}\times\frac{b_1}{b_0}+1.032\ 86 \tag{4.35}$$

可以从图中看出，悬臂长度 b_1 的增大将导致峰值剪力滞系数增大，并且单箱二室箱梁的剪力滞系数大于单箱单室；从拟合得到的公式可以发现，二室箱梁的峰值剪力滞系数增长率大于单室箱梁。

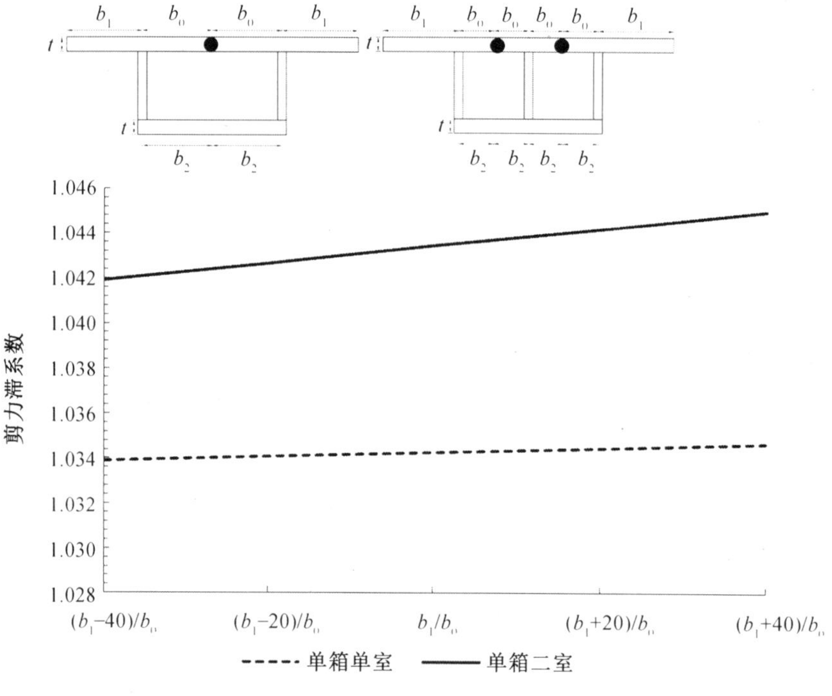

图4.19 不同悬翼比下箱梁顶板非悬臂处最小剪力滞系数分布

不同悬翼比下箱梁顶板非悬臂处最小剪力滞系数分布如图4.19所示，最小二乘法二阶拟合得到的非悬臂处最小剪力滞系数 λ_{min} 与悬翼比 b_1/b_0 的关系如下。

单箱单室箱梁顶板：

$$\lambda_{min,top1}=4.722\ 91\times 10^{-4}\times\left(\frac{b_1}{b_0}\right)^2+1.601\ 58\times 10^{-3}\times\frac{b_1}{b_0}+1.031\ 73 \tag{4.36}$$

单箱二室箱梁顶板：

$$\lambda_{min,top2}=1.141\ 83\times 10^{-3}\times\left(\frac{b_1}{b_0}\right)^2+8.192\ 40\times 10^{-3}\times\frac{b_1}{b_0}+1.032\ 34 \tag{4.37}$$

与峰值剪力滞系数的变化规律相似，非悬臂处最小剪力滞系数随着悬翼比的增大而增大，并且单箱二室箱梁的剪力滞系数大于单箱单室，从拟合得到的公式可以看出，非悬臂处最小剪力滞系数在二室箱梁的增长率远大于单室箱梁。

接下来比较单箱单室、单箱二室箱梁底板处峰值、最小剪力滞系数的分布差异。

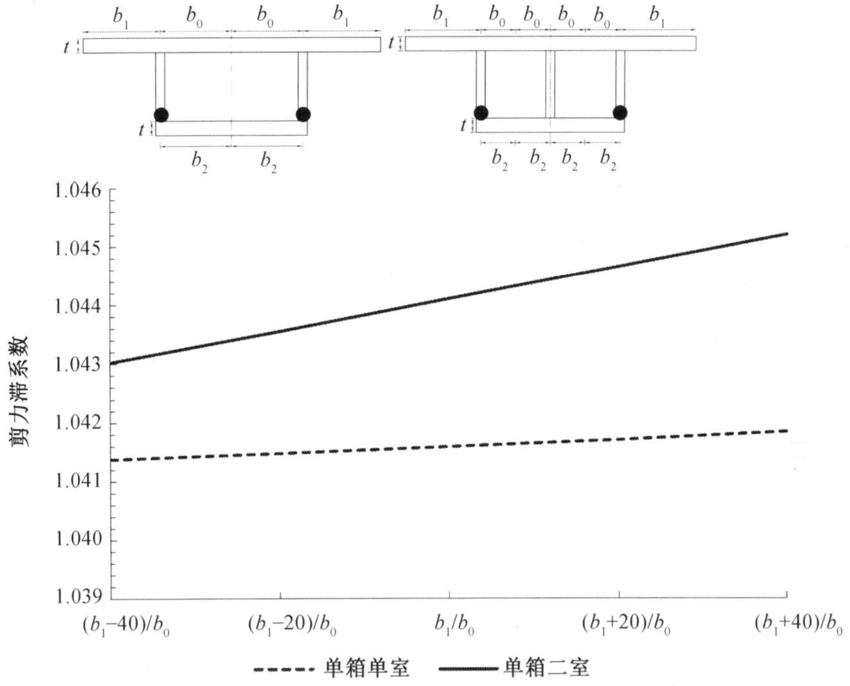

图 4.20 不同悬翼比下箱梁底板峰值剪力滞系数分布

单箱单室、单箱二室不同悬翼比下箱梁底板峰值剪力滞系数分布如图 4.20 所示，同样采用最小二乘法二阶拟合，得到了峰值剪力滞系数 λ_{max} 与悬翼比 b_1/b_0 的关系。

单箱单室箱梁底板：

$$\lambda_{max,bot1}=1.345\ 07\times10^{-3}\times\left(\frac{b_1}{b_0}\right)^2-1.476\ 60\times10^{-3}\times\frac{b_1}{b_0}+1.041\ 48 \quad (4.38)$$

单箱二室箱梁底板：

$$\lambda_{max,bot2}=7.738\ 86\times10^{-4}\times\left(\frac{b_1}{b_0}\right)^2+5.888\ 78\times10^{-3}\times\frac{b_1}{b_0}+1.036\ 20 \quad (4.39)$$

与顶板峰值剪力滞系数分布相似，底板峰值剪力滞系数同样随着悬翼比的增大而增大。并且，单箱二室箱梁的剪力滞系数以及其增长率始终大于单箱单室。

此处对比分析不同悬翼比对单室、二室箱梁底板最小剪力滞系数的影响，并利用最小二乘法二阶拟合，得到底板最小剪力滞系数 λ_{min} 与悬翼比 b_1/b_0 的关系如下。

单箱单室箱梁底板：

$$\lambda_{min,bot1}=1.738\ 49\times10^{-3}\times\left(\frac{b_1}{b_0}\right)^2-2.440\ 81\times10^{-3}\times\frac{b_1}{b_0}+1.032\ 77 \quad (4.40)$$

单箱二室箱梁底板：

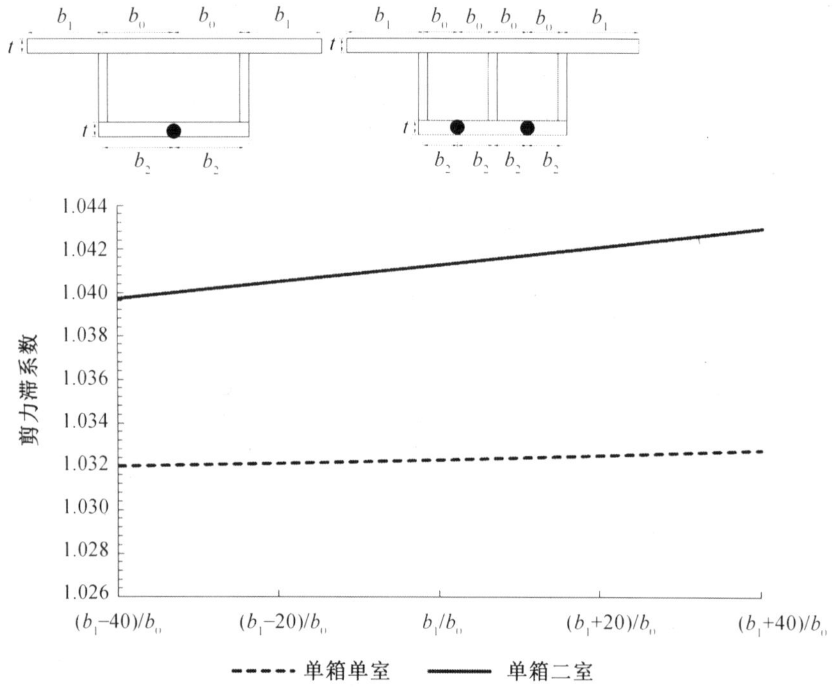

图 4.21 不同悬翼比下箱梁底板最小剪力滞系数分布

$$\lambda_{\min,\mathrm{bot2}}=1.094\,47\times10^{-3}\times\left(\frac{b_1}{b_0}\right)^2+4.413\,94\times10^{-3}\times\frac{b_1}{b_0}+1.034\,66 \quad (4.41)$$

从图 4.21 中可以看出，底板最小剪力滞系数随着悬翼比的增大而增大，并且单箱二室箱梁的剪力滞系数大于单箱单室。从拟合得到的公式可以发现，单箱二室箱梁底板最小剪力滞系数的增长率大于单室箱梁。

4.5 本章小结

本章对一典型波形钢腹板PC组合梁桥设计参数进行简化，将顶底板截面简化为矩形截面，将曲线梁桥简化为直线梁桥。

本章以波形钢腹板单箱单室、单箱二室组合箱梁为研究对象，考虑翼缘板各部分差异以及截面轴力自平衡条件，用四次多项式分别定义了两箱梁的剪力滞翘曲位移差函数。随后利用Reissner能量变分法，建立了箱梁剪力滞效应控制微分方程，并求出正应力闭合解；忽略波形钢腹板对截面抗弯的贡献，近似求出截面正应力的材料力学解，最终推导得到波形钢腹板组合箱梁的剪力滞系数，并对影响单箱多室箱梁桥剪力滞系数分布因素进行了讨论。

本章参考文献

[1] MALCOLM D J, REDWOOD R G.Shear lag in stiffened box girders[J].Journal of

the structural division, 1970,96(7):1403-1419.

[2]EVANS H R, TAHERIAN A R.The bar simulation method for the calculation of shear lag in multi-cell and continuous box girders[J]. Institution of civil engineers, proceedings, 1977,2(63):881-897.

[3] 张启伟，张士铎. 单索面斜拉桥箱梁恒载剪力滞效应分析[J]. 中国公路学报，1997(1):39-43.

[4] 郭增伟，李龙景，张俊波.变截面悬臂箱梁剪力滞效应的比拟杆分析方法[J].土木工程学报，2019,52(8):72-80.

[5] 周茂定，刘世忠，杨子江.波形钢腹板组合箱梁剪力滞效应的比拟杆法求解[J].兰州交通大学学报，2012(4):41-44.

[6] 王慧东.薄壁箱梁剪力滞效应及其对桥梁行为影响的研究[D]. 成都：西南交通大学，2007.

[7]REISSNER E.Analysis of shear lag in box beams by the principle of minimum potential energy[J].Quarterly of applied mathematics, 1946,4(3):268-278.

[8] 罗旗帜.基于能量原理的薄壁箱梁剪力滞理论与试验研究[D].长沙:湖南大学，2005.

[9]KUZMANOVIC B O G H J.Shear lag in box girders[J].Struct. Div., 1981, 9(107):1701-1712.

[10] 郭金琼，房贞政，罗孝登.箱形梁桥剪滞效应分析[J].土木工程学报，1983(1):1-13.

[11] 张士铎，丁芸. 变截面悬臂箱梁负剪力滞差分解[J]. 重庆交通学院学报，1984(4):34-48.

[12] 倪元增.槽型宽梁的剪力滞问题[J].土木工程学报，1986(4):32-41.

[13] 吴亚平. 多室箱梁剪滞效应的变分法分析[J]. 兰州交通大学学报，1992, 11(2):36-48.

[14] 李立峰，刘志才，王芳.波形钢腹板组合箱梁弹性阶段弯曲理论及模型试验研究[J].公路交通科技，2008(1):69-73,78.

[15] 李立峰，彭鲲，王文.波形钢腹板组合箱梁剪力滞效应的理论与试验研究[J].公路交通科技，2009(4):78-83.

[16] 马驰，刘世忠，冀伟，等.单箱多室波形钢腹板 PC 组合箱梁剪力滞效应研究[J].公路交通科技，2018,35(2):62-71,78.

[17] 马驰，刘世忠.波形钢腹板 PC 组合箱梁剪滞剪切效应的动力特性分析[J].铁道学报，2018,40(12):145-152.

[18] 蔺鹏臻，方炜彬，杨子江，等.预应力作用下箱梁桥的剪力滞效应研究[J].中国公路学报，2015(5):101-107.

[19]CHANG S, YUN D.Shear lag effect in box girder with varying depth[J].Journal of structural engineering, 1988,114(10):2280-2292.

[20] 王修信，黄剑源. 变截面多跨梯形箱梁桥剪滞效应差分解[J]. 桥梁建设，1993(2):58-64.

[21] 杨绿峰，高兑现，李桂青.箱型梁剪力滞效应求解的样条里兹法[J].广西大学学报

(自然科学版)，1998,23(1):18-23.

[22] 刘杰，成圣翱.变截面矩形箱梁剪力滞效应的样条配点法[J].中南公路工程，1995,20(1):35-38.

[23]MORLEY C T，MOFFATT H.Discussion the bar simulation method for the calculation of shear lag in multi-cell and continuous box girders[J].Proceedings of the institution of civil engineers，1978,65(3):701-705.

[24]MOFFATT H，DOWLING P J.Shear lag in steel box girder bridges[J].Structural engineer，1975,53(10):439-448.

[25]LEE C K，WU G J.Shear lag analysis by the adaptive finite element method:2. analysis of complex plated structures[J].Thin-walled structures，2000,38(4):311-336.

[26]LEE C，WU G J.Shear lag analysis by the adaptive finite element method: Lanalysis of simple plated structures[J].Thin-walled structures，2000,38(4):285-309.

[27] 经柏林，邵旭东，鲍卫刚.变截面长悬臂宽箱梁桥翼缘有效宽度研究[J].中南公路工程，1998,23(4):25-27.

[28] 彭大文，陈朝慰，林志平，等.无伸缩缝桥梁荷载横向分布系数研究[J].公路交通科技，2007(9):51-56.

[29] 彭大文，王忠.连续弯箱梁剪滞效应分析和实用计算法研究[J].中国公路学报，1998,11(3):43-51.

[30] 卢海林，严若愚，蔡恒，等.荷载列作用下曲线箱梁剪力滞空间有限元分析[J].武汉工程大学学报，2018,40(1):79-82.

第 5 章　波形钢腹板 PC 组合梁桥施工

波形钢腹板 PC 组合梁桥施工总体类似预应力混凝土桥，其特别关注点在于波形钢腹板的制作。波形钢腹板与混凝土顶底板的连接、波形钢腹板的涂装、波形钢腹板的安装以及施工过程中挠度控制应包含剪切变形影响等。

波形钢腹板 PC 组合梁桥施工总体遵照《公路桥涵施工技术规范》(JTG/T 3650—2020)，波形钢腹板及其连接的制作、安装质量控制可参照《钢结构工程施工质量验收标准》(GB 50205—2020)，波形钢腹板的涂装可参照《悬索桥主缆系统防腐涂装技术条件》(JT/T 694—2007)。

波形钢腹板 PC 组合梁桥已有支架现浇、逐孔吊装、顶推、悬臂施工等多种施工实例。其施工方案总体与 PC 箱梁桥类似，但因其剪切刚度较小，施工控制中应注意剪切变形的影响。

5.1　波形钢腹板的制作和检验

5.1.1　波形钢腹板的制作

波形钢腹板的制造成型、涂装、试验、检验等技术要求应符合《组合结构桥梁用波形钢腹板》(JT/T 784—2010) 的规定。波形钢腹板制造前应按《铁路钢桥制造规范》(Q/CR 9211—2015)、《组合结构桥梁用波形钢腹板》、《公路桥梁钢结构防腐涂装技术条件》(JT/T 722—2008)、《钢结构工程施工质量验收标准》、设计文件和标准要求，编制制作工艺指导书，确保制作和运输任务的完成。制作前，测量人员应对连接件的位置进行准确的测量放样。连接件材料应符合设计及相关标准要求，连接件加工时，翼缘板、开孔钢板、角钢的外形、尺寸、位置应符合设计尺寸要求，加工尺寸偏差应小于 2 mm。波形钢腹板与翼缘板及连接件间的焊接形式和焊缝尺寸应在图纸中有明确的标注。

碳素结构钢在环境温度低于 −20 ℃、低合金结构钢在环境温度低于 −15 ℃ 时，不得进行切割加工。切割前应将钢料面上的浮锈、污物清除干净，钢料应放平、垫稳，割缝下面应留有空隙。切割的其他技术要求按照 Q/CR 9211—2015 的规定执行。螺栓孔应采取钻孔工艺，不得采用冲孔、气割孔，制成的孔应呈正圆柱形，孔壁表面粗糙度不大于 25 μm，孔缘无损伤不平，无刺屑。螺栓孔的孔径允许偏差为 +0.7 mm；孔壁垂直度允许偏差不大于 0.3 mm。

钻孔应采用数控钻床或标准钻孔样板，并优先选用数控钻床钻孔。采用标准样板钻孔时，应采用冲钉定位，冲钉数不得少于两个。用标准钻孔样板依次钻足孔径的零件，卡料厚度应保证最底层零件栓孔质量，不得超过允许偏差。钻头直径应符合规定，磨完后的钻头应先在废料上试钻孔，经检查合格后方可在零部件上钻孔。钻孔时，应经常用试孔器检查孔径精度。螺栓孔距允许偏差应符合表5.1规定，有特殊要求的孔距偏差应符合设计文件的规定。切割后需焊接的边缘应进行机械焊接坡口加工，不要求焊接但属气割的边缘应进行边缘机械加工。机械加工零件的边缘加工深度不得小于3 mm，加工面表面粗糙度不得低于25 μm；顶紧传力面的粗糙度不得低于12.5 μm；顶紧加工面与板面垂直度偏差应不小于板厚的1%，且不得大于0.3 mm。边缘加工的允许偏差应符合Q/CR 9211—2015的规定。使用锯割和自动等离子切割的部件边缘，在不要求焊接处可不进行边缘加工。钢板矫正应采用冷矫，矫正后的钢料表面不应有明显的凹痕或损伤，划痕深度不应大于该钢材厚度负允许偏差的1/2。钢板矫正的技术方法及允许偏差按Q/CR 9211—2015的规定。

表5.1　螺栓孔距允许偏差

定位方法	检查项目	允许偏差/mm	说明
用钻孔样板、数控机床	两相邻孔距	±0.4	
	构件及边孔距	±1.0	
	两组孔群中心距	±1.0	
	孔群中心线与杆件中心线的横向偏移	2.0	
号孔	两相邻孔距	±1.0	包括用分离式样板分别对线钻孔的孔群
	极边及对角线孔距	±1.5	
	孔中心与孔群中心线的横向偏移	2.0	

波形钢腹板的成型应采用冷成型，成型工艺分为模压法和冲压法(也称折弯法)。模压法：利用液压机与波形近似截面的模具进行一次性成型的方法(图5.1)。冲压法：利用折弯机多次反复折压成型的方法(图5.2)。

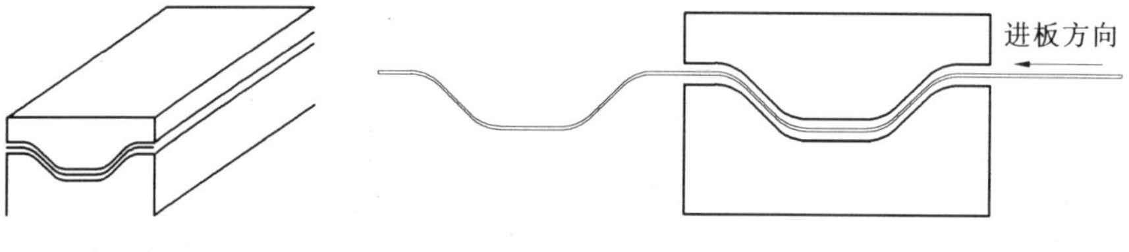

(a) 模压法(单幅式)　　(b) 模压法(连续式)

图5.1　模压法

波形钢腹板加工成型时，转角半径一般应不小于板厚的15倍；当满足表5.2所示的夏比冲击试验的要求，且化学成分中的氮的质量分数不超过0.006%时，波形钢腹板加工成型时，转角半径亦可做成板厚的7倍或5倍以上。若是在与轧制成直角方向处进行冷弯加工时，则应当采用压延直角方向的夏比冲击试验吸收能量的值。

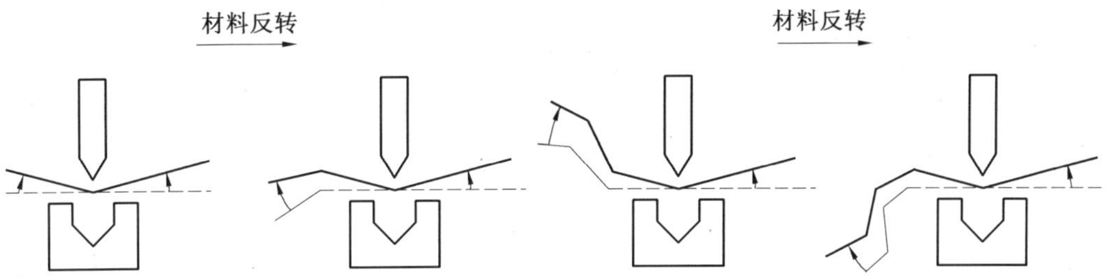

图 5.2　冲压法

表 5.2　冷弯加工半径与冲击韧性的吸收能量值

冲击韧性－吸收能量 /J	冷弯加工半径 /mm	试验方法
＞150	≥7t	夏比摆锤冲击试验
＞200	≥5t	

注：t 为板厚。

波形钢腹板的组拼应在作业车或标准钢胎膜上进行，组拼角度应考虑波形钢腹板焊接时的变形量。平台或胎膜要求牢固平整，以保证波形钢腹板组拼精度。波形钢腹板波段之间的纵向连接形式宜采用对接焊接。波形钢腹板节段与节段间的连接通常有高强度螺栓连接法、角焊接法、对接焊接法等。波形钢腹板之间的连接形式，在设计和制造时应选择能以工厂焊接为主、减少现场焊接和涂层修复作业量的连接形式。波形钢腹板与翼缘板的焊接、开孔钢板与翼缘板的焊接应采用熔透焊或坡口焊，并达到二级焊缝。

波形钢腹板涂装前应采用抛丸或喷砂的工艺，对波形钢腹板表面应进行二次除锈，将表面氧化皮和铁锈以及其他杂物清除干净。油污脱脂应采用化学分解去除法，不建议采用灼烧法。前处理达标后 4 h 内应进行涂装作业，否则应再次进行前处理。涂装前应制作两块 300 mm×150 mm×6 mm 薄板，焊成 300 mm×300 mm×6 mm 的板，用与钢腹板相同的涂料和喷涂方法做成喷漆样板，经检查确认平板区和焊缝区各项检验指标均合格后，方可进行喷涂作业。除现场修复及最后整体面漆可在现场作业外，其余涂装均应在工厂进行。涂装时的环境温度宜在 5～30 ℃ 之间，相对湿度不应大于 80%。不得在雨天、有扬尘风、蚊虫多、钢材表面有潮气、结露、涂漆后表面易产生气泡时涂装；涂装后 4 h 内应加以保护，免受雨淋。

底层涂装宜配置高附着力的具有屏蔽或阴极保护功能的涂层体系，主要有以下三类：重防腐粉体涂装系列主要有通用粉体环氧类、熔融结合性重防腐粉体环氧类涂层（符合《熔融结合环氧粉末涂料的防腐蚀涂装》(GB/T 18593—2010) 的规定)，应采用静电喷涂及热喷涂方式，并加热使涂层固化，采用热喷涂工艺可一次性涂装；铝和锌防腐系列主要有喷铝、喷锌和喷涂锌铝合金涂层，应采用电弧热喷涂工艺，不宜采用热镀锌工艺和冷镀锌工艺；富锌系列主要有有机类富锌、无机类富锌涂料，应采用高压无气喷涂方式，不宜采用水性富锌涂料。

中层防护宜配置具备屏蔽封孔功能的涂层体系，主要有环氧云铁漆、环氧厚浆漆等，应采用高压无气喷涂方式；以重防腐粉体涂装系列作为底层涂装的，无须单独再实施中层涂装。

面层防护宜配置具备耐候及防化学腐蚀功能的涂层体系。面层防护采用粉体涂装的，宜配置聚酯等面层体系，应采用静电喷涂及热喷涂方式，并加热使涂层固化。底层也采用粉体涂装的，面层可一次性或在底层未固化前涂装；面层涂装可采用聚氨酯类、聚硅氧烷类和氟碳类等液态涂料，应采用高压无气喷涂方式。面层液态涂料涂装宜分成两层，一层在工厂涂装，另一层在安装修复后整体涂装。

根据不同的成品保护要求，可采用粘贴有黏性的塑料薄膜的罩膜保护方法或临时涂刷一层漆膜的保护方法，在最终面漆涂装前，临时涂刷的漆膜应能被清除。

波形钢腹板预应力混凝土组合梁桥施工中，工程质量应符合《公路工程质量检验评定标准　第一册　土建工程》(JTG F80/1—2017)、《公路桥涵施工技术规范》(JTG/T 3650—2020)和《钢结构工程施工质量验收标准》(GB 50205—2020)等的要求，机械设备、试验及监测仪器等也应符合现行有关标准的规定。

5.1.2　波形钢腹板的外观和制作检验

波形钢腹板的检验包括外观质量检验、钢材质量检验、螺栓连接检验、焊缝质量检验和防腐涂装的质量检验等内容。波形钢腹板外观质量和制作精度应符合《组合结构桥梁用波形钢腹板》(JT/T 784—2010)的规定(表5.3和表5.4)，波形钢腹板的波长、波高的测试使用标定的钢直尺进行。

表5.3　波形钢腹板外观质量

序号	项目	要求
1	转角处	转角处圆弧平滑，无裂纹，无纤维状暗筋
2	切口	平直、无明显锯齿
3	颜色	表面色泽均匀，无明显缺陷和色泽灰暗现象
4	锈蚀、麻点或划痕	深度不得大于钢材厚度允许偏差值的1/2
5	其他外观质量	表面顺滑平整

表5.4　波形钢腹板制作精度

序号	项目	精度
1	翼缘板宽/mm	±2
2	翼缘板平整度	$\pm L/1\,000$
3	翼缘板垂直度	$\pm b/200$
4	波形钢腹板高度/mm	±2
5	波形钢腹板节段长和节段对角线长/mm	±3
6	波形钢腹板高度方向平整度	$\pm h/750$
7	波形钢腹板波高/mm	±3
8	波形钢腹板波长/mm	±5
9	单个节段波形钢腹板平面挠曲量/mm	±3

注：L 为波形钢腹板波长(mm)，b 为翼缘板宽(mm)，h 为波形钢腹板高度(mm)。

波形钢腹板制造前按《铁路钢桥制造规范》(Q/CR 9211—2015)、《公路桥梁钢结构防腐涂装技术条件》(JT/T 722—2008)、《钢结构工程施工质量验收标准》、设计文件和《组合结构桥梁用波形钢腹板》的要求，编制制造工艺指导书，确保制作和运输任务的完成。波形钢腹板的制作质量控制见表 5.5。

表 5.5　波形钢腹板的制作质量控制

序号	工序名称	检验项目	检验设备	通用要求
1	钢板入库	原材料检验	超声波探伤仪及检尺工具	探伤、规格尺寸及化学物理性能检测
2	钢板下料	各部件下料尺寸误差	检尺工具	±2 mm
3	钢板磨边	毛刺	检尺工具	≤1 mm
4	坡口加工	坡口角度尺寸	检尺工具	±5°
5	锚固孔加工	孔径及位置	检尺工具	±1 mm
6	节段内焊接	裂纹	超声波探伤仪	Q/CR 9211—2015《铁路钢桥制造规范》
		未熔合	超声波探伤仪	
		夹渣	超声波探伤仪	
		气孔	超声波探伤仪	
		未填满弧坑	目测、触觉和样块	
		焊瘤	目测、触觉和样块	
		咬边	目测、触觉和样块	
		余高	检尺工具	≤1 mm
7	焊钉及螺栓孔	焊钉焊接	抗拉检测	GB/T 10433—2002《电弧螺柱焊用圆柱头焊钉》
			抗弯检测	
		安装孔中心距	检尺工具	≤1 mm
		螺栓孔径	检尺工具	±0.2 mm
8	抛丸及喷砂	表面除锈等级	标准样板	*Sa* 2.5 ~ 3.0
		表面粗糙度	粗糙度检测仪	40 ~ 150 μm

5.1.3　钢材与连接件的质量检验

波形钢腹板 PC 组合桥梁用的结构钢的力学性能应满足《金属材料　拉伸试验　第 1 部分：室温试验方法》(GB/T 228.1—2021) 和《金属材料　夏比摆锤冲击试验方法》(GB/T 229—2020) 的规定，化学成分等应满足《低合金高强度结构钢》(GB/T 1591—2008)、《碳素结构钢》(GB/T 700—2006)、《桥梁用结构钢》(GB/T 714—2015) 的相关要求和设计图纸的相关规定。钢板的几何尺寸应符合《热轧钢板和钢带的尺寸、外形、重量及允许偏差》(GB/T 709—2019) 的要求，表面质量应符合《热轧钢板表面质量的一般要求》(GB/T 14977—2008) 的规定。钢板的厚度测定可按《厚钢板超声检测方法》(GB/T 2970—2016)进行。钢材应有产品检测报告及质量说明书，当钢板为不同炉批号时，应按炉批次提供检测报告及质量证明书。

对于耐候钢材的检验应符合《耐候结构钢》(GB/T 4171—2008) 的要求，耐候结构钢的力学和工艺性能应符合表5.6的规定，耐候钢材的冲击性能应符合表5.7的规定。钢材的外观应通过目视检查，钢材的尺寸、外形应用合适的测量工具测量，耐候钢材检验应符合表5.8的规定。

表5.6 耐候结构钢的力学和工艺性能

牌号	拉伸试验									180°弯曲试验弯心半径		
	下屈服强度 R_{el}/MPa				抗拉强度 R_m /MPa	断后伸长率 A/%						
	≤16	16～40	40～60	>60		≤16	16～40	40～60	>60	≤16	16～40	40～60
Q235NH	235	225	215	215	360～510	25	25	24	23	a	a	$2a$
Q295NH	295	285	275	255	430～560	24	24	23	22	a	$2a$	$3a$
Q295GNH	295	285	—	—	430～560	24	24	—	—	a	$2a$	$3a$
Q355NH	355	345	335	325	490～630	22	22	21	20	a	$2a$	$3a$
Q355GNH	355	345	—	—	490～630	22	22	—	—	a	$2a$	$3a$
Q415NH	415	405	395	—	520～680	22	22	20	—	a	$2a$	$3a$
Q460NH	460	450	440	—	570～730	20	20	19	—	a	$2a$	$3a$
Q500NH	500	490	480	—	600～760	18	16	15	—	a	$2a$	$3a$
Q550NH	550	540	530	—	620～780	16	16	15	—	a	$2a$	$3a$
Q265GNH	265	—	—	—	≥410	27	—	—	—	a	—	—
Q310GNH	310	—	—	—	≥450	28	—	—	—	a	—	—

注：① a 为钢材厚度。

② 当屈服现象不明显时，可以采用 $Rp0.2$。

表 5.7　耐候钢材的冲击性能

质量等级	V 形缺口冲击试验		
	试样方向	温度 /℃	冲击吸收能量 KV_2/J
A	纵向	—	—
B		+20	≥47
C		0	≥34
D		−20	≥34
E		−40	≥27

注:① 冲击试验尺寸为 10 mm×10 mm×55 mm。
② 经工序双方协商,平均冲击功值可以不小于 60 J。

表 5.8　耐候钢材检验

序号	试验项目	试样数量	取样方法	试验方法
1	化学分析	1 个 / 炉	《焦炭机械强度的测定方法》(GB/T 2006—2008)	《碳素钢和中低合金钢　多元素含量的测定　火花放电原子发射光谱法(常规法)》(GB/T 4336—2016)、《低合金钢　多元素的测定　电感耦合等离子体发射光谱法》(GB/T 20125—2006)
2	拉伸试验	1 个 / 批	《钢及钢产品　力学性能试验取样位置及试样制备》(GB/T 2975—2018)	《金属材料　拉伸试验　第 1 部分：室温试验方法》(GB/T 228.1—2021)
3	弯曲试验	1 个 / 批	《钢及钢产品　力学性能试验取样位置及试样制备》(GB/T 2975—2018)	《金属材料　弯曲试验方法》(GB/T 232—2010)
4	冲击试验	1 组(3 个)/ 批	《钢及钢产品　力学性能试验取样位置及试样制备》(GB/T 2975—2018)	《金属材料　夏比摆锤冲击试验方法》(GB/T 229—2020)
5	晶粒度	1 个 / 批	《金属平均晶粒度测定方法》(GB/T 6394—2017)	《金属平均晶粒度测定方法》(GB/T 6394—2017)
6	非金属夹杂物	1 个 / 批	《钢中非金属夹杂物含量的测定　标准评级图显微检验法》(GB/T 10561—2005)	《钢中非金属夹杂物含量的测定　标准评级图显微检验方法》(GB/T 10561—2005)

高强度大六角螺栓连接副和扭剪型高强度螺栓连接副应随箱带有扭转系数和紧固轴力(预拉力)的检验报告,高强度螺栓、螺母、垫圈成品应按批配套,且有产品出厂质量证明书,高强度大六角螺栓连接副、扭剪型高强度螺栓连接副等标准配件的品种、规格、性能等标准见表5.9。

表5.9 高强度螺栓连接副要求标准

标准名称	标准编号
钢结构用高强度大六角头螺栓	GB/T 1228—2006
钢结构用高强度大六角螺母	GB/T 1229—2006
钢结构用高强度垫圈	GB/T 1230—2006
钢结构用高强度大六角头螺栓、大六角螺母、垫圈技术条件	GB/T 1231—2006

高强螺栓连接检验按标准《钢结构工程施工质量验收标准》进行。

(1) 测定螺栓实物的抗拉强度是否满足国家标准《紧固件机械性能 螺栓、螺钉和螺柱》(GB 3098.1—2010)的要求。检验方法:用专用卡具将螺栓实物置于拉力试验机上进行拉力试验,为避免试件承受横向荷载,试验机的夹具应能自动调正中心,试验时夹头张拉的移动速度不应超过25 mm/min。

(2) 螺栓实物的抗拉强度应根据螺纹应力截面积 A_s 的计算确定,取其值应按国家标准《紧固件机械性能 螺栓、螺钉和螺柱》的规定取值。进行试验时,承受拉力载荷的为旋合的螺纹长度应为6倍以上螺距;当试验拉力达到《紧固件机械性能 螺栓、螺钉和螺柱》中规定的最小拉力($A_s \cdot \sigma_b$)时不得断裂。当超过最小拉力荷载直至拉断时,断裂应发生在杆部或螺纹部分,而不应发生在螺头与杆部的交界处。

(3) 扭剪型高强度螺栓连接副预拉力复验。复验用的螺栓应在施工现场待安装的螺栓批中随机抽取,每批应抽取8套连接副进行复验。

连接副预拉力可采用经计量检定、校准合格的轴力计进行测试。试验用的电测轴力计、油压轴力计、电阻应变仪、扭矩扳手等计量器具应在试验前进行标定,其误差不得超过2%。采用轴力计方法复验连接副预拉力时,应将螺栓直接插入轴力计。紧固螺栓分初拧、终拧2次进行,初拧应采用手动扭矩扳手或专用定扭电动扳手,初扭值应为预拉力标准值的50%左右。终拧应采用专用电动扳手,至尾部梅花头拧掉,读出预拉力值。每套连接副只应做1次试验,不得重复使用。在紧固中垫圈发生转动时,应更换连接副,重新试验。高强螺栓连接主控项目检验见表5.10,一般性项目检验见表5.11。

表 5.10　高强螺栓连接主控项目检验

序号	项目	合格质量标准	检验方法	检查数量
1	成品进场	钢结构连接用高强度大六角头螺栓连接副、扭剪型高强度螺栓连接副、钢网架用高强螺栓、普通螺栓、铆栓、自攻钉、拉铆钉、射钉、铆栓（机械型和化学试剂型）、地脚铆栓等紧固标准件及螺母、垫圈等标准配件，其品种、规格、性能等应符合现行国家产品标准和设计要求。高强大六角头螺栓连接副和扭剪型高强度螺栓连接副出厂时应分别随箱带有扭矩系数和紧固轴力（预拉力）的检验报告。高强度大六角头螺栓连接副的扭矩系数和扭剪型高强度螺栓连接副的紧固轴力（预拉力）是影响高强螺栓连接质量最主要的因素，也是施工的重要依据，因此要求厂家在出厂前要进行检验，且出具检验报告，施工单位应在使用前及产品质量保证期内及时复检，该复检应为见证取样，选样检验项目。本条为强制性条文	检查产品的质量合格证明文件、中文标志及检验报告等	全数检查
2	扭矩系数	高强度大六角头螺栓连接副应按 GB 50205—2020 附录 3 中的规定检验其扭矩系数	检查复验报告	GB 50205—2020 附录 3 中“紧固件连接工程检验项目”规定
	预拉力复检	扭剪型高强螺栓连接副应按 GB 50205—2020 附录 3 中的规定检验预拉力		
3	抗滑系数试验	钢结构制作和安装单位应按 GB 50205—2020 附录 3 中的规定分别进行高强度螺栓连接摩擦面的抗滑移系数试验，其结果应符合设计要求	检查摩擦面抗滑移系数试验报告和复检报告	

续表5.10

序号	项目	合格质量标准	检验方法	检查数量
4	高强度大六角头螺栓连接副终拧扭矩	高强度大六角螺栓连接副终拧完成1 h后、48 h内应进行终拧扭矩检查，检查结果应符合GB 50205—2020中的规定	扭矩法和转角法检测	按节点数抽查10%，且应不少于10个；每个被抽查节点按螺栓数抽查10%，且应不少于2个
	扭剪型高强螺栓连接副终拧扭矩	扭剪型高强度螺栓连接副终拧后，除因构造原因无法使用专用扳手终拧掉梅花头外，未在终拧中拧掉梅花头的螺栓数应不大于该节点螺栓数的5%。对所有梅花头未拧掉的扭剪型高强度螺栓连接应采用扭矩法或转角法进行终拧并做标记，且按上条标准的规定进行终拧扭矩检查	观察检查	按节点数抽查10%，且应不少于10个节点；被抽查节点按中梅花头未拧掉的扭剪型高强度螺栓连接副全数进行终拧扭矩检查

表5.11　一般性项目检验

序号	项目	合格质量标准	检验方法	检查数量
1	成品进场检验	高强度螺栓连接副，应按包装箱配套供货，包装箱上应注明批号、规格、数量及生产日期。螺栓、螺母、垫圈外观表面应涂油保护，不应出现生锈和沾染脏物，螺纹不应损伤	观察检查	按包装箱数抽查5%，且不应少于3箱
2	表面硬度检验	对建筑结构安全等级为一级，跨度40 m及以上的螺栓球节点钢网架结构，其连接高强度螺栓应进行表面硬度为HRC 21～29；10.9级高强度螺栓其硬度为HRC 32～36，且不得有裂纹或损伤	硬度计、10倍放大镜或磁粉探伤	按规格抽查8只
3	初拧、复拧扭矩	高强度螺栓连接副的旋拧顺序和初拧、复拧扭矩应符合设计要求和国家现行行业标准《钢结构高强度螺栓连接技术规程》(JGJ 82—2011)的规定	检查扭矩扳手标定记录和螺栓施工记录	全数检查资料

续表5.11

序号	项目	合格质量标准	检验方法	检查数量
4	连接外观质量	高强度螺栓连接副终拧后，螺栓螺纹外露应为 2～3 个螺距，其中允许有 10% 的螺栓螺纹外露 1 个螺距或 4 个螺距	观察记录	按节点数抽查 5%，且不少于 10 个
5	摩擦面外观	高强度螺栓连接摩擦面应保持干燥、整洁，不应有飞边、毛刺、焊接飞溅物，焊疤、氧化铁皮、污垢等，除设计要求外摩擦面不应涂漆	观察检查	全数检查
6	扩孔	高强度螺栓应自由穿入螺栓孔、高强度螺栓孔不应采用气割扩孔，扩孔数量应征得设计同意，扩孔后的孔径不应超过$1.2d$（d为螺栓直径）	观察检查，用卡尺检查	被扩螺栓孔全数检查

抗滑移系数是高强螺栓的主要技术指标，它应符合表 5.12 的规定。抗滑移系数试件尺寸应满足表 5.13，根据《钢结构工程施工质量验收标准》规定，进行抗滑移系数检验。

表 5.12　摩擦面的抗滑移系数

连接处接触面的处理方法		钢材		
		Q235	Q345 或 16Mn 钢	15MnV 或 15MnVq 钢
普通钢构件	喷砂	0.45	0.55	0.55
	喷砂后涂无机富锌漆	0.35	0.40	0.40
	喷砂后赤锈	0.45	0.55	0.55
	钢丝刷清除浮锈或未经处理的干净轧制表面	0.30	0.35	0.35

表 5.13　抗滑移系数试件尺寸

性能级别	公称尺寸	孔径	芯板厚度 T_1	盖板厚度 t_1	板宽 B	端距 $2d_0$	螺孔中心距 $3d_0$
8.8S	16	17.5	14	8	75	40	60
	20	22	18	10	90	50	70
	(22)	24	20	12	95	55	80
	24	26	22	12	100	60	90
	27	30	24	14	105	65	100
	30	33	24	14	110	70	110

续表5.13

性能级别	公称尺寸	孔径	芯板厚度 T_1	盖板厚度 t_1	板宽 B	端距 $2d_0$	螺孔中心距 $3d_0$
10.9S	16	17.5	14	8	95	40	60
	20	22	18	10	110	50	70
	(22)	24	22	12	115	55	80
	24	26	25	16	120	60	90
	(27)	30	28	18	125	65	100
	30	33	32	20	130	70	110

对于大六角高强螺栓，施工时必须把施工轴力换算成施工扭矩作为施工控制参数，大六角高强度螺栓施工扭矩由式(5.1)进行计算：

$$T_c = KP_c d \tag{5.1}$$

式中　T_c——施工扭矩(N·mm)；

K——高强度螺栓连接副的扭矩系数平均值，由复验测得的合格的平均扭矩系数代入；

P_c——高强度螺栓施工预拉力(kN)；

d——高强度螺栓螺杆直径(mm)。

圆柱头焊钉应符合《电弧螺柱焊用圆柱头焊钉》(GB/T 10433—2002)中的规定。栓钉的化学成分见表5.14，栓钉焊接头外观检验标准应符合表5.15的要求。

表5.14　栓钉的化学成分

材料牌号	化学成分(质量分数)/%				
碳钢	C_{max}	S_{max}	M_n	P_{max}	S_{imax}
	0.20	0.10	0.30～0.60	0.04	0.04

表5.15　栓钉焊接头外观检验标准

序号	检查项目	判断标准与允许偏差	检验方法
1	焊缝形状	360°范围内：焊缝高大于1 mm，焊缝宽大于0.5 mm	目测
2	焊缝质量	无气泡与夹渣	
3	咬肉	咬肉深度小于或等于0.5 mm，并已打磨去掉咬肉处锋锐部位	
4	焊后高度	焊后高度偏差小于±2 mm	用钢直尺量测

栓钉焊接性能的检验主要有拉伸试验和弯曲试验。

(1) 焊钉的拉伸试验。

拉伸荷载达到规定数值时，栓钉不得断裂；继续增大荷载直至拉断时，断裂不应发生在焊缝和热影响区内。

(2) 焊钉的弯曲试验。

对于$d \leqslant 22$ mm的栓钉，可进行焊接端部的弯曲试验。试验时，可采用手锤敲击栓钉试件头部，迫使其弯曲30°。弯曲试验后，在试件焊缝和热影响区内，不得产生肉眼可见的裂纹。焊钉的冲击弯曲试验方法按《电弧螺柱焊用圆柱头焊钉》中的规定执行。

波形钢腹板连接件的焊接工艺可参照下列规定执行：栓钉宜采用镇静钢制作，栓钉连接件的材料、机械性能以及焊接要求应满足 GB/T 10433—2002 的规定；其他连接件的钢材要求和焊接材料参照《钢结构焊接规范》(GB 50661—2011) 的规定。波形钢腹板连接件的焊接工艺应按如下要求做出评定：连接件应执行严格的焊接工艺评定，满足设计要求和抗疲劳要求并经检测合格后，进行全面实施。其评定规则参照 GB 50661—2011 的规定；栓钉在施焊前，应进行与现场条件相似的焊接试验，确定合适的施焊时间和电流大小。

5.1.4　波形钢腹板的焊接质量检验

波形钢腹板的焊接材料的选用应根据设计要求和焊接工艺评定试验结果确定。焊接材料进场时应提供检测报告及质量证明书，并进行复检。焊接材料采用的型号以及力学性能的试验方法应符合《铁路钢桥制造规范》的相关规定要求，焊接材料的质量管理应按《焊接材料质量管理规程》(JB/T 3223—2017) 的规定执行。焊缝的焊接质量和力学性能应符合《铁路钢桥制造规范》的规定，母材的拉伸性能依据《金属材料　拉伸试验　第 1 部分：室温试验方法》进行检验。焊接接头的常规力学性能检验方法与标准见表 5.16。

表 5.16　焊接接头的常规力学性能检验方法与标准

标准名称	标准编号	主要内容	适用范围
金属材料焊缝破坏性试验 冲击试验	GB/T 2650—2022	规定了金属材料焊接接头的夏比试验方法，以测定试样的冲击吸收功	熔焊及压焊的对接接头
焊接接头拉伸试验方法	GB/T 2651—2008	规定了金属材料焊接接头横向拉伸试验和点焊接头的剪切试验方法，以分别测定接头的抗拉强度和抗剪荷载	熔焊及压焊的对接接头
金属材料焊缝破坏性试验 熔化焊接头焊缝金属纵向拉伸试验	GB/T 2652—2022	规定了金属材料焊缝及熔敷金属的拉伸试验方法，以测定拉伸强度和塑性	采用焊条或填充焊丝的熔化焊接
焊接接头试验方法	GB/T 2653—2008	规定了金属材料焊接接头的横向正弯和背弯试验、横向测弯试验、纵向正弯及背弯试验，管材压扁试验方法，以检验接头拉伸面上的塑性及显示缺陷	熔焊及压焊对接接头
焊接接头硬度试验方法	GB/T 2654—2008	规定了金属材料焊接接头和堆焊金属的硬度试验方法，用来测定洛氏、布氏、维氏硬度	熔焊及压焊焊接接头和堆焊金属

波形钢腹板的焊接外观质量检验，普通碳素钢应在焊缝冷却到工作地点温度后进行检验，低合金结构钢应在完成焊接 24 h 后进行检验。进行焊缝外观检验时，要将焊缝上的污垢处理干净，然后用眼睛和配备 5 ～ 10 倍的低倍放大镜查看焊缝是否有咬边、焊瘤、弧坑、裂纹、夹渣和未焊透等质量缺陷。用硝酸酒精检查焊缝裂纹时，在待查处表面处理清洁并打光，用丙酮洗净，滴上浓度为 5% ～ 10% 的硝酸酒精，观察是否有褐色出现，如有褐色出现，表明有裂纹。一级焊缝不得存在未焊满、根部收缩、咬边和接头不良等缺陷，且不得存在表面气孔、夹渣、裂纹和电弧擦伤等缺陷。二级、三级焊缝外观质量标准应符合表 5.17 的规定。

表 5.17　焊缝外观质量标准

缺陷类型	允许偏差	
	二级	三级
未焊满	$\leqslant 0.2+0.02t$，且不大于 1.0 mm	$\leqslant 0.2+0.04t$，且不大于 2.0 mm
	每 100 焊缝内缺陷总长小于或等于 25 mm	
根部收缩	$\leqslant 0.2+0.02t$，且不大于 1.0 mm	$\leqslant 0.2+0.04t$，且不大于 2.0 mm
	长度不限	
咬边	$\leqslant 0.5t$，且 $\leqslant$ 0.5 mm，连续长度不大于 100 mm 且焊缝两侧咬边总长不大于 10% 焊缝总长	$\leqslant 0.1t$，且不大于 1.0 mm
	长度不限	
弧坑裂纹	不允许	允许存在个别长度不大于 5.0 mm 的弧坑裂纹
电弧擦伤	不允许	允许存在个别弧坑擦伤
接头不良	缺口深度 $0.05t$，且不大于 0.5 mm	缺口深度 $0.1t$，且不大于 1.0 mm
	每 1 000 焊缝不应超过 1 处	
表面夹渣	不允许	深不大于 $0.2t$，长不大于 $0.5t$，且不大于 20.0 mm
表面气孔	不允许	每 50 焊缝长度内允许直径不大于 $0.4t$，且不大于 3.0 mm 的气孔 2 个，孔距不小于 6 倍半径

注：t 为连接处较薄的板厚。

波形钢腹板的焊接质量检验是保证其结构质量的重要技术措施，它涉及焊接工作的全过程，包括焊前检验、焊中检验和焊后检验。

焊前检验是保证焊接质量的基础，包括对波形钢腹板施工图的检验、焊接工艺的检验以及焊接材料、波形钢腹板的拼装和坡口加工等各项技术指标的检验。

焊中检验是保证焊接质量的重要措施，包括对焊接设备的运行情况、焊接参数是否正确、焊缝成型是否符合要求等各项焊接活动的检验。

焊后检验主要是焊缝外观检查和焊缝内部缺陷的检验。焊缝应冷却到环境温度后，在全长范围内进行焊缝外观检查(可采用磁粉等方法进行外观检查)，不得有裂纹、未熔合、夹渣未填满弧坑和焊瘤等缺陷。外观检查时，主要是通过目视，或借助直尺、焊缝检验尺和放大镜等简易工具进行检查，内部缺陷的检验主要是采用射线探伤和超声探伤。对接、角接及 T 形接头焊缝外形尺寸允许偏差见表 5.18。

表 5.18　对接、角接及 T 形接头焊缝外形尺寸允许偏差

焊缝余高偏差 /mm			焊缝宽度比坡口每侧增宽 /mm	角焊缝焊脚尺寸偏差 /mm		焊缝表面凹凸高低差 /mm	焊缝表面宽度差 /mm
不同宽度 B 的对接焊缝	角焊缝	对接与角接组合焊缝		差值	不对称	在 25 mm 焊缝长度内	在 150 mm 焊缝长度内
$B<15$ mm 时为 $0\sim3$，15 mm $\leqslant B\leqslant 25$ mm 时为 $0\sim4$，$B>25$ mm 时为 $0\sim5$	$0\sim3$	$0\sim5$	$1\sim3$	$0\sim3$	$(0\sim1+0.1)$ 倍焊脚尺寸	$\leqslant 2.5$	$\leqslant 5$

焊缝的检测有超声波和射线两种。超声波检测是利用压电换能器通过瞬间的电激发产生脉冲机械振动，借助声耦合介质传入到焊缝金属中，形成脉冲超声波。超声波在传播过程中，如遇到缺陷，就会产生反射并返回到换能器，利用压电效应的可逆性将声脉冲信号转换成电脉冲信号，通过测量该信号的幅度和传播时间就可评定工件中缺陷的位置及其严重程度。超声波检测适合平面型缺陷，如裂纹、未焊透和未熔合等，在焊缝厚度较大时(例如大于或等于 20 mm)，其优点更为突出。国外焊缝超声波检测依据的标准为欧洲的 EN 1714:1997 + A1:2002(焊接接头的超声波检测 + 补充附件 A1)，它规定了厚度大于或等于 8 mm 的铁素体材料熔化焊全焊透焊接接头的手工超声波探伤的工艺方法。我国采用的标准有《钢结构超声波探伤及质量分级法》(JG/T 203—2007) 和《焊缝无损检测　超声检测　技术、检测等级和评定》(GB/T 11345—2013)。

射线检测是利用射线源发出的贯穿性辐射线穿过焊缝后使胶片感光，从而令焊缝中的缺陷影像显示在经过暗室处理后的射线照片上的方法。焊接结构射线照相检测中，射线源种类很多，主要分 X 射线机、γ 射线机和电子加速器。射线照相的主要参数之一是射线能量与射线源尺寸，射线源尺寸越小，缺陷影像越清晰。在能保证穿透焊件使胶片感光的前提下，应尽量选择较低的射线能量，以提高缺陷影像的反差。在对焊接结构进行射线照相检测前，首先需要充分了解被检测焊接件的材质、焊接方法和几何尺寸等参数，确定检测要求和验收标准，然后根据相应标准来选择适当的射源、胶片、增感屏与像质计等，同时应进一步确定该焊接构件的透照方式和几何条件。

波形钢腹板的焊缝超声波检测应符合国家标准《焊缝无损检测　超声检测　技术、检测等级和评定》、《钢结构超声波探伤及质量分级法》的规定。一级、二级焊缝应采用超声波探伤进行内部缺陷的检验。超声波探伤不能对缺陷做出判断时，应采用射线探伤或其他方法进行检验。其内部缺陷分级及探伤方法应符合《焊缝无损检测　超声检测　技术、检测等级和评定》、《焊缝无损检测　射线检测　第1部分:X和伽玛射线的胶片技术》(GB/T 3323.1—2019)的规定。对接、角接及T形接头焊缝外形尺寸允许偏差见表5.19。

表5.19　对接、角接及T形接头焊缝外形尺寸允许偏差

焊缝质量等级		一级	二级
内部缺陷超声波探伤	评定等级	Ⅱ	Ⅲ
	检验等级	B级	B级
	探伤比例	100%	20%
内部缺陷射线探伤	评定等级	Ⅱ	Ⅲ
	检验等级	AB级	AB级
	探伤比例	100%	20%

探伤比例的计算方法,应按以下原则确定。

(1)对工厂制作焊缝,应按每条焊缝计算百分比,且探伤长度应不小于200 mm;当焊缝长度不足200 mm时,应对整条焊缝进行探伤。

(2)对现场安装焊缝,应按同一类型、同一施焊条件的焊缝条数计算百分比,探伤长度应不小于200 mm,并应不少于1条焊缝。

对波形钢腹板焊接部位的缺陷检查还可采用磁粉检测等方法。磁粉检测是利用铁磁性材料表面与近表面缺陷会引起磁导率发生变化的原理,采用磁粉、磁带或其他磁场测量方式来记录与显示缺陷的一种方法,主要适用于检测铁磁性材料焊缝的表面与近表面缺陷,如碳钢或低合金钢表面的焊接裂纹、疲劳裂纹与应力腐蚀裂纹等。磁粉检测操作工艺要点见表5.20。焊缝缺陷的磁粉检测评定标准有《焊缝的无损检验　磁粉检验》(ISO 17638:2016)和《焊缝磁粉探伤》(EN 1290:1998)。ISO 17638:2016由欧洲标准EN 1290:1998转化而来,它规定了焊缝(包括热影响区)表面缺陷的磁粉检测工艺方法。

表5.20　磁粉检测操作工艺要点

项目	工艺要点
预处理	清理焊缝及附近母材,如去除焊缝表面污垢、焊接飞溅物、松散的铁锈与氧化皮。厚度较大的各种覆盖层使用干磁粉或使用与清洗液性质不同的磁悬浮液时,必须等焊缝表面干燥后才能进行
磁化	焊缝检测区应在两个相互垂直的方向分别各磁化一次。一般采用连续磁化方法,一次通电时间1～3 s,其磁化规范采用标准推荐值或符合标准要求的灵敏度试片测定。采用旋转磁场磁化时,移动速度不大于3 m/min;采用触头法磁化时,触头间距为75～200 mm;采用磁轭法的磁极间距为50～200 mm。易产生冷裂纹的焊接结构不允许采用触头法检测
施加磁粉	湿法:在磁化过程中施加磁悬液,伴随液体流动带动磁粉在漏磁场处形成磁粉堆积,即磁痕;干法:均匀地施加磁粉,利用柔和气流使其流动,促使其在漏磁场上形成磁痕

续表5.20

项目	工艺要点
磁痕的观察	非荧光磁粉的痕迹在白光下观察，光强应不小于 1 000 lx；荧光磁粉的痕迹在白光下不大于 20 lx；暗环境中，采用紫外线灯照射观察，紫外线灯亮度在距灯 400 mm 处应不低于 1 000 $\mu W/cm^2$，可借助 2 ～ 10 倍的放大镜观察
记录	可采用照相法、胶带纸粘贴复制法等记录
退磁	当剩磁会影响焊件的后加工工序、使用性能、周围设备或仪表时，应进行退磁
后处理	应将工件表面的磁粉及反差增强剂清除，对使用水磁悬液检测后的工件表面应进行防锈处理

5.1.5　波形钢腹板的涂装质量检验

色漆和清漆涂层的基本性能检验主要有涂层的干膜厚度、硬度、光泽、色差、耐冲击系数、柔韧性和附着力等。为了使涂层性能试验所得的结果具有可比性，所用试样的制备应按有关标准执行，如按《油漆和清漆　标准测试板》(ISO 1514:2016)、《室温下有机涂料干燥、固化或成膜的标准试验方法》(ASTM D1640/D1640M－14(2022))、《样品表面涂层抗腐蚀性能评价测试标准》(ASTM D1654) 和《漆膜一般制备法》(GB/T 1727—2021) 进行。

色漆和清漆涂层的湿膜厚度按《色漆和清漆　漆膜厚度的测定》(GB/T 13452.2—2008) 进行。色漆和清漆涂层干膜厚度的检测方法有无损测量和破坏性测量两类。常用的无损测量方法有测厚仪法和工程量具(千分尺) 测量法，干膜厚度的测试方法见表 5.21。破坏性测量主要使用金相显微镜法。测定干膜厚度的标准有《色漆和清漆漆膜厚度的测定》(GB/T 13452.2—2008)、《涂料和清漆漆膜厚度的测定》(ISO 2808:2019)。

表 5.21　干膜厚度的测试方法

测试方法	应用	备注
以干膜质量联系到干膜厚度的测试方法	用于漆膜过软，不能用仪器方法测量的漆膜	测量不精确，但可核定平均漆膜厚度，测试膜保持无损
工程量具测量法(千分尺测量法)	试板或涂漆表面实质上是平的	漆膜必须硬到足以经受与千分尺紧密接触的卡头压痕
磁性测厚仪法	用于磁性金属底材	将磁场随着距磁性金属底材距离变化转换为涂层厚度
涡流测厚仪法	用于铝、铜等非磁性金属底材，由于金属材料感应涡流，所以含金属颜料的漆膜的测试结果将受到影响	由于感性涡流随测头和基体间的距离变化的特性来测定漆膜的厚度

千分尺测量法适用于具有片状测试面的波形钢腹板平整面，干膜厚度的精度为 2 μm。采用千分尺测试干膜厚度时，漆膜必须硬到足以经受千分尺紧密接触时卡头压

痕，可依据的标准有《使用千分尺测量有机涂层干膜厚度的标准测试方法》(ASTM D1005-95(2020))。

磁性测厚仪法是一种在金属底材上测量干膜厚度的非破坏性测量方法，它以探头对磁性基体的磁通量或互感电流的线性变化值来测定涂层的厚度，测量精度为1 μm，适用于测量磁性基体表面上非磁性涂层的厚度。常用的磁性测厚仪有CH－1型、DCH－1型和QCC－A型。磁性测厚法的参考测量标准如下。

(1)《磁性基体上非磁性覆盖层　覆盖层厚度测量　磁性法》(GB/T 4956—2003)。

(2)《磁性基体上非磁性覆盖层厚度的测量 磁性法》(ISO 2178:2016)。

(3)《磁性材料的非磁性镀层用磁性法测量 厚度》(ASTM A499:1988)。

磁性测厚仪法在使用中需要注意如下。

(1) 钢铁表面的锈蚀、氧化皮、污物和空洞缺陷会使表观涂层厚度增加。

(2) 在喷射清理表面上测量的结果要非常仔细地分析。一个未经涂装的粗糙表面在仪器上的读数可在15～50 μm之间变化，与粗糙度直接相关。

(3) 钢铁基材中的成分不同会引起磁性的明显不同，对大多数低碳钢影响不大，但对高合金钢差别就可能很大。

(4) 涂层中导磁材料，如铁基氧化物、不锈钢鳞片等，都会影响测量的结果。

(5) 在较软的涂膜上测量，测量值会偏低，建议在涂膜上面放置一块已知膜厚的校准膜片再进行测量，以避免出现压痕。

非磁性测厚仪法是利用涡流原理，通过测量由于线圈交变磁通量在受试物体的非磁性金属(铝、铜、锌)等金属基材表面中感应生成的涡流引起的探头线圈的表观阻抗变化来测得涂层厚度的方法。常用的国产涡流测厚仪有JWH－1、JWH－2、JWH－3和7504等型号。非磁性测厚仪法的测量参考标准如下。

(1)《非磁性基体金属上非导电覆盖层　覆盖层厚度测量　涡流法》(GB/T 4957—2003)。

(2)《非磁性导电基体上非导体覆盖层 镀层厚度的测量 振幅灵敏性涡流法》(ISO 2360:2017)。

(3)《用磁场或涡流(电磁)检验法测量涂层厚度的规程》(ASTM E376－06)。

色漆和清漆涂层硬度与涂料品种及涂层的固化程度有关。工厂实用方法有双摆杆阻尼试验和铅笔划痕法，依据的标准有《色漆和清漆　铅笔法测定漆膜厚度》(ISO 15814:1998)、《色漆和清漆　摆杆阻尼试验》(GB/T 1730—2007)和《色漆和清漆　铅笔法测定漆膜硬度》(GB/T 6739—2006)。

摆杆阻尼测试法是采用接触漆膜表面的摆杆以一定周期摆动时，表面越软，摆杆的摆幅衰减越快的性质的方法，通常用在摆动角范围摆幅衰减的阻尼时间与玻璃板上在同样摆幅衰减的阻尼时间的比值来表示漆膜的硬度。常用科尼格(Konig)摆和珀萨兹(Persoz)摆式阻尼试验仪来测试涂层的硬度，具体操作见《色漆和清漆　摆杆阻尼试验》。

铅笔硬度测定法是采用一套已知硬度的绘图铅笔(硬度等级为9H、8H、7H、6H、5H、4H、3H、2H、H、FH、B、2B、3B、4B、5B、6B)的笔芯刮划漆膜，漆膜硬度可由能够穿透漆膜而达到底材的铅笔硬度等级确定，具体操作见《色漆和清漆　铅笔法测定漆膜硬度》。

色漆和清漆涂层的压痕硬度是指抵抗压头压入有机涂层的能力。在一定荷载作用下,涂层压痕硬度越高,其抵抗压头压入有机涂层的能力就越强,涂层压痕就越小。测试涂层的压痕硬度可以采用努普(Knoop) 压头和芬德(Pfund) 压头。努普压头是一种规定尺寸的金刚石锥体,通过它得到的硬度值以努普硬度数(KHN) 表示;芬德压头是一种规定尺寸的半球形石英压头或蓝宝石压头,由它得到的硬度值以芬德硬度数(PHN) 表示。涂层的压痕硬度测定依据《有机涂层压痕硬度的试验方法》(ASTM D1474-1998 (2002))。

色漆和清漆涂层附着力取决于涂层与被涂表面的结合力及涂装施工质量(尤其是表面处理的质量),不同的基材对涂层附着力的影响很明显不同。一般来说,涂层在钢铁上的附着力优于铝合金、不锈钢以及镀锌工件上的附着力。涂层附着力的拉开法检验标准有《涂料和清漆　黏附力拉开试验》(ISO 4624:2016) 和《色漆和清漆　拉开法附着力试验》(GB/T 5210—2006)。

工厂中常采用画圈法或画格法进行涂层附着力的检验。

画圈法是利用唱针作针头,将样板涂层朝上固定在仪器的试验平台上,使唱针的尖端接触到涂层,用手使摇柄顺时针匀速转动,通过转动机使针尖在涂层上匀速地画出一定直径的圈的方法。如划痕未露底板,则增加砝码,直至划痕露出为止,然后取出样板,用漆刷除去划痕上的漆屑,用 4 倍放大镜检查并评级。画圈法测试涂层附着力依据《漆膜划圈试验》(GB/T 1720—2020) 进行。

画格法是用切割工具采用手工或机械的方式,将涂层按格阵图形切割,切割贯穿涂层直至基体表面,然后评价涂层损伤情况的方法,具体操作步骤见《色漆和清漆　划格试验》(GB/T 9286—2021),画格法对涂层附着力的分级标准见表 5.22。

表 5.22　画格法对涂层附着力的分级标准

分级	说明
0	切割边缘完全平滑,无一格脱落
1	在切口交叉处涂层有少许薄片分离,但画格区明显不大于 5%
2	切口边缘或检查处涂层脱落明显大于 5%,但受影响明显不大于 5%
3	涂层沿切割边缘部分或大部分以大碎片脱落,或在格子不同部位上部分或全部剥落,明显大于 15%,但受影响明显不大于 35%
4	涂层沿边缘切割大碎片剥落,或一些方格部分或全部出现脱落,明显大于 35%,但受影响明显不大于 65%
5	大于 4 级的严重脱落

1.涂层腐蚀性能检验

色漆和清漆涂装层在大气中受到光、热、氧气、风、雪、雨、露、温度、湿度及各种化学介质因素的影响,涂料中高分子聚合物的链状结构逐渐断裂,色漆和清漆涂层的物理化学和力学性能出现不可逆的变化,并最终导致涂装层的破坏,这种现象称为涂层的老化。色漆和清漆涂装层的老化的主要表现为失光、变色、粉化、裂纹、起泡、泛金、斑点、长霉和脱落等现象。

测试耐腐蚀涂装层耐老化性的最直接和最可靠的方法是大气老化试验。把涂层试样置于一定的大气条件下暴晒，通过试样的外观检查确定其耐老化性，试样的采样和制备分别按《色漆、清漆和色漆与清漆用原材料 取样》(GB/T 3186—2006)和《漆膜一般制备法》(GB/T 1727—2021)进行。为了全面考核波形钢腹板涂装层的耐候性，需要在各种气候条件下同时进行暴晒试验。大气老化试验的关键是暴晒场地的选择。暴晒场地应选择在能代表某一气候类型最严酷的地区或近似使用的环境条件，选择标准应符合标准《涂层自然气候曝露试验方法》(GB/T 9276—1996)。暴晒试板可采用 150 mm × 250 mm × (0.8 ～ 1.5) mm 的普通低碳薄钢板或 150 mm × 250 mm × (1 ～ 2) mm 的铝、镁合金板材，暴晒支架的制作和安装方法应符合《涂层自然气候曝露试验方法》的规定。试板的涂漆宜采用喷涂法施工，对喷涂道数以及漆膜要求见表 5.23。

表 5.23 大气老化试验的漆膜厚度

	一般油漆	低固体分量，低黏度涂料	乙烯磷化底漆
底漆	两道共(40 ± 5) μm	两道共(35 ± 5) μm	
面漆	两道共(60 ± 5) μm	两道共(40 ± 5) μm	一道共(10 ± 2) μm
总厚度	(100 ± 10) μm	(70 ± 10) μm	

色漆和清漆涂层耐老化性能的评价方法参照《色漆和清漆 不含金属颜料的色漆漆膜的 20°、60° 和 85° 镜面光泽的测定》(GB/T 9754—2007)、《色漆和清漆 色漆的目视比色》(GB/T 9761—2008)、《涂膜颜色的测量方法 第二部分 颜色测量》(GB/T 11186.2—1989)和《色漆和清漆 涂层老化的评级方法》(GB/T 1766—2008)进行。表 5.24 列出了对保护性涂膜和装饰性涂层老化性能进行评定所依据的标准，耐老化性的分级标准见表 5.25 和表 5.26。

表 5.24 保护性涂膜和装饰性涂膜老化性能评定比较

项目名称	标准方法	保护性涂膜	装饰性涂膜
失光	《色漆和清漆 不含金属颜料的色漆漆膜的 20°、60° 和 85° 镜面光泽的测定》	√	√
变色	《涂膜颜色的测量方法 第二部分：颜色测量》(GB/T 11186.2—1989)	√	√
粉化	《色漆和清漆 涂层老化的评级方法》	√	√
起泡	《色漆和清漆 涂层老化的评级方法》	√	√
裂纹	《色漆和清漆 涂层老化的评级方法》	√	√
生锈	《色漆和清漆 涂层老化的评级方法》	√	√
脱落	《色漆和清漆 涂层老化的评级方法》	√	√
长霉	《色漆和清漆 涂层老化的评级方法》	√	√
泛金	《色漆和清漆 涂层老化的评级方法》	—	√
斑点	《色漆和清漆 涂层老化的评级方法》	—	√
玷污	《色漆和清漆 涂层老化的评级方法》	—	√

注：《色漆和清漆 涂层老化的评级方法》参考 ISO 4628 − 1 ～ 10。

表 5.25　保护性漆膜老化性能综合评价

综合等级	单项等级						
	变色	粉化	裂纹	起泡	生锈	脱落	长霉
优	2	1	0	0	0	0	1
良	3	2	0	0	0	0	2
中	4	3	1	1	1	1	3
差	—	4	2	2	2	2	4
劣	—	—	3	3	3	3	—

表 5.26　装饰性漆膜老化性能综合评价

综合等级	单项等级										
	失光	变色	粉化	裂纹	起泡	泛金	斑点	玷污	长霉	脱落	生锈
优	1	0	0	0	0	0	0	0	0	0	0
良	2	1	0	0	0	1	1	1	0	0	0
中	3	2	1	1	1	2	2	2	1	0	0
差	4	3	2	2	2	3	3	3	2	1	1
劣	—	4	3	3	3	4	4	4	3	2	2

大气老化试验虽然方法简单，数据可靠，但耗时过长，因此，人工加速老化试验在考核耐腐蚀涂装层的耐候性方面得到了广泛应用。人工加速老化试验是基于大量的天然暴晒试验的结果，找出气候因素与涂膜破坏之间的关系，在实验室内模仿自然界中的各种气候环境，并且达到一定的加速效果。人工加速老化试验与大气暴晒试验的结果之间还没有一个准确的变换系数，这是因为天然暴晒不是恒定的，气候变化反复无常，且不易重复实现，实验室内难以模拟。另外，即使同一种涂料品种，由于颜色不同，其人工老化试验周期也不相同。虽然如此，人工加速老化试验仍然不失为一种快速实用的评价涂层耐候性的方法。

盐雾（盐水喷雾）试验是目前检验涂层耐腐蚀性能的人工加速腐蚀试验的主要方法之一，它模拟沿海环境大气条件对涂层进行快速腐蚀试验，主要评定涂层质量如孔隙率、厚度等是否达标，涂层表面是否有缺陷以及处理前、后的质量等。盐雾试验又分为中性盐雾（NSS）试验、醋酸盐雾（AASS）试验和铜加速醋酸盐雾（CASS）试验。盐雾试验依据标准为《人造气氛腐蚀试验 盐雾试验》（GB/T 10125—2021），它等效于 ISO 9227：2022。其中，中性盐雾试验在涂料耐盐雾试验中应用最为广泛，通常利用它来作为色漆或涂料体系质量和电泳漆膜的检测手段。在 GB/T 10125—2021 中规定了从试样制备、试验条件、试验过程到结果评定的一整套标准化的试验程序。醋酸盐雾试验是对中性盐雾试验的改进，在氯化钠溶液中用醋酸酸化，提高了腐蚀速度。醋酸盐雾试验的腐蚀速度比中性盐雾试验要快，盐雾试验条件见表5.27。

表 5.27 盐雾试验条件

试验类型	温度 /℃	盐水配方 /($g \cdot L^{-1}$)	pH	试验周期
中性盐雾(NSS)	35 ± 2 40	NaCl 50 ± 5	6.5 ~ 7.2	以 24 h 为一个计算单位
醋酸盐雾(AASS)	35 ± 2	NaCl 50 ± 5	3.1 ~ 3.3	以 24 h 为一个计算单位

铜加速醋酸盐雾试验在醋酸化的氯化钠溶液中加入了氯化铜，进一步提高了对某些金属的腐蚀速度和效果，取得了钢铁基体上阴极性涂层腐蚀方式接近于实际环境的良好效果。与中性盐雾试验相比，铜加速醋酸盐雾试验不仅腐蚀速度加快，而且重现性较好，所以正逐步取代中性盐雾对阴极性涂层的腐蚀性检验。耐雾性试验方法的标准比较多，但内容基本相同，表 5.28 列出了各种盐雾试验方法标准和相关参数。

表 5.28 各种盐雾试验方法的标准与相关参数

标准	试验参数 /℃	应用
《色漆和清漆 耐中性盐雾性能的测定》(GB/T 1771—2007)	35 ± 2	防腐涂料
《涂料和清漆 耐周期性腐蚀的测定》(ISO 11997-1:2017)	35 ± 2	防腐涂料
《盐水喷雾试验标准》(ASTM B117)	35 ± 2	防腐涂料
《试验方法标准 醋酸 - 盐雾试验》(ASTM B287—73)	35 ± 2	防腐涂料
《加速铜氧化的醋酸盐喷雾试验》(ASTM B368)	35 ± 2	防腐涂料

涂层耐水性的好坏与涂层中成膜的树脂所含极性基团、颜填料和助剂等的水溶性有关，也受被涂物的表面处理方式和涂层干燥条件等因素的影响。常用的耐水性测定方法有常温耐水试验、耐沸水试验、加速耐水试验。

常温耐水试验依据国家标准《漆膜耐水性测定法》(GB/T 1733—1993)进行。在玻璃水槽中加入蒸馏水或去离子水，调节水温至规定温度(23 ± 2) ℃；[ASTM D870 要求(37.8 ± 1) ℃]，并在整个试验过程中保持该温度，将 3 块试板放入其中，每块试板 2/3 浸泡于水中至规定时间取出，用滤纸吸干，检查有无失色、变色、起泡、起皱、脱落和生锈等现象，3 块试板中至少应有 2 块试板符合标准规定的为合格。

耐沸水试验依据个国家标准《漆膜耐水性测定法》进行。在玻璃水槽中加入蒸馏水或去离子水，保持水处于沸腾状态，将 3 块试板放入水中，每块试板 2/3 浸泡于水中至规定时间取出，依照常温耐水试验方法检查和评定试板。

加速耐水试验是在适宜大小的配有盖子和恒温加热系统的水槽中进行的。将尺寸为 150 mm×700 mm×(0.5 ~ 1.2) mm、背面和边缘进行适当保护的试板放入槽中，保持样板 3/4 浸泡在蒸馏水或去离子水中，然后开始槽内水的循环或通气。调节水温为(40 ± 1) ℃，并在整个试验过程中保持该温度，定期取样并调整槽中水的电导率，使其小于 2 μS/cm。在规定的试验周期结束时，将试板从槽中取出，用滤纸吸干水迹后检查破坏情况。加速耐水试验依据《色漆和清漆耐水性的测定 浸水法》(GB 5209—1985) 进行。

湿热试验是检验涂层耐腐蚀性能的一种方法，主要测试饱和水蒸气对涂层的破坏。

一般，湿热试验与盐雾试验同时进行。饱和水蒸气对涂层的破坏作用主要为水对涂膜的渗透作用，水分子透过一层或多层漆膜，在漆膜与漆膜之间积累，引起最初的起泡，随后再向深处发展到达漆膜与基材之间，引起起泡，同时，水与金属接触引起电化学腐蚀；漆膜由于本身含有一些亲水基团吸收的一些水分，漆膜发软、膨胀、结合力降低而产生起泡。湿热试验所用的设备是调温调湿箱，目前采用的湿热试验方法有：高温高湿短周期法、温湿度交变的试验周期和恒温恒湿的试验，表 5.29 给出了湿热试验条件。我国目前采用的是恒温恒湿试验周期法，温度为(47±1) ℃，相对湿度为 96%±2%，样板的检查和评级主要是观察涂层有无起泡、生锈和脱落，应依据《漆膜耐湿热测定法》(GB/T 1740—2007)进行。

表 5.29　湿热试验条件

恒温恒湿	温度为(47±1) ℃，相对湿度为 94% ～ 98%，24 h 为一个周期，连续试验到样板破坏为止	
温湿度交替变化	加热：温度由 25 ℃ 升至 40 ℃，相对湿度为 75% ～ 98%，0.5 h 高温高湿：40 ℃，相对湿度为 95% ～ 98%，16 h 降温：由 40 ℃ 降至 25 ℃，相对湿度 > 90%，2.5 h 低温低湿：25 ℃，相对湿度为 95%，5 h	周期为 24 h
高温高湿	温度为(55±2) ℃，相对湿度为 94% ～ 98%，16 h 温度为 35 ℃ 以下，相对湿度为 95%，8 h	周期为 24 h

处于化工环境中的有机涂层常受到二氧化硫等化工气体的腐蚀，导致涂层过早失效，这时需要进行涂层的耐二氧化硫试验。对试验结果的评定可按照《金属基体上金属和其他无机覆盖层 经腐蚀试验后的试样和试件的评级》(GB/T 6461—2002) 的规定进行。GB/T 6461—2002 规定了在腐蚀环境中进行过暴露试验或经其他目的的暴露后，装饰性和保护性金属和无机覆盖层所覆盖的试板或试件腐蚀状态的评定方法，标准规定的方法适用于在自然大气中动态或静态条件下暴露的试板或试件，也适用于经加速试验的试板或试件。

2.热喷涂涂层的基本性能的检测

(1) 外观检查。

涂层外观检查是热喷涂涂层的检验内容，主要项目是表面粗糙度、表面宏观缺陷和厚度及其均匀性检查。

① 热喷涂涂层的表面粗糙度与喷涂材料、喷涂工艺和喷涂参数有关，通常在 Ra2.5 ～38 μm 的范围内变化。表面粗糙度可用轮廓仪测量，要求不高时可用标准试片和目视检测。具体方法和要求依据《产品几何技术规范(GPS) 表面结构 轮廓法 表面粗糙度参数及其数值》(GB/T 1031—2009) 制定。

② 涂层表面宏观缺陷的检查主要靠目视或低倍放大镜观察。首先是检查均匀性(表面均匀一致，无气孔)，不允许有聚缩、涂层剥落和裂纹，也不能有起皮、鼓包、夹渣、粗颗粒、掉块等缺陷。其中，产生了聚缩、涂层剥落和裂纹的涂层都是废品，检测出后需除去后重新喷涂，而气孔和夹渣会使涂层质量下降。

③ 热喷涂涂层厚度的检测方法有无损测量和破坏性测量两类。破坏性测量主要使用金相显微镜法。常用的热喷涂涂层厚度无损测量方法有测厚仪法和工程量具法。无损测量方法依据标准《热喷涂涂层厚度的无损测量方法》(GB/T 11374—2012) 进行。GB/T 11374—2012 规定了热喷涂涂层厚度的无损测量的术语、测量方法的选择、基准面的确定及局部厚度的测量方法，适用于所有热喷涂方法，包括火焰喷涂、电弧喷漆、等离子喷涂等所制备的各种磁性金属基体上非磁性涂层和非磁性金属集体上非导电涂层的厚度测量及评定。

(2) 涂层密度和孔隙率的检测。

热喷涂涂层组织是由高温熔融微粒喷射到基体表面上形成的层状结构，存在着孔隙，所以涂层组织的密度小于涂层材料的密度。涂层密度一般用直接称量法测定。表征涂层内含有孔隙多少的量化指标称为涂层孔隙率，即喷涂层中孔隙的体积与涂层总体积之比。常用的热喷涂涂层的孔隙率测定方法有浮力法、直接称量法、试剂检验法、涂膏法、浸渍法和显微镜法。

3.热喷涂涂层的力学性能的检测

热喷涂涂层的力学性能包括涂层硬度、涂层与基体的结合强度、涂层的自身强度和涂层的弯曲强度等，是直观反映涂层质量的重要基本指标之一。

(1) 涂层硬度的确定。

涂层硬度对涂层的强度、耐磨性和使用寿命有很大的影响，因而是涂层重要的力学性能指标之一。硬度是材料在外来作用下抵抗塑性变形、划痕、磨损和切割的能力。硬度的表示方法有布氏硬度(HB)、洛氏硬度(HRA、HRB、HRC)、肖氏硬度(HS) 和维氏硬度(HV) 等。涂层的硬度不仅取决于喷涂材料的性质，而且与喷涂方法、工艺和喷涂条件等因素有关。硬度的测量方法大致分为静力测量法(压入法)、动态测量法(反弹法) 和擦伤法(表面划痕法) 三类。

① 涂层布氏硬度(HB) 测定。以一定的荷载 F 将钢球(直径为 D) 压入涂层后，按压入深度的大小作为硬度的量度。采用的钢球直径 D、荷载大小 F 和作用时间 t 均对测定值有影响，所以需根据试样预期硬度范围加以选择，布氏硬度测试标准见表 5.30。布氏硬度适合不太硬的金属涂层测试。布氏硬度检测方法、步骤、试验条件和硬度标尺可依据标准《金属材料　布氏硬度试验　第 1 部分：试验方法》(GB/T 231.1—2018) 进行。

表 5.30　布氏硬度测试标准

材料	硬度范围	试样厚度/mm	F 与 D 的关系	钢球直径 D/mm	荷载 F/N	加载时间 t/s
黑色金属	140 ～ 450	3 ～ 6	$F=30D^2$	10	300	10
		2 ～ 4		5	750	
		< 2		2.5	187.5	
	< 140	> 6	$F=10D^2$	10	100	10
		3 ～ 6		5	250	
		< 3		2.5	62.5	

续表5.30

材料	硬度范围	试样厚度/mm	F 与 D 的关系	钢球直径 D/mm	荷载 F/N	加载时间 t/s
有色金属	＞130	3～6	$F=30D^2$	10	300	30
		2～4		5	750	
		＜2		2.5	187.5	
	36～130	3～9	$F=10D^2$	10	100	30
		3～6		5	250	
		＜3		2.5	62.5	
	8～35	＞6	$F=2.5D^2$	10	250	30
		3～6		5	62.5	
		＜3		2.5	15.6	

② 涂层洛氏硬度(HR) 测定。热喷涂涂层硬度的测定常采用表面洛氏硬度计,用来测定表面硬度大于 HBW450 的金属喷涂层。在规定条件下,将压头(金刚石圆锥、钢球或硬质合金球) 分两个步骤压入试样表面,卸除主试验压力后,在初试验力下测量压痕残余深度 h,以压痕残余深度 h 代表硬度的大小。表面洛氏硬度试验用金刚石锥压头(N 标尺) 和钢球(T 标尺) 两种压头。在测量时,应特别注意涂层厚度,表 5.31 给出了进行洛氏硬度测量时所要求的涂层厚度。表面洛氏硬度试验的操作简单,测量迅速,可在指示表上直接读取硬度值,工作效率高,是热喷涂涂层硬度测定常用的方法之一。由于试验力小,压痕很小,可直接测试成品工件,且试样表面的轻微不平度对测量的影响很小,很适合在工厂中现场测定。洛氏硬度检测方法、步骤、试验条件和硬度标尺可依据标准《金属材料　洛氏硬度试验　第 1 部分:试验方法》(GB/T 230.1—2018) 或《金属钢材洛氏硬度试验方法》(ASTM E18) 制定。

表 5.31　测量洛氏硬度时所要求的涂层的最小厚度(以加工后的数值计)

洛氏标尺	15 N	30 N	45 N	HRA	HRB	HRC	HRT	15 T	15 W
涂层厚度 /mm	0.4	0.64	0.9	1.0	1.6	1.8	1.3	1.8	1.8

(2) 涂层与基体的结合强度的测定。

热喷涂涂层的结合强度包括涂层内(粒子间) 的结合强度和涂层与基体表面间的结合强度(附着力)。热喷涂涂层结合强度的测定方法主要有定性检测和定量检测两大类。常用热喷涂涂层结合强度的定性检测方法见表 5.32。

表 5.32 常用热喷涂涂层结合强度的定性检测方法

试验方法	试验方法和评定标准	应用
弯曲试验①	试样喷涂后，用弯曲器做弯曲试验，检查涂层的开裂情况： (1) 合格：被弯曲涂层无裂纹或只有轻微裂纹；发生龟裂为合格下限 (2) 不合格：涂层有脱落 (3) 临界厚度测定：用最佳规范喷涂弯曲试样，分组喷涂不同厚度，然后做弯曲试验，在合格下限试样的涂层厚度即为该材料在此工艺条件下的临界厚度	是热喷涂现场检验的主要手段，用于确定喷涂材料的喷涂临界厚度和最佳喷涂规范。在每次喷涂产品前或喷涂大件前做弯曲试验，以检验设备情况及工艺的稳定性（喷涂3块试件进行弯曲试验，若均合格，便可喷涂产品，若有不合格，需找出原因并排除后重新检验和试验方可喷涂产品）
锉磨试验	用一定的工具对试样进行单向锉削、磨削或钜削，经一定次数（或时间）后，涂层不起皮或脱落为合格。采用的锉磨方式有锉刀、砂轮或钢锯；锉磨位置为试样的边缘部分，方向为从基体向涂层	适用于镍、铬等较硬的金属涂层及不易弯曲或使用中受磨损的喷涂条件，不适用于薄涂层和软金属（锌、铬等）涂层
切断试验	用硬质刃口刀具，在试样表面将涂层切断至基体，划成一定间距的方格，并在此处贴上黏胶带压紧，然后持黏胶带的一端垂直拉开。观察涂层破断状态，依次判断涂层的结合性能：涂层的任何部位都未与基体金属剥离为合格；如果黏胶带上有破断的涂层黏附，但破断部分发生在涂层间而不是在涂层与基体的界面上（基体未裸露），亦认为合格	适用于硬度中等、厚度较薄的涂层，如锌和锌合金涂层、铝和铝合金涂层等
杯突试验②（球面凹坑试验）	在杯突试验机上进行。将试样涂层面朝下置于试验机的压边圈（$\varphi = 33$ mm）上，用钢球（$\varphi = 20$ mm）在一定压力下以 10 mm/min 的速度沿压边圈中心压出凹坑（杯突深度：硬而脆的合金涂层为 5 mm；塑性好的合金涂层为 7.6 mm），卸载后检查涂层的突起部分，与标准试样进行比较，或按以下标准评定其结合强度： 合格：涂层无裂纹或只有轻微龟裂，但无脱落； 最低合格状态：涂层开裂但未脱落； 不合格：涂层开裂并脱落	适用于 0.2 ～ 2 mm、宽度大于或等于 90 mm 的板或带状试件

续表5.32

试验方法	试验方法和评定标准	应用
偏心汽车削试验	在普通车床上对涂层进行偏心汽车削，观察车削后的效果（工作层与过渡层、过渡层与基体表面交界处的结合情况） 评定：出现起皮现象表明涂层结合性能差；若涂层－过渡层－基体表面交界处有分离现象，则表明它们之间的结合性能更差	一般需先制成 60 mm × 150 mm 的圆棒试样，并对其按工艺规范喷涂涂层后进行偏心车削试验
反复冲击试验	在冲击试验机上，用 500 g 的锤从 100 mm 高度向涂层试样同一处进行反复冲击，根据反复冲击的次数和涂层在剥落过程中所观察到的现象来判断涂层的力学性能	—

注：① 弯曲试验试样一般用 A3 钢或 40 钢基体，尺寸为 100 mm × 50 mm × 1.2 mm（厚度）。

② 杯突试验试样为以一定工艺参数喷涂的薄板试样。基体为 75 mm × 44 mm 和 55 mm × 60 mm，厚度为 1.3 ～ 1.5 mm 的 A3 钢板，喷涂涂层厚度分别为 0.05 ～ 0.1 mm（对硬而脆的合金涂层）和 0.10 ～ 0.15 mm（对塑性好的合金涂层）。试样应无毛刺，未受锤击和冷作加工，不应进行热处理。

热喷涂涂层结合强度的定量测量方法主要有拉伸强度试验法和剪切强度试验法，分别测定涂层承受基体表面法向拉伸应力的极限能力和涂层抵抗平行于基体表面切线方向的剪切应力的极限能力。热喷涂涂层抗拉伸强度测定标准有《热喷涂涂层抗拉强度的测定》（YS/T 542—2006）和《热喷涂涂层抗拉强度试验方法》（HB 5475—1991），抗剪强度的测定标准有《金属热喷涂涂层剪切强度的测定》（YS/T 550—2006）和《热喷涂涂层剪切强度试验方法》（HB 5474—1991）。热喷涂涂层自身黏结强度是用来评定热喷涂涂层粒子间内聚力的强弱指标为涂层不受基体影响时的自身的抗拉强度。涂层自身黏结强度试验主要有切向黏结强度试验和法向黏结强度试验两种。波形钢腹板的锌、铝涂层附着力的测定按《热喷涂　金属和其他无机覆盖层　锌、铝及其合金》（GB/T 9793—2012）附录 A 中栅格试验法规定进行。

4.热浸镀锌层性能检验

波形钢腹板的热浸镀锌的性能检验可依照《公路交通工程钢构件防腐技术条件》（GB/T 18226—2015）和《金属覆盖层　钢铁制件热浸镀锌层　技术要求及试验方法》（GB/T 13912—2020）进行。GB/T 18226—2015 规定了高速公路交通工程钢构件的防腐形式和要求，与我国普通热浸镀锌行业遵循的通用性国家标准 GB/T 13912—2020 中有关热浸镀锌部分的有关规定相比，主要差别如下。

（1）钢板厚度 3 ～ 6 mm 的镀锌量为 600 g/m^2，高于 GB/T 13912—2020 的 505 g/m^2。

（2）对镀锌层的均匀性与附着性的要求同《输电线路铁塔制造技术条件》（GB/T 2694—2018）。

（3）增加了锌层耐盐雾试验要求（≤ 200 h）。

（4）要求镀锌层表面颜色一致。

波形钢腹板的热浸镀锌检验还可借鉴国外与热浸镀锌相关的标准。

(1)《钢铁制件热浸镀锌层 技术要求及试验方法》(ISO 1461:2022)。

(2)《钢铁结构件腐蚀防护 锌和铝镀层 指南》(ISO 14713:1999)。

(3) 美国《钢铁制品热浸镀锌层》(ASTM A123/A 123M—2002)。

(4) 美国《钢铁零件热浸镀锌层》(ASTM A153/A 153M—05)。

(5) 德国《热浸镀锌层要求与试验》(DIN 50976:1989)。

(6) 英国《钢铁热浸镀锌层技术要求》(BS 729 1986)。

(7) 日本《热浸镀锌》(JIS H8641—2007)。

(1) 热浸镀锌层的外观检查。

热浸镀锌层的外观检查可按《金属覆盖层 钢铁制件热浸镀锌层 技术要求及试验方法》进行,外观检查范围如下。

① 镀锌层的形态。要求表面平滑、无滴瘤、粗糙、锌刺和锌灰残渣。

② 镀层颜色与均匀性。在镀层的厚度大于规定值,镀件表面允许存在发暗或浅灰色的色彩不均匀区域。

(2) 热浸镀锌层的厚度测定。

热浸镀锌层的厚度测定主要有磁性法和称量法。磁性法采用磁性测厚仪对镀层厚度进行测定,不破坏被测工件表面,使用方便,是目前最常用的镀层厚度测定方法。磁性法测定所依据的标准为《磁性基体上非磁性覆盖层 覆盖层厚度测量 磁性法》(GB/T 4956—2003)。称量法主要采用化学溶解法进行检测。将热浸镀锌试件浸入盐酸溶液中数分钟后,待镀锌层完全被溶解,注意不能过度酸洗将基体侵蚀。称量试件溶解前、后两次质量差,计算出单位面积上镀锌层质量即可知镀锌层的厚度。称量法测量依据标准《金属覆盖层 黑色金属材料热镀锌层 单位面积质量称量法》(GB/T 13825—2008)。

热浸镀锌是以镀锌层厚度作为使用寿命的依据的,所以世界各国对热浸镀锌层厚度均给出了明确的要求,表5.33～5.36分别给出了美国(ASTM A123/A 123M—2002)、德国(DIN 50976:1989)、英国(BS 729 1986)和日本(JIS H8641—2007)的镀锌层厚度最小值的要求,表5.37和表5.38给出了我国对热浸镀锌层厚度的要求(GB/T 13912—2020)。

表5.33 美国ASTM A123/A 123M—2002规定的镀层厚度及镀覆量最小值

项目	钢制件厚度 δ/mm				
	$\delta < 1.6$	$1.6 \leqslant \delta < 3.2$	$3.2 \leqslant \delta \leqslant 4.8$	$4.8 < \delta < 6.4$	$\delta \geqslant 6.4$
平均镀层厚度/μm	45	65	75	85	100
平均镀覆量/(g·m^{-2})	320	460	530	600	705

表5.34 德国DIN 50976:1989规定的镀层厚度及镀覆量最小值

项目	工件类型或钢制件厚度 δ/mm					
	$\delta < 1$	$1 \leqslant \delta < 3$	$3 \leqslant \delta < 6$	$\delta \geqslant 6$	经离心处理的小零件	铸铁件
平均镀层厚度/μm	50	55	70	85	55	70
平均镀覆量/(g·m^{-2})	360	400	500	610	400	500
最低局部镀层厚度/μm	45	50	60	75	50	60

表 5.35　英国 BS 729 1986 规定的镀层镀覆量最小值

项目	工件类型或钢制件厚度 δ/mm				
	$1 \leqslant \delta < 2$	$2 \leqslant \delta < 5$	$\delta \geqslant 5$	铸铁件	经攻丝及离心处理的零件
镀层镀覆量 /($g \cdot m^{-2}$)	335	460	610	610	305

表 5.36　日本 JIS H8641—2007 规定的镀层厚度及镀覆量最小值

项目	工件类型或钢制件厚度 δ/mm				
	$1 \leqslant \delta < 2$	$2 \leqslant \delta < 3$	$3 \leqslant \delta < 5$	$\delta \geqslant 5$	严酷腐蚀环境下使用
平均镀层厚度 /μm	49	56	63	70	77
镀层镀覆量 /($g \cdot m^{-2}$)	350	400	450	500	550

表 5.37　未经离心处理的镀层厚度及镀覆量的最小值(GB/T 13912—2020)

制件	厚度 δ /mm	局部值(最小)		平均值(最小)	
		厚度 /μm	镀覆量 /($g \cdot m^{-2}$)	厚度 /μm	镀覆量 /($g \cdot m^{-2}$)
钢	$\delta \geqslant 6$	70	505	85	610
钢	$3 \leqslant \delta < 6$	55	395	70	505
钢	$1.5 \leqslant \delta < 3$	45	325	55	325
钢	$\delta < 1.5$	35	250	45	325
铸铁	$\delta \geqslant 6$	70	505	80	575
铸铁	$\delta < 6$	60	430	70	505

表 5.38　经离心处理的镀层厚度及镀覆量的最小值(GB/T 13912—2020)

制件及厚度 /mm		局部值(最小)		平均值(最小)	
		厚度 /μm	镀覆量 /($g \cdot m^{-2}$)	厚度 /μm	镀覆量 /($g \cdot m^{-2}$)
螺纹件 d	$d \geqslant 20$	45	325	55	395
	$6 \leqslant d < 20$	35	250	45	325
	$d < 6$	20	145	25	180
其他制件(包括铸铁件)	$\delta \geqslant 3$	45	325	55	395
	$\delta < 3$	35	250	35	325

(3) 镀层的附着力检验。

由于热浸镀锌层与钢铁基体之间为冶金结合,所以正常厚度的热浸镀锌工件的镀层具有足够高的附着强度。《金属覆盖层　钢铁制件热浸镀锌层　技术要求及试验方法》中明确指出镀层与基体结合力强是热浸镀锌工艺的特点,所以通常不需要测试镀层和基本制件的结合力。对于钢件厚度为 10 ~ 20 mm 的镇静钢制作大型钢结构件,由于浸镀锌时间较长，通常超过10 min，当出现镀层超厚的情况时（比如160 μm），镀层附着力可能会降低。此时如果需要进行附着力检测，需双方就检验方法和要求进行商定，参照《输电线路铁塔制造技术条件》和《热喷涂 金属和其他无机覆盖层 锌、铝及其合金》等标准进行检验。

（4）镀层均匀性和耐腐蚀要求。

由于均匀性要求的实质是测定最小镀层厚度，在镀层厚度得到充分保证的情况下，硫酸铜试验通常能得到保证，所以《金属覆盖层 钢铁制件热浸镀锌层 技术要求及试验方法》中没有要求进行硫酸铜试验。硫酸铜试验应根据《输电线路铁塔制造技术条件》（GB/T 2694—2003）附录A《热浸镀锌层均匀性检验 硫酸铜实验方法》进行。

由于热浸镀锌是以锌层厚度作为使用寿命的主要依据，人工加速腐蚀试验（盐雾试验）难以反映热浸镀锌层在实际使用状况下的腐蚀状况，所以《金属覆盖层 钢铁制件热浸镀锌层 技术要求及试验方法》和《热浸锌》（ISO 1461）等标准中均未规定做此项试验。

5.电泳涂料与涂膜层性能检验

以环氧树脂为主要成膜物的阴极电泳涂料的性能要求可参考《阴极电泳涂料》（HG/T 3952—2007）的规定（表5.39）。波形钢腹板的阴极电泳涂膜层性能的检验依据《阴极电泳涂装通用技术规范》（JB/T 10242—2013）进行，见表5.40。

表5.39 阴极电泳涂料的技术要求

项目		指标			
		A类 （商用汽车）	B类 （乘用汽车）	C类 （汽车零部件）	D类 （摩托车、家电五金）
原漆	在容器中的状态	单组分：搅拌后均匀无硬块；双组分：乳液无沉淀、分层和絮凝现象，色浆允许轻微沉淀，易搅起			
	细度/μm（双组分乳液除外）	≤15			
	贮存稳定性	无异常			
	固体质量分数/% （(105±2)℃）	由生产企业提供			

续表5.39

项目		指标			
		A 类（商用汽车）	B 类（乘用汽车）	C 类（汽车零部件）	D 类（摩托车、家电五金）
工作液	pH(25 ℃)	由生产企业提供			
	电导率 /($\mu s \cdot cm^{-1}$)(25 ℃)	由生产企业提供			
	固体质量分数 /%((105 ± 2) ℃)	由生产企业提供			
	灰分 /%	由生产企业提供			
	沉淀性 /mm	≤ 3			
	筛余分 /($mg \cdot L^{-1}$)	≤ 10			
	泳透力 /cm(福特盒法)	≥ 18		≥ 14	
	L — 效果(电泳涂料在水平面上和垂直面上涂装的效果)	水平面与垂直面无明显差异			
	再溶性	浸泡部分的涂膜应能均匀平整，无针孔、缩孔、凹坑等漆膜弊病，与液面接触部分允许轻微届痕			
	库仑效率 /($mg \cdot C^{-1}$)	≥ 25			
	击穿电压[①] /V	≥ 300		≥ 250	
	MEQ 值(固体分为 100 g 的电泳涂料消耗中和剂的摩尔数)	商定		—	
	乙二醇醚类溶剂质量分数 /%	乙二醇甲醚、乙二醇乙醚总和不大于 0.001，其余乙二醇醚类总和不大于 1.5			
	总 Pb 质量分数 /($mg \cdot kg^{-1}$)	≤ 90			
	工作液敞口搅拌稳定性	敞口搅拌稳定性良好			
	涂抹外观	正常			
	干燥性能	漆膜表面应无明显失光、明显变色、明显擦痕等现象			
	加热性能 /%	≤ 15			

续表5.39

项目	指标			
	A类 (商用汽车)	B类 (乘用汽车)	C类 (汽车零部件)	D类 (摩托车、 家电五金)
柔韧性	1			
铅笔硬度(擦伤)	≥H			
附着力/级(画格间距1 mm)	≤1			
耐冲击性/cm	50			
杯突/mm	≥5			
耐酸性/$(g\cdot L^{-1})$ (H_2SO_4溶液)	24 h无异常			
耐碱性/$(g\cdot L^{-1})$ (NaOH溶液)	24 h无异常			
耐汽油性(93号汽油)	24 h无异常			
Gel分率/%	≥90,涂膜无起泡、剥落、发黏、明显变色、明显失光			
耐盐雾性	800 h,画线处起泡、底材单向锈蚀蔓延和附着力损失的涂膜不超过2 mm,未画线处无起泡、底材生锈等破坏现象	1 000 h,画线处起泡、底材单向锈蚀蔓延和附着力损失的涂膜不超过2 mm,未画线处无起泡、底材生锈等破坏现象	时间商定,画线处起泡、底材单向锈蚀蔓延和附着力损失的涂膜不超过2 mm,未画线处无起泡、底材生锈等破坏现象	
循环腐蚀交变试验	—	循环次数商定,画线处起泡、底材单向锈蚀蔓延和附着力损失的涂膜不超过2 mm,未画线处无起泡、底材生锈等破坏现象	—	

注:① 如需测试镀锌底材上的击穿电压、指标、底材和方法等可由实际需要确定。

② 是否需进行循环腐蚀交变试验、试验的循环次数由双方确定。

表 5.40　涂膜的性能与检验标准

序号	项目	技术指标(举例)	试验方法
1	涂抹外观	平整、光滑、无异常	目测
2	光泽(60° 镜面光泽)/%	根据涂料品种要求	GB/T 9754—2007
3	硬度	≥ H	GB/T 6739—2006
4	耐冲击 /cm	≥ 50	GB/T 1732—2020《漆膜耐冲击测定法》
5	柔韧性 /mm	≤ 1	GB/T 1731—2020《漆膜、腻子膜柔韧性测定法》
6	耐水性(40 ℃ · 500 h)	涂膜无变化	GB/T 1733—1993
7	耐酸性[0.05 mol/(H_2SO_4 · 8 h)]	涂膜无变化	
8	耐碱性[0.1 mol/(NaOH · 8 h)]	涂膜无变化	
9	画格试验(1 mm)	0	GB/T 9286—2021
10	泳透力板耐盐雾性 /mm	根据用户需求	JB/T 10242—2013
11	耐盐雾试验 /h	≥ 800	GB/T 1771—2007
12	抗石击性	根据用户需求	JB/T 10242—2013
13	耐老化性	根据用户需求	GB/T 1865—2009《色漆和清漆　人工气候老化和人工辐射曝露　滤过的氙弧辐射》
14	耐磨损性	根据用户需求	供需双方协调
15	耐汗水性	根据用户需求	供需双方协调

注:仅对装饰性电泳涂膜。

6.粉末涂料涂层性能的检验

涂层的外观质量应符合 JT/T 600—2004 中涂层平滑,颜色均匀一致,无肉眼可见的气泡、气孔、裂缝和明显杂质等缺陷的要求。涂层的理化性能的通用技术要求见表 5.41。涂层的性能检测内容主要如下。

(1) 按照《电气绝缘用树脂基反应复合物　第 2 部分:试验方法　电气用涂敷粉末方法》(GB/T 6554—2003) 检验粉末涂料粉体的挥发物质量分数。

(2) 按照《化工产品密度、相对密度测定》(GB/T 4472—2011) 检验粉体的密度。

(3) 按照《电气绝缘用树脂基反应复合物　第 2 部分:试验方法　电气用涂敷粉末方法》检验粉末涂料粉体的表观密度、粒度分布、胶化时间和水平流动性。

(4) 按照《塑料　热塑性塑料熔体质量流动速率(MFR) 和熔体体积流动速率(MVR) 的测定　第 1 部分:标准方法》(GB/T 3682.1—2018) 检验热塑性粉末涂料粉体的熔融

指数。

(5) 按照《色漆和清漆　不含金属颜料的色漆漆膜的20°、60°和85°镜面光泽的测定》检验涂层的光泽度。

(6) 按照《磁性基体上非磁性覆盖层　覆盖层厚度测量　磁性法》检验磁性底基的涂层厚度。

(7) 按照《塑料　拉伸性能的测定　第1部分:总则》(GB/T 1040.1—2018) 检验热塑性粉末涂料涂层的拉伸强度和断裂拉伸率。

(8) 按照《塑料和硬橡胶　使用硬度计测定压痕硬度(邵氏硬度)》(GB/T 2411—2008) 检验热塑性粉末涂料涂层的涂层硬度。

(9) 按照《色漆和清漆　铅笔法测定漆膜硬度》检验热固性粉末涂料涂层的涂层硬度。

(10) 按照《热塑性塑料维卡软化温度(VST) 的测定》(GB/T 1633—2000) 检验热塑性粉末涂料涂层的维卡软化点。

(11) 按照《电气绝缘用树脂基反应复合物　第2部分:试验方法　电气用涂敷粉末方法》进行热固性粉末涂料涂层的杯突试验。

(12) 按照《色漆和清漆　弯曲试验(圆柱轴)》(GB/T 6742—2007)。

(13) 按照《漆膜耐冲击测定法》检验涂层的耐冲击性。

(14) 按照《塑料　耐液体化学试剂性能的测定》(GB/T 11547—2008) 检验涂层的耐化学腐蚀性。

(15) 按照《公路交通工程钢构件防腐技术条件》检验涂层的耐盐雾性、耐湿热性和耐低温脆化性。

表5.41　涂层理化性能《公路用防腐蚀粉末涂料及涂层　第1部分:通则》(JT/T 600.1—2004)

<table>
<tr><th>序号</th><th colspan="4">项目</th><th colspan="2">技术要求</th></tr>
<tr><td>1</td><td colspan="4">物理力学性能</td><td colspan="2">按各产品分部标准具体要求</td></tr>
<tr><td rowspan="6">2</td><td rowspan="6">涂层厚度/mm</td><td rowspan="5">热塑性粉末涂料涂层</td><td colspan="2">—</td><td>单涂①</td><td>双涂②</td></tr>
<tr><td colspan="2">钢管、钢板、钢带</td><td>0.38 ～ 0.80</td><td>0.25 ～ 0.60</td></tr>
<tr><td rowspan="2">钢丝直径/mm</td><td>1.8 ～ 4.0</td><td>0.38 ～ 0.80</td><td rowspan="2">0.15 ～ 0.60</td></tr>
<tr><td>4.0 ～ 5.0</td><td>0.38 ～ 0.80</td></tr>
<tr><td colspan="2">其他基材</td><td>0.38 ～ 0.80</td><td>0.25 ～ 0.60</td></tr>
<tr><td colspan="3">热固性粉末涂料涂层</td><td>0.076 ～ 0.15</td><td>0.076 ～ 0.12</td></tr>
<tr><td rowspan="2">3</td><td rowspan="2">涂层附着性能</td><td colspan="3">热塑性粉末涂料涂层</td><td colspan="2">一般不低于2级</td></tr>
<tr><td colspan="3">热固性粉末涂料涂层</td><td colspan="2">0级</td></tr>
<tr><td>4</td><td colspan="4">涂层耐冲击性</td><td colspan="2">试验后,除冲击部位外,无明显裂纹、皱纹及涂层脱落现象</td></tr>
<tr><td>5</td><td colspan="4">涂层抗弯曲性</td><td colspan="2">试验后,无肉眼可见的裂纹及涂层脱落现象</td></tr>
</table>

续表5.41

序号	项目			技术要求
6	涂层耐化学腐蚀性			试验后，涂层应无起泡、溶解、溶胀、软化、丧失、黏结等现象，试验应无混浊、褪色和填料沉淀现象
7	涂层耐盐雾性	钢制基底无防护层		经 8 h 试验后，划痕部位任何一侧 0.5 mm 外，涂层应无起泡、剥离的现象
		金属防护层基底	第 Ⅰ 段(8 h)	经 8 h 试验后，划痕部位任何一侧 0.5 mm 外，涂层应无起泡、剥离的现象
			第 Ⅱ 段(200 h)	经 200 h 试验后，基地金属无锈蚀
8	涂层耐湿热性能			经 8 h 试验后，划痕部位任何一侧 0.5 mm 外，涂层应无起泡、剥离的现象
9	涂层耐低温脆化性能			经 168 h 试验后，涂层应无明显变色及开裂现象，经耐冲击性试验后，性能仍应符合 4 的要求

注：① 对基底仅涂装有机防腐蚀涂层的防护类型。

② 基底材质为钢质，表层经金属防腐蚀涂层防护再涂装有机防腐蚀涂层的防护类型。

防腐蚀粉末涂料涂层经过人工加速老化试验，积累能量达到 3.5×10^6 kJ/m^2 后，涂层外观质量应不低于表 5.42 中质量等级的要求，涂层试验项目类型及数量应符合表 5.43 的要求。涂层的耐候性检验应根据《公路交通工程钢构件防腐技术条件》，采用氙弧灯人工加速耐候性试验箱进行。

表 5.42　涂层外观质量等级评定要求(JT/T 600.1—2004)

评定项目		等级要求	变化程度
变色等级		2	目测轻微变色
粉化等级		1	很轻微，仪器加压重或手指用力擦样板，试布或手指上刚可观察到微量颜料粒子
开裂等级	开裂数量	1	仅有几条值得注意的开裂
	开裂大小	S1	10 倍放大镜下可见开裂
起泡等级		0	无泡
生锈等级	锈点数量	1	很少，几个锈点
	锈点大小	S1	10 倍放大镜下可见锈点
剥落等级	剥落面积	0	0
	剥落大小	—	—
综合评定等级		1	—

表5.43　涂层试验项目类型及要求(JT/T 600.1—2004)

序号	试验项目	试样类型	试验数量
1	涂层外观、颜色、光泽度、涂层厚度	B1	3
		B2	
2	涂层硬度	A1	3
		A2	
3	杯突试验	A1	3
		A2	
4	涂层附着性	A1	3
		A2	
5	涂层抗弯曲性	B1	3
		B2	
6	涂层耐冲击性	B1	3
		B2	
7	涂层耐化学药品性	A1	3
		A2	
8	涂层耐盐雾性	A1	3
		A2	
9	涂层耐低温脆化性	B1	3
		B2	
10	涂层耐湿热性	A1	3
		A2	
11	涂层耐候性	A1	15
		B2	

《公路用防腐蚀粉末涂料及涂层　第2部分:热塑性聚乙烯(PE)粉末涂料及涂层》(JT/T 600.2—2004)、《公路用防腐蚀粉末及涂层　第3部分:热塑性聚氯乙烯粉末涂料及涂层》(JT/T 600.3—2004)、《公路用防腐蚀粉末及涂层　第4部分:热固性聚酯(polyester)粉末涂料及涂层》(JT/T 600.4—2004)中分别规定了公路用防腐蚀热塑性聚乙烯(PE)粉体和涂层、聚氯乙烯(PVC)粉体和涂层、热固性聚酯粉末涂料粉体和涂层的技术要求、试验方法、检验规则、标识、包装、运输和储存等内容。

5.2　波形钢腹板运输安装及检验

5.2.1　波形钢腹板的运输安装

波形钢腹板安装应进行施工过程控制,保证其变形、线形及高程符合设计要求。安装前应对临时支架、支撑、吊机等临时结构本身在不同受力状态下的强度、刚度、稳定性进行验算，对波形钢腹板应按板块设计编号进行核对，并查验产品出厂合格证及材料的质量证明书，应对桥梁的墩台顶面高程、中线及各孔跨径进行复测，误差在允许偏差内方可安装。波形钢腹板安装时，不得在现场对其进行未被批准的临时性焊接和切割作业。波形钢腹板的二次涂装应在桥梁主体施工完成后及时进行。波形钢腹板施工除满足本标准外，还应符合 JTG/T 3650—2020 有关规定。安装前对连接件进行外观检查，其外观应平整，无裂缝、毛刺、凹坑、变形等缺陷。

浇筑混凝土之前，应对连接件的位置进行检查；混凝土在施工振捣时应保证连接件的位置不发生偏移，必要时应采取临时措施保证施工过程中连接件的位置，若超出允许偏差应及时进行纠正。应保证连接件周围混凝土的密实性，连接件周围的混凝土满足设计要求的强度。波形钢腹板翼缘板与混凝土连接一侧的表面不得有油漆，在浇筑上翼缘板混凝土之前，应清除铁锈、焊渣、泥土和其他杂物。

在运输和保存过程中采用多层叠放的形式，底层钢板支撑在外形相同的混凝土存放垫上，最多不宜多于 5 层。为妥善保护防腐涂装层，在钢板表面涂装完全干透后进行搬运，且宜覆粘一层保护膜。波形钢腹板从加工厂运往工地后，集中按编号堆放，待现场需安装时，由小型平板汽车运输。为减小起吊时变形，宜将波形钢腹板竖直安放于平板汽车上，拉好揽风，防止倾倒。

波形钢腹板吊装应注意如下事项：吊装施工人员必须持证上岗；吊装前，必须检查钢丝绳、吊钩是否符合要求，不符合要求时需更换；吊装前必须检查确认波形钢腹板编号是否正确、是否变形，如变形，应矫正后才可吊装；吊装前应做好波形钢腹板定型加固以防止因吊装使波形钢腹板产生变形；吊装应缓慢进行，吊件起吊离地后，应暂时停顿，观察吊件挂钩是否稳妥，确认无误后再继续吊装；吊装过程中，应按指挥信号作业，严禁未得到指挥信号时私自起吊；吊装时，在吊装设备作业范围内禁止人员进入、停留；6 级及以上大风、雷雨天气时禁止起吊作业。波形钢腹板吊装时应采用专用夹具，保持起吊后波形钢腹板上缘水平。在钢腹板安装定位后，同时注意连接件中贯穿钢筋与顶底板钢筋的绑扎次序，以免顶底板钢筋与连接件贯穿钢筋相抵触。

波形钢腹板节段之间的焊接连接，应在梁段就位、固定并经检查合格后方可进行施焊。工地焊接前应做工艺评定试验，施焊应严格按已评定的焊接工艺进行。焊接前应对接头坡口、焊缝间隙和焊接板面高低差等进行检查，并应采用钢丝砂轮对焊缝进行除锈，且工地焊接应在除锈后 24 h 内进行。工地焊接时应设立防风、防雨设施，遮盖全部焊接处。工地焊接的环境要求为：风力小于 5 级，温度应高于 5 ℃，相对湿度应小于 85%，在箱梁内焊接时应有通风防护安全措施。焊接施工时的技术要求应符合 GB 50661—2011 的要求，工地焊接接缝检验应按 JTG/T 3650—2020 进行。在钢腹板现场焊缝焊接完成后，需要对钢腹板的偏位进行复合校正，并在焊接完成 24 h 后进行焊缝第三方检测，合格后方可进行下道工序。

波形钢腹板施工现场涂装修复：在清除焊接时烧蚀区域的涂装后，涂刷富锌底漆。中层和面层的涂装做法不变，修复宽度以焊接施工时不破坏相邻涂层为准，各层修复厚度应以原设计厚度的 120% 为准。

高强度螺栓宜选用大六角头螺栓。高强度螺栓、螺母及垫圈的外形尺寸公差、技术条件、运输、保管以及储存应符合GB/T 1228—2006、GB/T 1229—2006、GB/T 1230—2006、GB/T 1231—2006的规定。高强度螺栓连接的摩擦面应按照GB 50205—2020的要求进行防滑处理。安装前应复验出厂所附试件的抗滑移系数，合格后方可进行安装。高强度螺栓的施工预拉力应符合设计要求。高强度螺栓连接副应按出厂批号复验扭矩系数，每批号抽验不少于8套，其平均值和标准偏差应符合设计要求。设计无要求时，平均值应为0.11～0.15，其标准偏差应小于或等于0.01。复验数据应作为施拧的主要参数。

涂装前应先对焊缝表面及焊缝两边进行处理，清除表面的锈迹、焊渣、氧化皮、油脂等污物，直至表面呈现出均匀金属光泽。进行表面处理的质量检查，合格后方可进行涂装。涂装层数和漆膜厚度应符合设计要求。防腐涂料应有良好的附着性、耐蚀性，底漆应具有良好的封孔性能；涂装完成后，波形钢腹板表面有光泽，颜色均匀，不应有露底、漏涂与涂层剥落、破裂、起泡、划伤等缺陷；波形钢腹板纵向节段间采用高强螺栓连接时，波形钢腹板搭接面宜采用无机富锌底漆涂装。

5.2.2　波形钢腹板安装检验

(1) 波形钢腹板现场焊接接口的无损检测应满足下列要求。

① 不论接口形式如何，应对接口线的全长进行肉眼观测；② 不论接口形式如何，在顶板和底板附近部分，应通过渗透、探伤试验来进行表面检查；③ 对于对接接头，应通过超声探伤试验进行内部缺陷检查。

(2) 波形钢腹板安装质量检验应满足下列要求。

① 波形钢腹板的内外表面不得有凹陷、划痕、焊疤、电弧擦伤等缺陷，边缘应无毛刺；② 焊缝均应平滑，无裂纹、未溶合、夹渣、未填满弧坑、焊瘤等外观缺陷，预焊件的装焊应符合设计要求。

(3) 波形钢腹板定位标准应符合表5.44要求，波形钢腹板连接控制指标应参照表5.45，波形钢腹板安装实测项目见表5.46，波形钢腹板防护涂装检验要求应符合表5.47的要求。

表5.44　波形钢腹板定位标准

序号	项目	允许偏差	备注
1	波形钢腹板轴向偏位/mm	10	内外侧波形钢腹板分别测量
2	内外侧波形钢腹板间距偏差/mm	5	间距2 m量3处
3	内外侧波形钢腹板高差/mm	10	间距2 m量3处
4	波形钢腹板垂直度	1/500	间距2 m量3处
5	波形钢腹板纵桥向坡度	1/500	间距2 m量3处

注：此表格为参考斜拉桥结合梁工字梁悬臂拼装制定。

表 5.45　波形钢腹板连接控制指标

序号	项目		规定值或允许偏差	检验方法
1	钢腹板高程 /mm		±10	水准仪或钢尺
2	钢腹板中心距 /mm		±20	尺量:检查两腹板中心距
3	钢腹板横断面对角线差 /mm		±30	尺量:检查两端断面
4	钢腹板拱度 /mm		+10,−5	拉线用尺量:检查跨中
5	钢腹板连接	焊缝尺寸	符合设计要求	量规:检查全部
		焊缝探伤		超声:检查全部
		高强螺栓扭矩	±10%	测力扳手:检查5%,且不少于2个

表 5.46　波形钢腹板预应力混凝土组合箱梁桥波形钢腹板安装实测项目

序号	检查项目		规定值或允许偏差	检查方法
1	跨径 L/mm		±(5+0.000 15L)	全站仪或钢尺:测两支座中心线距离
2	全长 /mm		±15	全站仪或钢尺
3	波形钢腹板中心距 /mm		±3	尺量:检查两波形钢腹板中心距
4	横截面对角线差 /mm		4	尺量:检查两端截面
5	拱度 /mm		+10,−5	水平仪测量:检查跨中
6	扭曲 /mm		每米不大于1	安装前置于平台,四角中有三角接触平台,用尺量另一角与平台间隙
7	焊接	焊缝尺寸	符合设计要求	量规:检查全部
		焊缝探伤		无损探伤:检查全部

表 5.47　波形钢腹板防护涂装检验要求

序号	检查项目		规定值或允许偏差	检查方法和频率
1	除锈清洁度		符合设计规定,设计未规定时表面取 $Sa2.5$	比照板目测:100%
2	粗糙度 /μm	外表面	70～100	按设计规定检查,设计未规定时,用粗糙度仪检查,每段检查6点,取平均值
		内表面	40～80	
3	总干膜厚度 /μm		符合设计要求	漆膜测厚仪检查
4	附着力 /MPa		符合设计要求	划格或拉力试验:按设计规定频率检查

注:序号3的检查频率按设计规定执行,设计未规定时,每10 m^2 测3～5个点,每个点附近测3次,取平均值,每个点的量测值如小于设计值应加涂一层涂料,每涂完一层后,应检测干膜总厚度。

5.3　抗剪连接件施工及检验

抗剪连接件的材料和焊接工艺除应满足设计和本章的要求外，还应满足规范GB 50661—2011的相关要求。连接件宜在工厂成型和焊接，宜采用CO_2气体保护焊。栓钉和型钢安装前应对其平面位置进行准确的测量放样；连接件安装前应进行外观检查，外观应平整，无裂缝、锈蚀、毛刺、凹坑、变形等缺陷。连接件与钢结构焊接前，应进行焊接工艺评定试验，合格后方可正式实施。混凝土浇筑前，应检查连接型钢和栓钉安装质量。连接件周边的普通钢筋安装过程中严禁损伤型钢和栓钉。

栓钉连接件的材料、机械性能以及焊接要求应符合GB/T 10433—2002的规定。设置栓钉连接件的翼缘钢板应采取有效措施，保证焊接变形控制在规定范围内。栓钉布置间距及栓钉连接件外侧边缘与翼缘钢板边缘的距离应严格按照设计要求进行控制。

开孔钢板成型及翼缘板、钢板开孔、焊接应在专业钢结构加工厂进行，严格按设计要求实施，孔径偏差不得大于1 mm，孔位偏差不得大于2 mm。贯穿钢筋至孔周边的距离不宜小于混凝土骨料最大粒径。贯穿钢筋直径和材料应符合设计要求，使用前应以批次控制进行相应的试验检验。贯穿钢筋加工尺寸偏差不应大于5 mm，并要求顺直。贯穿钢筋安装及定位应符合设计要求并可通过下述措施来保证：对于不设承托的混凝土板贯穿钢筋可在模板安装完成后穿入，并利用普通钢筋进行精确定位；对于设置承托的混凝土板贯穿钢筋安装，可以先穿入贯穿钢筋，后安装模板，并利用普通钢筋进行精确定位；贯穿钢筋应居中于预留孔，安装偏差不应超过5 mm且垂直于开孔板，并定位牢固；贯穿钢筋安装偏差不应超过5 mm。偏差量可通过钢筋周边至孔周边的距离以及相邻钢筋间距进行控制。配置顶底板混凝土的粗骨料宜采用5～20 mm连续级配碎石，最大粒径不得超过25 mm，混凝土强度应满足设计要求。宜进行工艺试验验证混凝土配合比及性能，并在贯穿钢筋、钢板预留孔、混凝土的相互结合程度满足设计传力要求的前提下确定施工工艺。

嵌入型连接件的接合钢筋与波形钢腹板的焊接连接应在工厂内完成，焊缝等级应达到2级及以上。在波形钢腹板与混凝土底板交接界面上应采取密封措施防水、防结露，并设置排水横坡。

角钢连接件应在专业钢结构加工厂进行，严格按设计要求实施，孔径偏差不得大于1 mm，孔位偏差不得大于2 mm。贯穿钢筋应居中于预留孔，安装偏差不应超过5 mm。角钢连接件的U形钢筋与角钢的焊接连接应在工厂完成。

应保证混凝土填充密实并与连接件接触良好。对受混凝土收缩影响的部位宜采用微膨胀混凝土，必要时可掺入纤维提高其抗裂性能。配置混凝土用的粗集料宜采用5～20 mm连续级配碎石，集料最大粒径不应超过25 mm；混凝土应有良好的工作性、和易性和流动性。当连接件布置成倒立状态时，应在钢板上设孔用于混凝土振捣和排气，保证钢板下的混凝土浇筑密实；当连接件布置成倒、侧立状态时，应优化混凝土配合比，避免混凝土离析。混凝土浇筑过程中，应保证连接件周围混凝土的密实性。在翼缘型连接件与底板连接区域应充分振捣，确保翼缘板下的混凝土浇筑密实。对直立栓钉，宜采用平板式振捣器；对侧立栓钉，宜选用较小直径的插入式振捣棒，棒体距离栓钉端部 30 ～ 50 mm，在保证振捣效果的前提下，避免触碰栓钉造成损坏。

5.4　波形钢腹板 PC 组合梁桥施工及检验

5.4.1　满堂支架现浇施工及检验

所用的水泥、砂、石、水、外掺剂及混合材料的质量和规格必须符合有关规范要求，并按规定的配合比施工；支架和模板的强度、刚度和稳定性；应符合 JTG/T 3650—2020 有关规定；支架变形和地基沉降应符合设计和相关规范要求；预应力筋施工应符合 JTG/T 3650—2020 的有关规定；预埋件的预埋和固定应符合设计和相关规范要求；梁体不得出现漏筋和空洞现象。

波形钢腹板预应力混凝土组合梁桥的现浇可使用满堂支架或梁式支架。满堂支架宜采用碗扣式、盘扣式、门式或扣件式等钢管构件，波形钢腹板预应力混凝土组合梁桥支架宜采用型钢、钢管和贝雷桁片等构件。施工支架应具备波形钢腹板就位、平面纠偏、高度调整、倾斜度控制的设施。波形钢腹板外侧可设一定刚度的靠架，在波形钢腹板内侧设可调拉杆。靠架与可调拉杆的刚度可适当加大，以控制波形钢腹板加载后产生局部变形，或混凝土浇筑时导致波形钢腹板上浮，影响标高控制效果。支架应预留施工预拱度，在确定施工预拱度值时，应考虑下列因素：支架承受施工荷载时的弹性变形；超静定结构由于混凝土收缩、徐变及温度变化引起的挠度；加载后由于构件接头挤压和卸落设备压缩所产生的非弹性变形挤压值；由于恒载及荷载作用结构所产生的挠度；由于支架基础下沉而产生的非弹性变形。当在软弱地基上设置满布现浇支架时，应对地基进行处理，使地基的承载力满足现浇混凝土的施工荷载要求。

波形钢腹板的安装在底板钢筋绑扎后、顶板钢筋绑扎前。波形钢腹板宜分段安装，分段长度视吊装能力与波形钢腹板节段刚度而定，安装顺序宜从一端向另一端顺序安装，并及时纠偏焊接。波形钢腹板定位时，其标高应与桥梁纵坡一同调整。波形钢腹板在支架上的安装步骤应根据具体工程设定，也可参照以下步骤执行：安装波形钢腹板前，应在底模板上标记出底板钢筋位置及波形钢腹板位置，以保证横隔板位置准确，避免底板钢筋与波形钢腹板的下翼缘连接件互相干扰；多箱室波形钢腹板安装，可按照先边腹板、后中腹板的顺序进行；为保证钢腹板位置准确，宜在腹板两侧及翼缘板上设置临时支撑，临时支撑参照下列规定。

① 安装前计算箱梁内尺寸断面，可用钢管制成胎具控制箱梁断面形状。

② 可沿桥梁纵向每隔 3 ～ 5 m 设置一道支撑，通过外撑杆、拉杆螺丝、内支撑和大头楔等工具将钢腹板组合并焊接，焊接时宜挂线作业，及时校正钢腹板位置，保持钢腹板各向线形顺直。

波形钢腹板安装精确定位可参照以下步骤执行：宜在波形钢腹板底部设临时千斤顶调整标高，上下翼缘板上设置可调支撑脚，微调波形钢腹板位置和线形；宜在波形钢腹板顶端每隔 3 ～ 5 m，设置横拉或横撑的定位钢管，把每一块钢腹板准确地调整到图纸设计位置；自检合格后按规定程序进行验收，验收合格方可进行连接工作。

混凝土浇筑及养护应符合 JTG/T 3650—2020 的有关规定。混凝土浇筑时纵向从梁跨中向墩顶方向浇筑，防止浇筑过程中墩顶位置出现裂缝，全部浇筑在混凝土初凝前完成。混凝土底板的浇筑可按先底板、再承托、最后连接部的顺序进行。混凝土顶板浇筑时应保证顶板与连接件部位的混凝土振捣密实。

波形钢腹板竣工验收质量标准应按 GB 50205—2020 的相关规定执行。满堂支架现浇施工模板安装允许偏差参照表 5.48，满堂支架现浇梁段施工质量检验应符合表 5.49 的要求。

表 5.48 波形钢腹板预应力混凝土箱梁桥满堂支架现浇施工模板安装允许偏差

序号	检查项目		规定值或允许偏差	范围	检查频率点数	检查方法
1	轴线偏位 /mm		10	每跨	3	用经纬仪测量
2	梁板顶面高程 /mm		±10		3～5	用水准仪测量
3	断面尺寸 /mm	高度	+5，−10		1～3 个断面	用钢尺量
		宽度	±30			
		顶底板厚度	+10			
4	长度 /mm		+5，−10		2	用钢尺量
5	横坡 /%		±0.15		1～3	用水准仪测量
6	顶板平整度 /mm		±5		≥15	用 3 m 靠尺检查
7	底板平整度 /mm		±3		≥15	用 3 m 靠尺检查

表 5.49 满堂支架现浇梁段实测项目

序号	检查项目		规定值或允许偏差	检查方法和频率
1△	混凝土强度 /MPa		在合格标准内	按 JTG/T 3650—2020 检测
2△	轴线偏位 /mm		±跨径 /10 000	全站仪或经纬仪；纵桥向检查 2 点
3	顶面高程 /mm		±10	水准仪：检查 3～5 处
4△	断面尺寸 /mm	高度	+5，−10	—
		顶宽	±30	—
		底宽	±20	尺量：每跨检查 2～3 个断面
		顶底板厚	+10	—
5	横坡 /%		±0.15	水准仪：检查 3 处
6	预埋 PBL 键位置 /mm		5	尺量：每件
7	平整度 /mm		8	2 m 直尺：检查竖直、水平两个方向，每侧面每 10 m 梁长测 1 处

注：△ 表示重要项目。

5.4.2 悬臂现浇施工及检验

所用的水泥、砂、石、水、外掺剂及混合材料的质量和规格必须符合有关规范要求，并按规定的配合比施工。大跨径波形钢腹板预应力混凝土组合梁桥采用悬臂施工法施工时，其节段划分长度宜为波形钢腹板波长的整数倍。悬臂浇筑前，必须对桥墩根部(零号块件）的高程、轴线做详细复核，符合设计要求后方可进行下一步施工。悬臂施工时应对梁的高程、轴线以及波形钢腹板的空间姿态进行监控。在施工过程中，梁体不得出现宽度超过设计和规范规定的受力裂缝，一旦出现，必须查明原因，经过处理后方可继续施工。悬臂合拢时，两侧梁体的高差应在设计允许范围内。

挂篮结构必须经过设计计算，具有足够的强度、刚度和稳定性，且应符合 JTG/T 3650—2020 的相关要求。挂篮设计时，应预留波形钢腹板的吊装设备与空间，锚固部位应考虑抗剪连接件的影响。当采用波形钢腹板作为挂篮主承重梁进行悬臂施工时，应对施工阶段中波形钢腹板的强度和稳定性进行验算。

挂篮应根据实际可能发生的作用及其最不利组合进行设计，应考虑的主要荷载如下。

① 最大浇筑梁段质量；② 挂篮自重；③ 最大梁段模板质量；④ 施工机具质量；⑤ 施工人群荷载；⑥ 平衡重物质量；⑦ 冬期施工防寒设施质量；⑧ 其他施工中可能出现的荷载。

挂篮的设计要求：挂篮质量与梁段混凝土的质量比值宜控制在 0.3 ～ 0.5 之间，特殊情况下也不应超过 0.7。主要设计参数如下。

① 挂篮总重控制在设计限重之内；② 允许最大变形（包括吊带变形的总和）为 20 mm；③ 施工时、行走时的抗倾覆安全系数为 2；④ 自锚固系统的安全系数为 2；⑤ 斜拉水平限位系统安全系数为 2；⑥ 上水平限位安全系数为 2。

挂篮模板的结构形式、几何尺寸应能适应梁段长度及高度、顶底板厚度等变化和与已浇筑梁段紧密搭接的要求。挂篮后吊杆和下限位拉杆孔道应严格按计划尺寸准确预留。

挂篮支承平台除应有足够的强度外，还应有足够的平面尺寸，以满足梁段的现场作业需要。挂篮使用前，应对制作及安装质量进行全面检查，进行行走性能试验并按设计要求进行静载试验。当设计对静载试验无要求时，挂篮应按 1.2 倍最大施工荷载进行静载试验，消除挂篮在加载状态的非弹性变形并测量挂篮的弹性变形值，以便合理设置悬臂浇筑梁段的立模高程。

波形钢腹板的悬臂安装可参照以下步骤执行。

① 波形钢腹板起吊、安装；② 波形钢腹板定位；③ 设置临时支撑固定内外侧波形钢腹板使之成为整体，并应留有可调整余地。

波形钢腹板起吊系统宜采用塔吊起吊，将波形钢腹板运输至塔吊吊点正下方，起吊纵向移动至设计位置，转换吊点至手拉葫芦，通过松、紧四角手拉葫芦精确定位安装，如图 5.3 所示。

波形钢腹板应根据横向坐标、纵向坐标和竖向坐标进行空间定位，定位精度应符合有关规定。波形钢腹板在合龙段的安装可参照以下步骤执行。

① 测量合龙段的实际尺寸，合龙段波形钢腹板根据现场实际长度精确确定；② 调整合龙段两端的标高至符合设计要求；③ 锁定合龙段；④ 将波形钢腹板吊装就位，按设计连接形式与合龙口两侧钢腹板有效连接；⑤ 焊接波形钢腹板的安装焊缝。

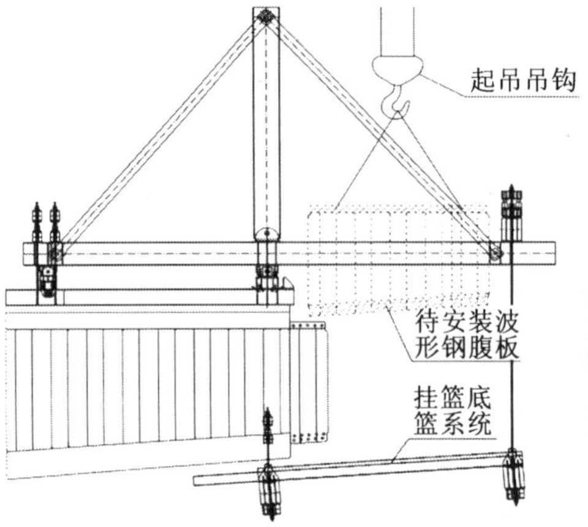

(a) 塔吊起吊

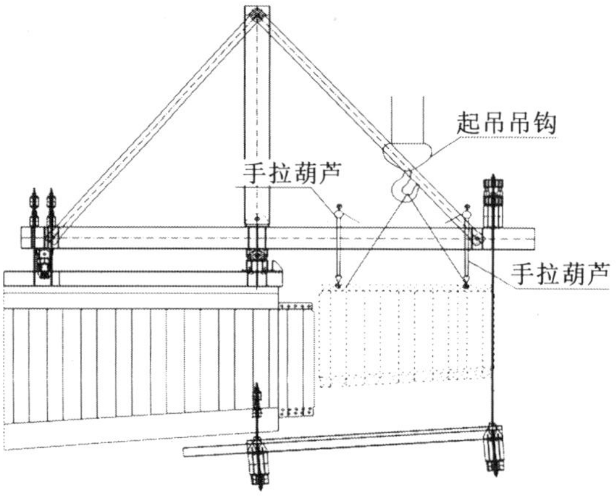

(b) 转换吊点至手拉葫芦

图 5.3 波形钢腹板吊装

悬臂段混凝土的浇筑应符合 JTG/T 3650—2020 有关规定。现浇段的浇筑顺序宜靠近边墩(台)的先浇,逐段向合龙段靠拢,并逐渐调整现浇梁段的标高,使合龙高差在允许误差范围之内。浇筑混凝土前应确保支架与梁底之间能相对滑动,使边跨合龙时现浇段能随原浇筑 T 构自由伸缩,避免混凝土拉应力过大。

应测量箱梁顶面标高及轴线,连续测试温度影响偏移值,观测合龙段在温度影响下梁体长度的变化。合龙顺序应按设计要求进行,设计无要求时,一般先边跨,后次中跨,再中跨。多跨一次合龙时,必须同时均衡对称地合龙。合龙时,桥面上设置的所有临时荷载均应与监控单位和设计单位协商决定。连续梁合龙段长度及体系转换应符合设计规定,将两悬臂端内合龙口临时联结,联结注意事项如下:复查、调整两悬臂端合龙施工荷载,使其对称相等,如不相等时,应用压重调整;检查梁内预应力筋是否张拉完成;复测、调整中跨、边跨悬臂的挠度及两端的高差;观测了解合龙前的温度变化与梁端高程及合龙段长度变化的关系;合龙前应在两端悬臂预加压重,并于浇筑混凝土过程中逐步撤除,使悬臂挠度保持稳定。合龙宜在一天中气温最低时完成。合龙段的混凝土强度等级可提高一级,以尽早张拉。合龙段混凝土浇筑完成后应加强养护,悬臂端应覆盖,防止日晒。体系转换及支座反力调整应按设计程序要求施工。悬臂浇筑梁段施工质量检验应符合表 5.50 的要求。

表 5.50 悬臂浇筑梁段实测项目

序号	检查项目		规定值或允许偏差	检查方法和频率
1	混凝土强度 /MPa		在合格标准内	按 JTG/T 3650—2020 检测
2	轴线偏位 /mm	$L \leqslant 100$ m	10	全站仪或经纬仪;每个节段检查 2 处
		$L > 100$ m	$L/10\ 000$	

续表5.50

序号	检查项目		规定值或允许偏差	检查方法和频率
3	顶面高程 /mm	$L \leqslant 100$ m	±20	水准仪:每个节段检查 2 处
		$L > 100$ m	$\pm L/5\,000$	
		相邻节段高差	10	尺量:检查 3 ~ 5 处
4	断面尺寸 /mm	高度	+5，−10	尺量:每个节段检查 2 处
		顶宽	±30	
		底宽	±20	
		顶底板厚	+10	
5	合龙后同跨对称点高程差 /mm	$L \leqslant 100$ m	20	水准仪:每跨检查 5 ~ 7 处
		$L > 100$ m	$L/5\,000$	
6	横坡 /%		±0.15	水准仪:每节段检查 1 ~ 2 处
7	平整度 /mm		8	2 m 直尺:检查竖直、水平两个方向,每侧面每 10 m 梁长测 1 处

应力跟踪测量:应对梁体主要断面应力观测值与理论值进行比较,研究体系转换过程中的应力变化,分析相关因素对箱梁应力的影响。

5.4.3　预制吊装施工及检验

所用的水泥、砂、石、水、外掺剂及混合材料的质量和规格,必须符合有关规范要求,并按规定的配合比施工。梁体不得出现漏筋和空洞现象。梁体在吊装移出预制底座时,混凝土的强度不得低于设计要求的吊装强度;梁体安装时,支承结构(墩台、盖梁、垫石)的强度应符合设计要求;梁体安装前,墩、台支座垫板必须稳固;梁体就位后,梁端支座应对位,梁底与支座以及支座与垫石应密贴,否则应重新安装。梁体之间的接缝填充材料的规格和强度应符合设计要求。

预制场地与预制台座的要求及钢筋、模板、预应力的施工应符合 JTG/T 3650—2020 的有关规定。预制梁制作时应充分考虑波形钢腹板剪切变形引起的梁体挠度变化。对波形钢腹板预应力混凝土组合梁的预制场布置、预制和存放台座的设置应进行专门的荷载计算并进行专项设计。

预制波形钢腹板预应力混凝土组合梁的运输与保存可参考 JTG/T 3650—2020 的有关规定。在预制梁运输的过程中,应注意保护波形钢腹板的表面涂装层。

预制波形钢腹板预应力混凝土组合梁的安装施工应符合 JTG/T 3650—2020 的有关规定。预制梁吊装前应做好工艺设计,计算吊装工况下结构应力和变形,确保吊装过程中结构安全。吊点应设置在设计支承线,具有横隔板位置,梁上的吊点以 4 个为宜。预制波形钢腹板预应力混凝土组合梁就位后,应及时设置保险垛或支撑,将梁固定并用钢板与先安装好的梁体预埋横向连接钢板焊接，防止倾倒。梁体就位后应按设计要求及时浇筑接头混凝土。在预制波形钢腹板预应力混凝土组合梁整体运输与安装时必须配备足够吨位的起吊运输设备。如对梁体有先简支后连续的设计要求时，安装时应设临时支座，且临时支座必须预压到1倍以上的设计荷载；支座体系转换必须符合设计规定，以防止在转换过程中造成梁体开裂。预制波形钢腹板预应力混凝土组合梁桥安装过程中，应经常对梁体混凝土进行裂缝观测。

波形钢腹板预应力混凝土组合梁桥预制吊装法施工安装允许误差可参考表5.51。

表5.51　波形钢腹板预应力混凝土组合梁桥预制吊装法施工安装允许误差

<table>
<tr><th>序号</th><th colspan="2">检查项目</th><th>规定值或允许偏差</th><th>检查方法和频率</th></tr>
<tr><td>1</td><td colspan="2">混凝土强度/MPa</td><td>在合格标准内</td><td>按JTG/T 3650—2020检测</td></tr>
<tr><td rowspan="3">2</td><td colspan="2">梁长度/mm</td><td>+5，−10</td><td rowspan="3">尺量：每梁</td></tr>
<tr><td colspan="2">干接缝(梁翼缘、板)</td><td>±10</td></tr>
<tr><td colspan="2">湿接缝(梁翼缘、板)</td><td>±20</td></tr>
<tr><td rowspan="2">3</td><td rowspan="2">宽度/mm</td><td>顶宽</td><td>±30</td><td rowspan="2">尺量：检查3处</td></tr>
<tr><td>箱梁底宽</td><td>±20</td></tr>
<tr><td rowspan="2">4</td><td rowspan="2">高度/mm</td><td>梁、板</td><td>±5</td><td rowspan="2">尺量：检查3个截面</td></tr>
<tr><td>箱梁</td><td>+5，−0</td></tr>
<tr><td rowspan="3">5</td><td rowspan="3">截面尺寸/mm</td><td>顶板厚</td><td rowspan="3">+5，−0</td><td rowspan="3">尺量：检查3截面</td></tr>
<tr><td>底板厚</td></tr>
<tr><td>腹板或梁肋</td></tr>
<tr><td>6</td><td colspan="2">平整度/mm</td><td>5</td><td>2 m直尺：每侧面每10 m梁长测1处</td></tr>
<tr><td>7</td><td colspan="2">横系梁及预埋件位置/mm</td><td>5</td><td>尺量：每件</td></tr>
</table>

5.4.4　顶推施工及检验

台座和滑道组的中线必须在桥轴线或其延长线上。导梁应在地面试装后再在台座上安装，导梁与梁身必须牢固连接。千斤顶及其他顶推设备在施工前应仔细检查校正，多点顶推时必须确保同步。顶推过程中，需设专人观测墩台沉降位移及梁的偏位、导梁和梁挠度等，提供观测数据。顶推及落梁过程中，若梁体出现裂缝，应查明原因，在采取措施后方可继续顶推。

选择梁段预制场地时，除应按有关规定执行外，还应注意下列事项。

预制场地应设在桥台后面桥轴线的引道或引桥上；当为多联顶推时，为加速施工进度，可在桥两端均设预制场地，从两端相对顶推；预制场地的长度应考虑梁段悬出反压段的长度、梁段底板与顶板预制长度、导梁拼装长度和机具设备材料进入预制作业线的长度，预制场地的宽度应考虑梁段两侧施工作业的需要；预制场地上空宜搭设固定或活动的作业棚，其长度宜大于2倍预制梁段长度，使梁段作业不受天气影响，并便于混凝土养护；在桥端路基或引桥上设置台座时，其地基或引桥的强度、刚度和稳定性应符合设计要求，应做好台座地基的防水、排水措施，以防沉陷；在荷载作用下，台座顶面变形不应大于 2 mm；在预制场内台座后方，可设置波形钢腹板起吊安装台移动式门吊，便于安装调整波形钢腹板；台座的轴线应与桥梁轴线的延长线重合，台座的纵坡应与桥梁的纵坡一致；台座施工的允许偏差应按有关规范执行。

顶推过程中导梁下缘要承受较大的纵向压力和支架的集中支承力，混凝土凸缘可用高强纤维混凝土做成，顶推完成后此凸缘作为底板的一部分。导梁的两侧波形钢腹板间应安装支撑系统，以确保顶推过程中导梁不发生横向扭曲。在顶推过程中，应注意防止临时设施损坏波形钢腹板涂装。为保证导梁顺利迎墩，导梁前方宜设置钢制牛腿。

桥跨中间设置有临时墩时，其施工技术要求应按照设计规定以及 JTG/T 3650—2020 的有关规定执行。各联主梁顶推作业完成并落位到正式支座上后，应将临时墩拆除。

模板宜采用钢模板，底模与底架连成一体并可升降，底模两侧应设置波形钢腹板调整就位的靠架系统，内模板采用在可移动的台车上加上安装的升降旋转整体模板。模板应保证刚度，制作精度应符合 JTG/T 3650—2020 的规定。钢筋工作和预应力管道安装除应符合 JTG/T 3650—2020 的规定外，还应注意顶底板钢筋加工时与波形钢腹板连接件的匹配。横桥向任一相邻钢筋间距偏差应小于 3 mm，每 10 个间距总和的偏差不应超过 5 mm。梁段模板、钢筋、预应力管道、波形钢腹板、滑道、预埋件等应经检查确认后方可浇筑混凝土。混凝土的材料要求、配合比设计、搅拌、运输、浇筑等的具体要求，可参照 JTG/T 3650—2020 的有关规定执行。在必要时可使用早强水泥或掺入早强减水剂，以提高早期强度，缩短顶推周期。梁段工作缝的接触面应凿毛并洗刷干净，或采用其他可加强混凝土接触的措施。混凝土可采用两次浇筑，第一次浇筑主梁底板，第二次浇筑主梁顶板。支座位置处的隔板在整联梁顶推到位并完成解联后进行浇筑。振捣时应避免振动器碰撞预应力筋管道、预埋件等。第一梁段前端设置导梁端的混凝土浇筑应注意振捣密实，导梁的中心线与水平位置应准确平整。

梁段预应力筋的布置、张拉次序、临时束的拆除次序等，应严格按照设计规定执行。其施工的技术要求应按照 JTG/T 3650—2020 有关规定执行。在桥梁顶推就位后需要拆除的临时预应力筋，张拉后不应灌浆，锚具外露多余预应力钢材不必切除。梁段间需连接的永久预应力筋，应在两梁段间留出适当空间，用预应力筋连接器连接，张拉后用混凝土填塞。梁段顶推方法及其装置应按 JTG/T 3650—2020 的有关规定执行。

(1) 顶推施工前的预制场地台座施工的允许偏差应满足如下要求。

① 轴线偏差：5 mm。

② 相邻两支承点上台座中滑移装置的纵向顶面标高差：2 mm。

③ 同一个支承点上滑移装置的横向顶面标高差：1 mm。

④ 台座（包括滑移装置）和梁段底模板顶面标高差：2 mm。

(2) 顶推过程中的施工观测项目如下。

① 墩台和临时墩承受竖直荷载和水平推力所产生的竖直、水平位移，需要时，应观测其应力变化。

② 桥梁顶推过程中,主梁和导梁控制截面的挠度和轴线偏移,需要时,应观测其应力变化。

③ 桥梁顶推过程中,观测波形钢腹板应力。

④ 滑动装置的静摩擦系数和动摩擦系数。

观测结果应随时记录、整理,如超过设计规定限值,应分析原因并采取措施纠正。

本章参考文献

[1] 中交一公局集团有限公司.公路桥涵施工技术规范:JTG/T 3650—2020[S].北京:人民交通出版社,2020.

[2] 中华人民共和国住房和城乡建设部,中华人民共和国国家质量监督检验检疫总局.钢结构工程施工质量验收标准:GB 50205—2020[S].北京:中国计划出版社,2020.

[3] 北京航材百慕新材料技术工程有限公司,中国一航北京航空材料研究院,中国公路学会桥梁和结构工程分会.悬索桥主缆系统防腐涂装技术条件:JT/T 694—2007[S].北京:人民交通出版社,2007.

[4] 中铁山桥集团有限公司.铁路钢桥制造规范:Q/CR 9211—2015[S].北京:中国铁道出版社,2015.

[5] 浙江中隧桥波形钢腹板有限公司,盈都桥梁钢构工程有限公司,交通运输部公路科学研究院,等.组合结构桥梁用波形钢腹板:JT/T 784—2010[S].北京:人民交通出版社,2010.

[6] 中交公路规划设计院有限公司,海虹老人牌(中国)有限公司.公路桥梁钢结构防腐涂装技术条件:JT/T 722—2008[S].北京:人民交通出版社,2009.

[7] 交通运输部公路科学研究院.公路工程质量检验评定标准　第一册　土建工程:JTG F80/1－2017[S].北京:人民交通出版社,2018.

[8] 中国钢铁工业协会.金属材料　拉伸试验　第1部分:室温试验方法:GB/T 228.1—2021[S].北京:中国标准出版社,2021.

[9] 中国钢铁工业协会.金属材料　夏比摆锤冲击试验方法:GB/T 229—2020[S].北京:中国标准出版社,2020.

[10] 中国钢铁工业协会.低合金高强度结构钢:GB/T 1591—2018[S].北京:中国标准出版社,2019.

[11] 中国钢铁工业协会.碳素结构钢:GB/T 700—2006[S].北京:中国标准出版社,2007.

[12] 中国钢铁工业协会.桥梁用结构钢:GB/T 714—2015[S].北京:中国标准出版社,2016.

[13] 中国钢铁工业协会.热轧钢板和钢带的尺寸、外形、重量及允许偏差:GB/T 709—2019[S].北京:中国标准出版社,2019.

[14] 中国钢铁工业协会.热轧钢板表面质量的一般要求:GB/T 14977—2008[S].北京:中国标准出版社,2008.
[15] 中国钢铁工业协会.厚钢板超声检测方法:GB/T 2970—2016[S].北京:中国标准出版社,2016.
[16] 中国钢铁工业协会.耐候结构钢:GB/T 4171—2008[S].北京:中国标准出版社,2008.
[17] 中国机械工业联合会.紧固件机械性能　螺栓、螺钉和螺柱:GB 3098.1—2010[S].北京:中国标准出版社,2011.

第6章 波形钢腹板PC组合梁桥施工监控与荷载试验

6.1 公路桥梁荷载试验概述

随着国民经济的发展，公路工程建设事业的发展迎来了高潮。作为公路工程重要组成部分的桥梁建设工程也得到了相应发展，并为经济的发展发挥了巨大的作用。但由于近年来交通流量的增加，大件运输汽车和超载汽车日益增多，公路运输对公路桥梁通行能力和承载力的要求越来越高，桥梁老化、损伤现象日益严重。为保证公路的运输能力和安全舒适的行车环境，桥梁施工期监控和运营期监测成为桥梁成桥与运营安全性的必要保证。

桥梁监测是保证桥梁安全运营的重要手段。公路桥梁检验包括桥梁结构的检查和验算，以及桥梁荷载试验和量测等。结构检查的设备在19世纪以前是相当简陋的，还没有直接量测结构应变的仪器，直至20世纪20～40年代才出现各种类型的应变计。桥梁荷载试验已有100多年历史，例如，1850年英国建造的最大跨径为140米的箱形连续梁铁路桥（不列颠桥），原设计是一座有加劲梁的吊桥，在建造过程中曾进行荷载试验，并改变了原设计方案。当前，桥梁监测过程的自动化、智能化水平不断提升。在桥梁监测过程中，工程检测人员可通过荷载试验对桥梁整体受力性能和承载能力做出科学的评价，为桥梁安全性评估方法提供参考。

桥梁荷载试验包括静力荷载试验和动力荷载试验。静力荷载试验的加载设备常用大型货车、拖挂车、翻斗车、水车和施工机械等各种普通装载车，也有专用的单轴或多轴加载挂车和测定结构影响线的自行式单点荷载设备；有的工况也采用压重物法等。桥梁自振特性的试验测定方法大致有三类：第一类是使用常用的突然加载或卸载的方法激振桥梁，如跳车、释放、撞击和小火箭等冲击荷载；第二类用运转频率可调的起振机或专用的单轴电—液惯性加振挂车进行谐振试验；第三类用脉动信号测试与分析的方法，用磁带机记录桥梁无载时的脉动随机信息，并用信号处理机进行谱分析，可取得多阶振型的特征值。桥梁受迫振动响应的试验测定常用接近运营条件的汽车，以不同车速通过桥梁进行行车试验，测定桥梁的动力系数与车速的关系；或在桥梁动力响应最大的部位进行启动或刹车试验；也可利用平时交通荷载或风荷载等随机荷载测定桥梁随机振动的响应。本章将以某波形钢腹板PC组合梁桥为例，介绍其荷载试验过程和相关成果。

基于荷载试验数据，可更好地评估桥梁状态与损伤状况。

Lu等提出了根据单一观测点的桥梁响应对移动力和桥梁损伤复合反演进行识别，该方法以完好结构为基础识别移动力，以上一步识别的移动力识别桥梁损伤，通过迭代后损伤模型进一步识别移动力，重复迭代至误差允许范围内；安宁等分析了灵敏度算法中观测点位对局部损伤的影响，并通过各测点识别结果取平均值、基于振动能量密度和基于测点间响应互相关函数等方法，将单一测点变为多测点，避免了单一传感器测量失效的问题，并分析各种方法的适用范围；观测汽车响应在灵敏度算法中也取得了一些进展，张延哲利用车桥耦合中汽车子结构的部分加速度响应和机车轨道耦合力，同时考虑轨道粗糙度，计算了耦合力对损伤因子的灵敏度，识别出轨道的损伤。

在多数模拟中桥梁损伤指标过于单一，Li 提出了不同损伤指标，通过建立多尺度空间板梁模型和三维汽车模型，用三维裂缝模型、刚性连接杆和更改初始应力参数分别模拟混凝土开裂、湿接缝损伤和预应力损失等损伤，使用灵敏度分析的方法对不同程度的损伤指标进行识别。对结构响应进行傅里叶变换是模态分析中常用的手段，Yang 把检测传感器安装到小车的车轴上或车身上，这样小车就可以携带传感器工作。对汽车的加速度响应进行傅里叶变换，提取出桥梁的一阶频率，通过频率的改变判断结构是否损伤。

频率一般对损伤不是很敏感，而且实测桥梁固有频率容易受外界环境的因素（如自然激励和温度作用）的影响。相对于频率，振型对损伤更加敏感，同时，由于损伤的存在，振型不连续，可以进一步估计损伤的位置。Zhang 利用汽车的加速度响应，通过短时傅里叶变换提取桥梁模态振型的平方作为新的损伤指标，通过损伤指标的突变识别桥梁损伤；Malekjafarian 对短时间段内的汽车响应进行频域分解，对局部模态振型向量进行处理后获得结构模态，基于振型的方法的缺点在于提升车速会导致模态振型的分辨率变低，而且振型的识别对于测量噪声以及路面不平整度也很敏感。

任宜春等对模拟裂缝的桥梁施加移动集中力，对桥梁跨中响应进行连续小波变换，用小波系数的模的极大值点出现的时间判断裂缝位置，利用极大值点的 Lipschitz 指数判断裂缝深度；殷亮基于移动质量－桥梁耦合模型，质量在结构上移动使固有频率发生改变，对于完好结构而言，固有频率的相对变化率曲线是平滑的，而结构有损伤时，则会出现微小突变，相对变化率的小波分解可以识别损伤；杜新光等建立了斜拉桥和车轨的精细化三维模型并使用超级计算机进行响应求解，桥梁损伤会引起结构动力响应的能量在各个频带的重新分布，选择能量系数较大的特征频带作为识别的能量谱，通过小波包分解识别损伤位置和程度；Nguyen 建立了 4 自由度移动汽车和桥梁耦合模型，对汽车的位移响应进行 Synlet 小波变换，通过小波变换谱尖端出现的时间判断裂缝位置，并且能够识别一定程度的裂缝深度。

傅里叶变换、短时傅里叶变换、小波变换有一个共同的特点，就是预先选择基函数，其计算方式是通过与基函数的卷积产生的。希尔伯特－黄变换（Hilbert－Huang Transform ，HHT）不同于这些方法，借助希尔伯特变换（Hilbert Transform，HT）求得相位函数，求导产生的瞬时频率具有局部特性，与小波方法相比，不用预先选择基函数，分析突变信号更有优势。首先将信号进行经验模态分解为一列本征模态函数，对每一个本征模态函数做 HT，继而可求取每一个本征模态函数的瞬时频率。徐洪雷在 ANSYS 以生死单元法模拟车桥耦合响应，对桥梁的加速度响应进行 HHT 变换计算时频谱及其边际谱，利用边际谱构造的损伤识别识别桥梁损伤；Aied 提出了一种集成经验模态分解分方法，改善经验模态分解的模态混叠问题，用来识别刚度的突变，该方法可以有效地处理非线性信号，但对路面的不平整度、噪声以及车速较敏感；Roveri通过观测桥梁单点加速度响应信号，不需要有关未损坏结构的响应的先验信息，经HHT观察桥梁一阶瞬时频率突变识别出了损伤位置和程度，且该方法对噪声不敏感；张衡改进了经验模态分解的模态混叠缺陷，使用互补集合经验模态分解法分解车辆作用下桥梁加速度响应信号，结合相关度计算筛选损伤敏感信号，通过HT变换求取的能量曲线尖峰对应的即为损伤位置，同时模拟温度变化对识别效果无影响。

6.2 工程概况

本章示例桥梁全长854.0 m。全桥共6联：4×40+3×40+4×40+(45+80+45)+3×40+(30+55+30)。上部结构第4联(45+80+45)部分采用波形钢腹板连续刚构桥，第6联(30+55+30)部分采用钢混组合箱梁，其余联采用预应力混凝土T梁，先简支后连续；下部结构桥台采用肋板台，桥墩采用柱式墩、空心薄壁墩，墩台采用桩基础。本桥平面分别位于直线和圆曲线上，纵断面纵坡度2%；墩台径向布置。桥梁全貌及设计图如图6.1所示。

本次桥梁荷载试验检测及评定主要依以下标准、规范和资料进行。

(1)《桥梁两阶段施工图设计》。

(2)《公路工程技术标准》(JTG B01—2014)。

(3)《公路桥涵设计通用规范》(JTG D60—2015)。

(4)《公路钢筋混凝土及预应力混凝土桥涵设计规范》(JTG 3362—2018)。

(5)《公路桥梁荷载试验规程》(JTG/T J21-01—2015)。

(6)《公路桥梁承载能力检测评定规程》(JTG/T J21—2011)。

(a) 大桥正面照

图6.1 波形钢腹板PC组合梁桥概貌

(b) 大桥立面照

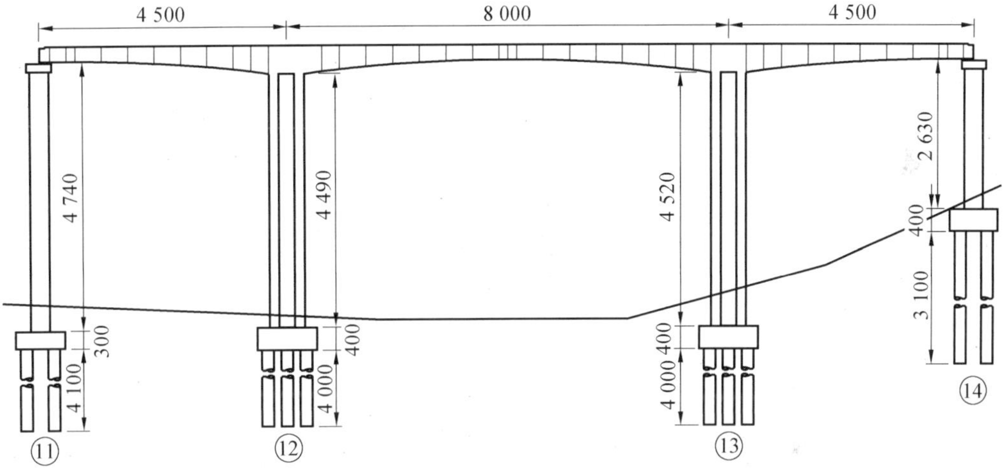

(c) 桥梁立面图

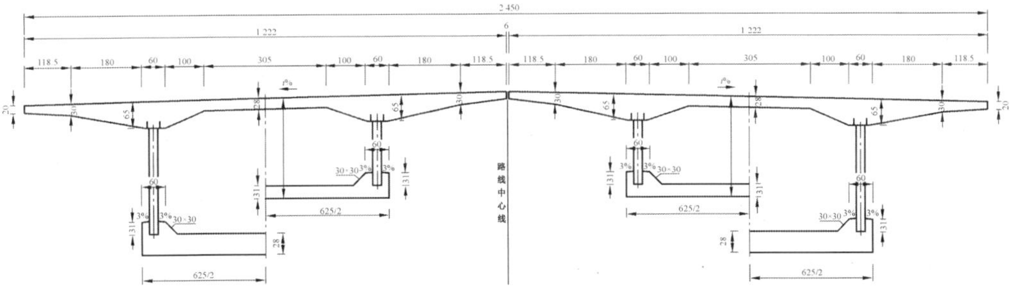

(d) 典型横断面图

续图 6.1

6.3　桥梁施工监控

针对本章所述典型波形钢腹板PC组合梁桥，施工监控过程将通过监测桥梁结构关键截面的应力和变形，发现可能存在的异常情况，及时预警，保障施工安全。通过调整和控制立模标高，确保全桥顺利合龙、成桥线形符合设计要求。对全桥关键截面应力进行控制，确保成桥内力符合规范要求。

本次监控依据《建筑与桥梁结构监测技术规范》(GB 50982—2014)、《公路工程质量检验评定标准　第一册　土建工程》对该桥监控目标进行监控。施工监控的重点是对桥墩和主梁施工过程中的内力和几何外形的监控，为确保施工安全并最大限度地满足原设计要求，在桥梁施工过程中，结构受力状态和几何状态的施工监测值与施工过程模拟计算值之间的误差限应符合以下规定：对混凝土，结构应力计算值不大于10 MPa时，误差限值±30%；结构应力计算值大于10 MPa时，误差限值±20%；悬臂施工主梁各节段完成时的高程误差限值为±20 mm。施工监控中墩台沉降、温度变化情况与桥梁施工结构受力状态和几何状态密切相关，主要考虑因素包括悬臂施工主梁各节段完成时的墩台沉降和施工阶段温度变化。该波形钢腹板PC组合梁桥的监控依据《建筑与桥梁结构监测技术规范》中第7.1条，指出对桥梁进行监控，主要包括结构应力、高程、墩台沉降和温度监测。

依据《建筑与桥梁结构监测技术规范》中第4.2.5条、第7.2－Ⅲ条对本桥上部结构的控制截面布置应力测点，观察在施工过程中这些截面的应力变化及应力分布情况，以确定是否在本施工阶段对可调变量实施调整。仪器精度、监测频次符合《建筑与桥梁结构监测技术规范》中第4.2.5条、第7.2－Ⅲ条规定。

在该项目中应力测点选用JMZX－215HB型钢弦式应变计、BGK－4200型钢弦式应变计及型振弦式读数仪BGK－408作为应力观测仪器，应变测试仪器如图6.2所示。

(a) JMZX-215HB型钢弦式应变计　　(b) BGK-408钢弦频率测定仪

图6.2　应变测试仪器

6.3.1　施工监控测点布设

应力监测截面分别为 $A—A$、$B—B$、$C—C$、$D—D$、$E—E$、$F—F$、$G—G$ 截面，监测截面及传感器布置示意图如图 6.3 和图 6.4 所示，应力监测截面传感器统计数据表（全桥）见表 6.1。

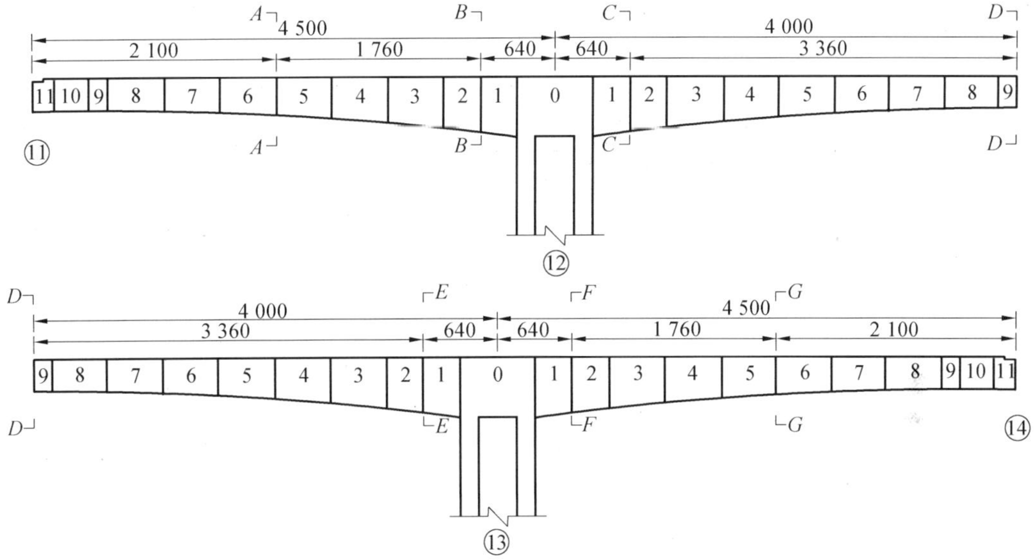

图 6.3　截面布置示意图(cm)

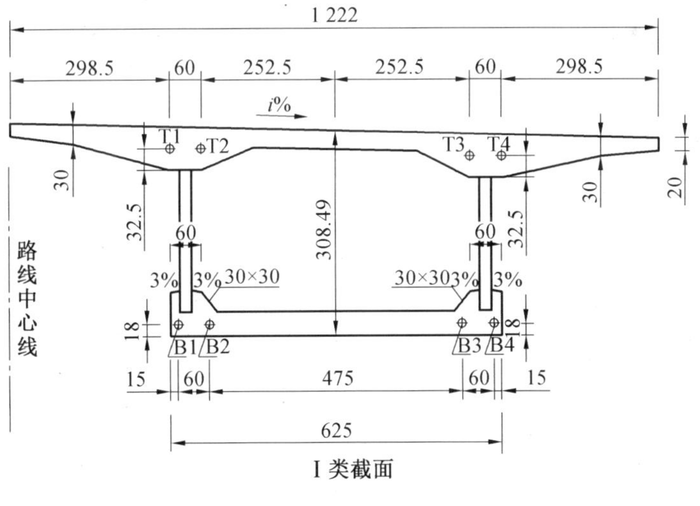

图 6.4　各控制截面传感器布置示意图

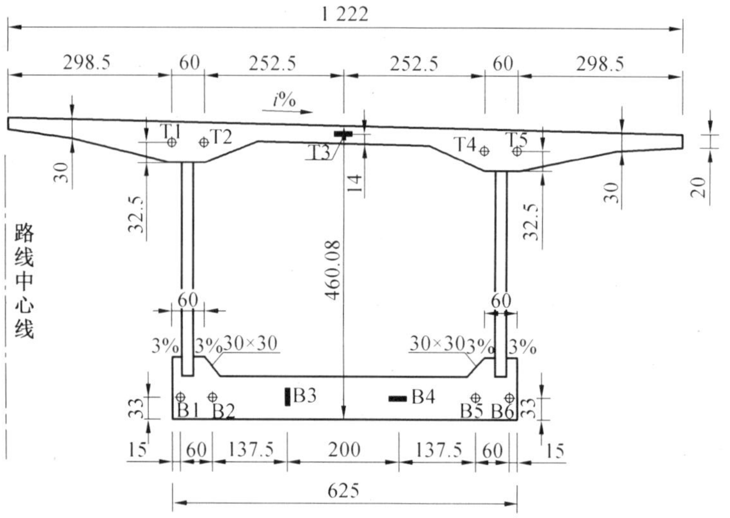

Ⅱ类截面

续图 6.4

注：① 图中尺寸单位为 cm。

② 图中圆圈图案测点表示沿桥纵向布置传感器，矩形表示沿桥横向、纵向布置的传感器。

③ 图中 B1 ～ B6 为梁底传感器，T1 ～ T5 为梁顶传感器，字母为相应英文首字母。

表 6.1　应力监测截面传感器统计数据表(全桥)

控制截面类型	控制截面编号	截面数量 / 个	每个截面传感器数量 / 个
Ⅰ 类截面	*A*—*A* 截面、*G*—*G* 截面	4	8
Ⅱ 类截面	*B*—*B* 截面、*C*—*C* 截面、*E*—*E* 截面、*F*—*F* 截面	8	11
Ⅲ 类截面	*D*—*D* 截面	2	8
全桥传感器总数		14	136

悬臂施工过程中上部结构布置线形测点，主要监测主梁高程、跨长、结构变形等内容。实时跟踪主梁在悬臂施工阶段及合龙过程的线形和结构变形并与理论值进行对比，以期成桥时达到理想设计线形。仪器精度、线形测点布设、监测频次符合《建筑与桥梁结构监测技术规范》中第 4.3.7 条、第 7.2 — Ⅱ 条规定。本桥线形采用高精密水准仪 / 徕卡 SPRINTER350M、铟钢尺 GPCL2 进行线形测量。每个节段高程测点各设 3 个测点，横向中线位置布置 1 个(中线测点可兼作中线偏位测点)，距箱梁两外侧边缘75 cm 各布置 1 个，与中线位置对称；纵向距离该悬臂块件前端 30 cm，主桥线形测点示意图如图 6.5 所示。

在悬臂施工过程中布置桥墩沉降观测点，主要监测桥墩沉降。桥墩沉降关系到桥梁受力与线形，是桥梁施工过程中非常关键的实测项目。分别在 11＃、12＃ 墩墩底布置沉降观测点，沉降测点布置图如图 6.6 所示。

为保证大桥施工达到设计要求内力状态和线形，必须对结构实际温度进行实时监

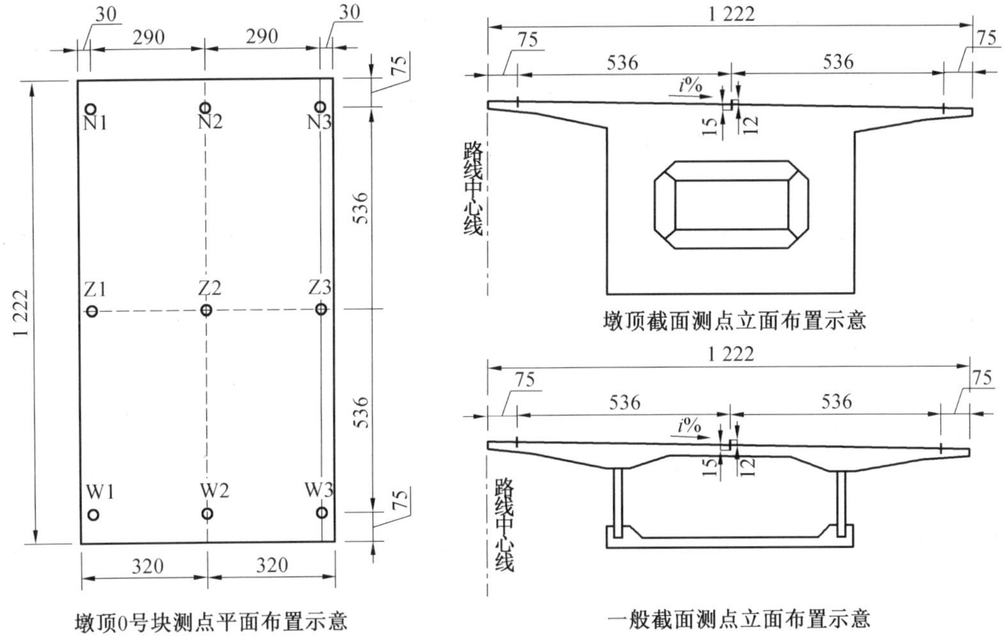

图 6.5　主桥线形测点示意图

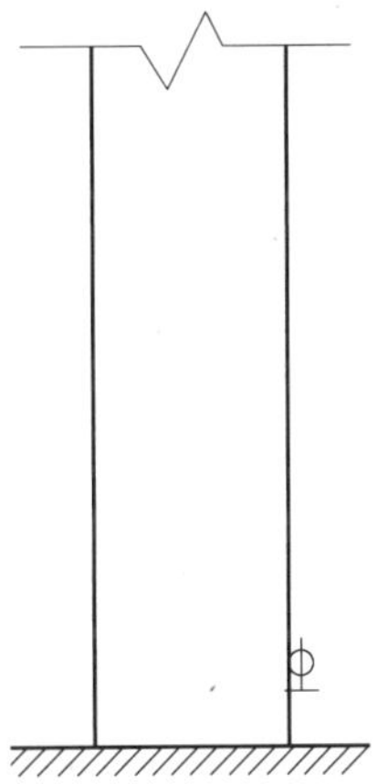

图 6.6　沉降测点布置图

测。只有掌握了施工结构整体温度分布状态才能有效地克服温度对施工结构行为的影响。依据《建筑与桥梁结构监测技术规范》对结构温度测点布设。仪器精度、监测频次符合《建筑与桥梁结构监测技术规范》中第 4.4.3 条、第 4.4.4 条规定。本桥结构温度监测主要采用应变计自带温度监测功能进行。主要依据如下。

(1)《建筑与桥梁结构监测技术规范》。

(2)《公路工程质量检验评定标准　第一册　土建工程》。

参考规范如下。

(1)《公路波形钢腹板预应力混凝土箱梁桥设计规范》(DB41/T 643—2010)。

(2)《公路工程技术标准》(JTG B01—2014)。

(3)《公路桥涵设计通用规范》(JTG D60—2015)。

(4)《公路钢筋混凝土及预应力混凝土桥涵设计规范》(JTG 3362—2018)。

(5)合同及施工设计文件。

国家、交通部和地方现行的有关设计、施工、验收规范、规程和标准及其以后的修订，均为本次施工监控工作的相应依据或参考。

6.3.2　结构建模计算

计算中将箱梁离散为48个单元、49个节点，下部结构离散为60个单元、64个节点，采用空间计算软件MIDAS Civil建立的结构有限元模型，其中桥梁的横隔板作用以节点荷载的形式体现。墩顶截面采用混凝土截面，波形钢腹板截面采用Midas自带钢腹板箱梁截面，对于内衬混凝土波形钢腹板截面，则将其等效为混凝土截面进行计算，体外预应力通过Midas钢束特性中的“体外”选项来实现。本书项目根据波形钢腹板PC组合梁桥设计资料等进行施工监控计算，并对未知参数进行了一部分合理假设，以保证计算完整性和合理性。本桥计算过程划分为如下阶段，施工阶段划分表见表6.2。有限元模型图如图6.7所示。

表6.2　施工阶段划分表

施工阶段号	施工周期/日	施工内容
2	60	0#、1# 托架施工浇筑
3	1	拆除托架，张拉预应力
4	3	2# 挂篮移动到位
5	10	2# 挂篮施工浇筑
6	1	2# 张拉预应力
7	3	3# 挂篮移动到位
8	10	3# 挂篮施工浇筑
9	1	3# 张拉预应力
10	3	4# 挂篮移动到位
11	10	4# 挂篮施工浇筑
12	1	4# 张拉预应力
13	3	5# 挂篮移动到位
14	10	5# 挂篮施工浇筑
15	1	5# 张拉预应力
16	3	6# 挂篮移动到位
17	10	6# 挂篮施工浇筑
18	1	6# 张拉预应力
19	3	7# 挂篮移动到位

续表6.2

施工阶段号	施工周期 / 日	施工内容
20	10	7＃ 挂篮施工浇筑
21	1	7＃ 张拉预应力
22	3	8＃ 挂篮移动到位
23	10	8＃ 挂篮施工浇筑
24	1	8＃ 张拉预应力
25	3	边跨合龙支架、配重就位
26	10	边跨合龙块混凝土浇筑
27	7	边跨合龙张拉预应力
28	3	中跨合龙挂篮、配重就位
29	12	中跨合龙块混凝土浇筑
30	3	中跨合龙后含体内预应力张拉
31	10	体外索张拉
32	30	二期铺装

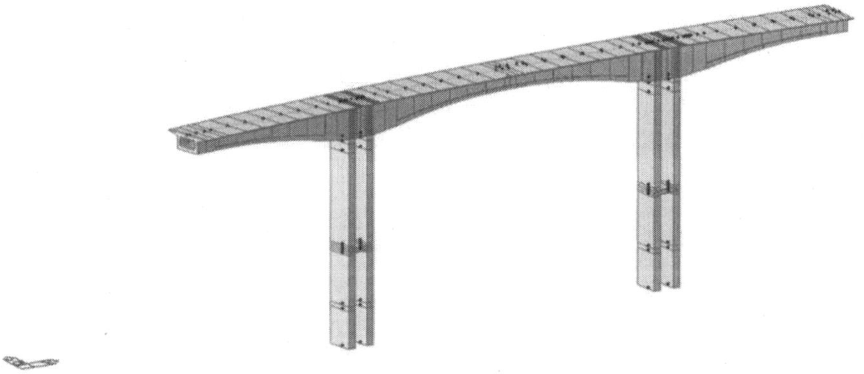

(a) 整体模型

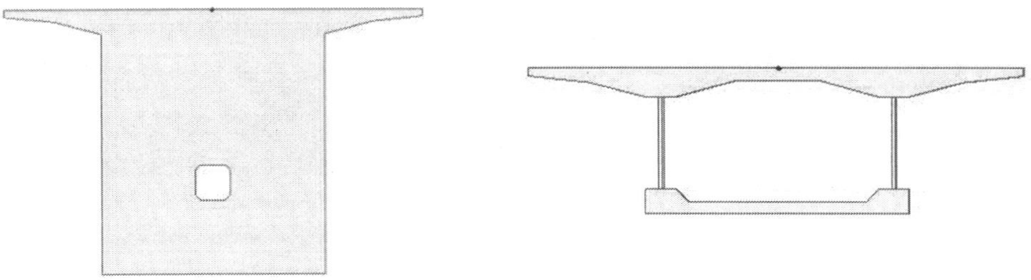

(b) 墩顶及跨中截面

图 6.7　波形钢腹板 PC 组合梁桥有限元模型图

6.3.3 监控结果

从实测应力数据中剔除非受力应力，经计算得到修正后的应力结果，对数据进行分析。通过监测数据可以看出，本桥监控测试截面应力范围为 − 34.2 ～− 0.06 MPa。随着T构悬臂浇筑施工的进行，压应力有规律地增加，截面处于全截面受压状态，且应力增加无突变发生，结构安全可靠。顶底板各测点应力的变化趋势和理论计算较一致。实测应力与理论值在数值上存在偏差，但梁体各阶段实测应力未超出理论计算允许范围。以上偏差的主要影响因素可以归为以下几点。

(1) 理论值是按照平面杆系有限元模型计算的，无法分析截面横向应力分布，没有充分考虑空间受力影响和剪力滞等影响。

(2) 桥梁上施工荷载的不确定性和预应力张拉误差对实测应力值有较大影响。

综上所述，结构在施工过程中应力未超出理论计算值允许范围，变化趋势和理论计算基本一致，结构处于安全可靠状态。典型截面 *A*—*A* 应力数据表见表 6.3，应力趋势分析图如图 6.8 所示。

表 6.3 控制截面应力数据表

控制截面 *A*—*A* 各控制点应力值						
施工阶段			顶板应力 /MPa		底板应力 /MPa	
			实测	理论	实测	理论
5# 块施工	15	张拉	− 5.60	− 1.20	− 0.06	− 0.10
	16	移动挂篮	− 10.08	− 0.40	− 1.62	− 1.30
6# 块施工	17	浇筑	− 11.01	0.20	− 3.74	− 2.20
	18	张拉	− 14.50	− 1.20	− 5.42	− 2.00
	19	移动挂篮	− 15.28	− 0.70	− 6.59	− 2.80
7# 块施工	20	浇筑	− 13.52	0.20	− 9.35	− 4.20
	21	张拉	− 18.10	− 1.10	− 9.80	− 4.00
	22	移动挂篮	− 16.18	− 0.60	− 11.18	− 4.80
8# 块施工	23	浇筑	− 16.27	− 0.70	− 13.91	− 5.10
	24	张拉	− 19.80	− 2.00	− 15.31	− 4.90
边跨施工	26	合龙浇筑	− 19.65	− 3.10	− 18.65	− 3.00
中跨施工	30	合龙张拉	− 21.92	− 3.70	− 25.67	− 7.20
体外索张拉	31	体外索张拉	− 24.90	− 5.10	− 30.48	− 8.40

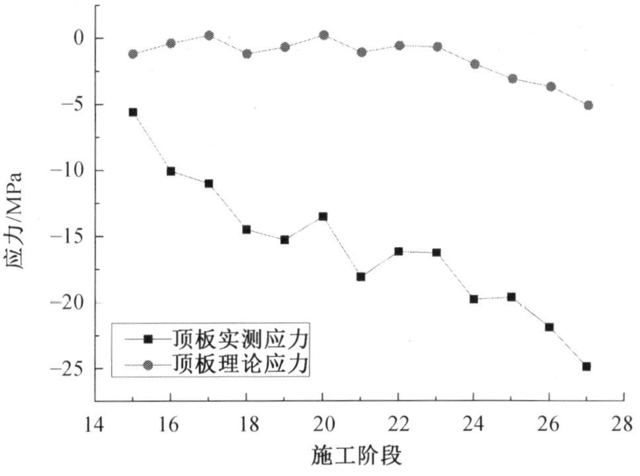

(a)

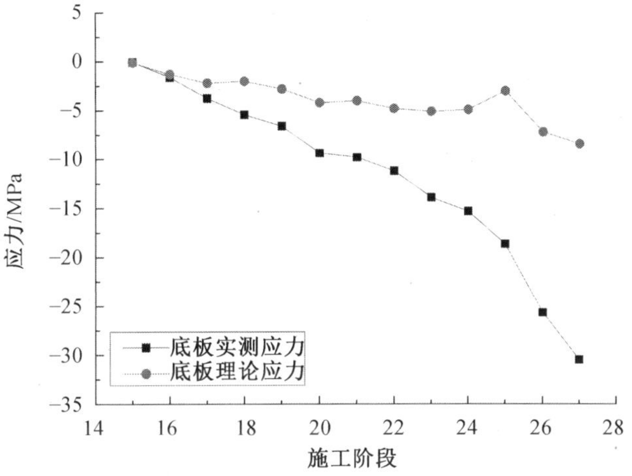

(b)

图 6.8　左幅控制截面 A—A 应力趋势分析图

一般情况下，监控单位以设计单位提供箱梁标高为基准，然后以施工单位施工方案和施工工序为依据进行施工阶段计算，合理确定预抛高值，再根据挂篮预压试验得出挂篮线形数据，综合这几项因素得出悬臂施工的梁段的施工立模标高，从而指导施工。而每一施工阶段每一控制点对应的标高与现阶段理论标高的对比是控制和指导下一阶段立模标高的关键。线形监控数据结果如图 6.9 所示。通过对图纸中的设计高程、监控中的实测高程和理论计算高程对比分析，可以看出，本桥二期铺装完成监控测试点实测值与理论值差值的范围为 −2.8 ～ 2.0 cm。主桥四个 T 构的实测值与理论值的差值集中在±20 mm 范围内，局部测点差值超过±20 mm，但主梁顶板底面、底板底面线形良好，各悬浇块段之间衔接顺畅，顶板厚度满足设计要求。

沉降监测数据表见表 6.4。通过对实测数据分析可以看出，本桥监控测点累积沉降值最大值为 1.6 mm，测点沉降满足监控目标要求；由于天气、施工、读数和仪器本身等原因，令测量过程中产生误差，表中沉降数据在工程允许范围之内，并可忽略其对桥梁线形的影响。

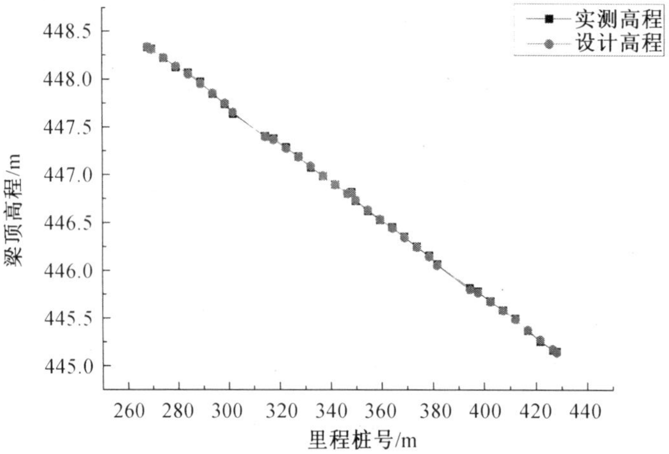

(a)左测点线形对比图

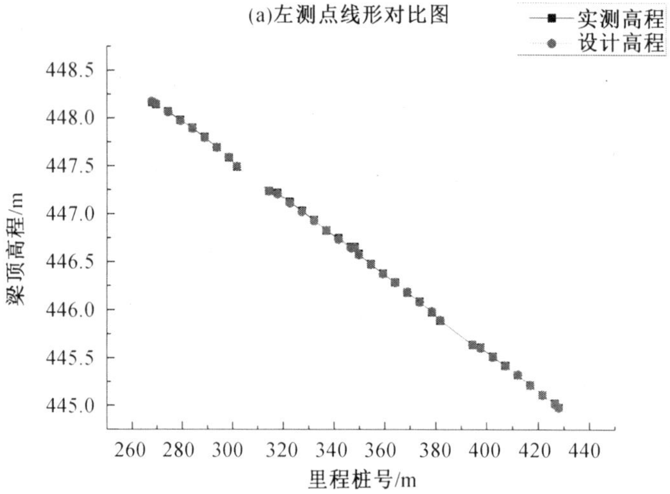

(b)中测点线形对比图

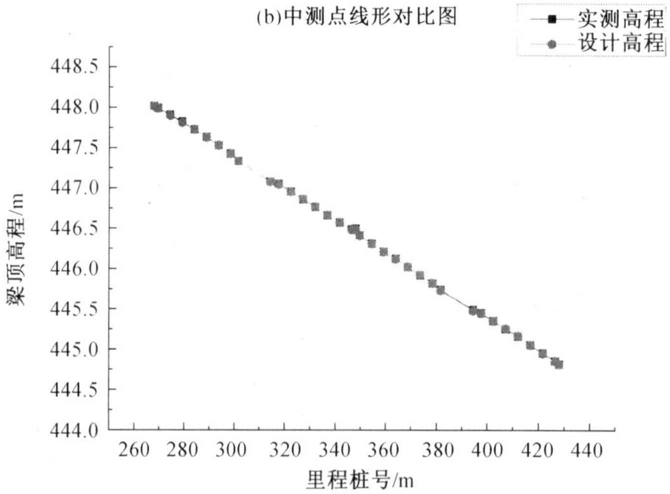

(c)右测点线形对比图

图 6.9　二期铺装后线形对比图

表 6.4　沉降监测数据表

沉降监测		
施工阶段号	施工内容	累积沉降值 /mm
2	0＃、1＃ 托架施工浇筑	0.1
5	2＃ 挂篮施工浇筑	0.2
8	3＃ 挂篮施工浇筑	0.2
11	4＃ 挂篮施工浇筑	0.5
14	5＃ 挂篮施工浇筑	0.6
17	6＃ 挂篮施工浇筑	0.9
20	7＃ 挂篮施工浇筑	1.1
23	8＃ 挂篮施工浇筑	1.2
26	边跨合龙块混凝土浇筑	1.3
29	中跨合龙块混凝土浇筑	1.6

典型截面 A—A 的温度监控数据结果如图 6.10 所示。通过对实测温度数据进行分析，得到本桥监控结构温度范围为 10.1 ～ 42.4 ℃。以上数据已在结构模型计算中进行了考虑，作为建模依据。

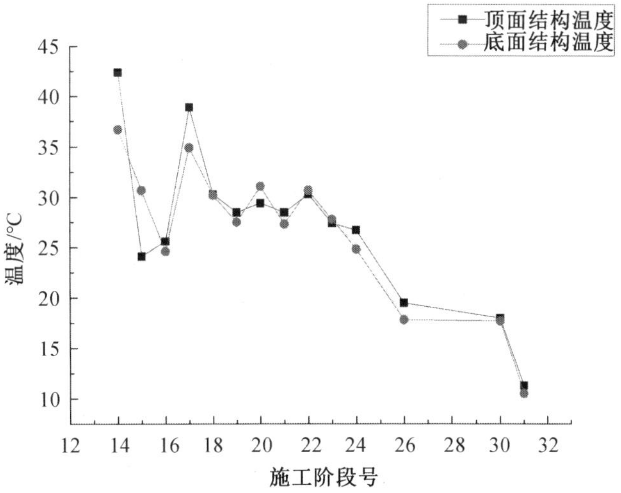

图 6.10　A—A 截面结构温度对比图

在本书实施案例中，施工前通过实验室试验材料性能和结构有限元分析，结合现场挂篮预压试验数据，尽可能较为准确地预测了结构在各个施工阶段的变形和内力；通过提供合理的立模标高，对主梁线形进行了控制。在波形钢腹板PC联主桥施工过程中，以大桥应力和线形控制为主，除此之外还包括桥梁沉降、温度测量参数，对全桥各重点部位进行了全面监控。采用自适应控制方法，分析变形数据，调整预确定的立模标高，以实现主梁线性的准确控制，掌握桥梁结构在各施工过程中的受力状态，最终严格控制各施工阶段各控制部位的应力和变形，同时辅以对箱梁截面尺寸和预应力张拉情况进行监控，为保证施工质量、工程进度和结构安全提供了有力的保障。施工过程中，监控工作得以顺利有效地实施，为桥梁顺利竣工提供了有力的支持。该工程各项质量均达到合格标准，主梁内力和结构变形均得到了较好的控制，结构应力监控表现良好，结构线性平顺美观，波形钢腹板PC组合梁桥施工的全过程属于受控状态，结构各项成桥指标表现良好，符合竣工验收条件。

6.4　检测内容及目的

6.4.1　静载试验

静载试验通过在桥梁结构上施加与设计荷载或使用荷载在控制截面内力等效的荷载，采用分级加载的方法，利用检测仪器测试桥梁结构的控制部位与控制截面在各级试验荷载作用下的挠度、应变、裂缝等反映的变化，将测试的结果与结构按相应荷载作用下的计算值与有关规范定值做比较，从而评定出桥梁结构的承载能力。通过校验系数来说明结构潜在的承载力，相对残余挠度反映了结构的工作状态。

① 通过荷载试验，确定试验结构控制截面的应变分布情况，通过中性轴高度、截面应变分布、应变与荷载效率的关系、实测值与理论计算值的对比等参数来评估桥梁承载能力。

② 通过分析试验荷载下的桥梁挠度情况，评估结构的刚度及承载能力。

6.4.2　动载试验

桥梁动力荷载试验的目的是测定桥梁结构的动力特性，即桥梁结构的自振频率、振型、阻尼比等桥梁结构模态参数；通过动载试验和理论分析来了解桥梁结构在试验荷载作用下的实际工作状态，判断和评价桥梁结构的承载能力和使用条件，分析桥梁病害成因并掌握其变化规律，分析桥梁病害对桥梁各项性能的影响。结合桥梁静力荷载试验结果，对桥梁质量做出合理的评价，为桥梁运营管理及改造提供科学的依据。

脉动试验：测试在环境振动下桥梁的微小振动响应，分析桥梁的动力特性（自振频率、振型、阻尼比）。通过以上工作，获取桥梁结构反应数据，并判断结构是否满足设计要求及安全通行要求，为今后的结构工作状态评定提供对比数据。本书项目案例现场检测工作照片如图6.11所示。

(a)应变传感器安装

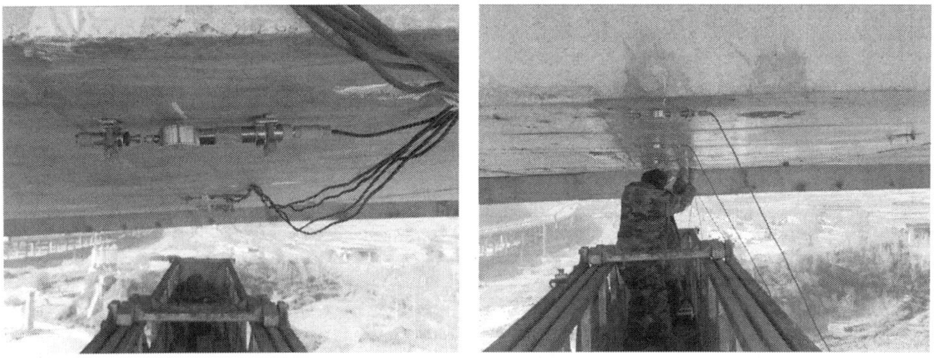

(b)安装好的应变传感器

图 6.11　波形钢腹板 PC 组合梁桥现场检测工作照片

6.4.3　安全保障与环境保护

在桥梁荷载试验中，应强调检测人员安全生产的保障措施，并考虑该过程对环境造成的影响。

(1) 安全保障措施。

① 组织足够数量的人员从事试验现场秩序维护和安全保卫工作，禁止无关人员和汽车进入试验区域，并组织管理好非直接参加试验的人员。

② 所有进入现场的试验人员和非试验人员必须穿反光服，高空作业人员必须系安全带。

③ 试验汽车由专人指挥，按特定路线行驶。

④ 安排专人守护试验设备。

(2) 环境保护措施。

① 不乱丢废弃材料，废弃材料集中后带出试验区。

② 不乱丢生活垃圾，生活垃圾集中后带出试验区。

③ 加载汽车应保证车况良好，车况不良及漏油都不得上桥。

6.5　静载试验实施过程

6.5.1　静载试验内容

根据现场工作条件及结构受力特点，选取波形钢腹板 PC 联左幅第 12 跨(边跨) 和第 13 跨(次边跨) 进行荷载试验，主要测试截面及试验内容如下。

(1) 边跨跨中截面(*A* 截面) 承载能力试验。

(2) 次边跨跨中截面(*B* 截面) 承载能力试验。

(3) 支点处主梁截面(*C* 截面) 承载能力试验。

测试截面布置示意图如图 6.12 所示。

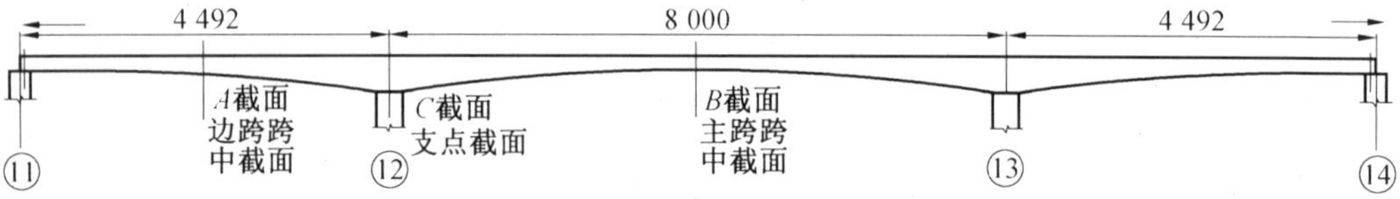

图 6.12　测试截面布置示意图(cm)

6.5.2　静载试验加载与计算分析

在荷载试验实施之前首先对结构进行了计算分析，结构计算采用目前国内比较成熟的桥梁结构计算分析软件 ——MIDAS Civil。上部结构主要参数取自桥梁结构设计图纸。本次荷载试验按照设计荷载(公路 —Ⅰ 级) 进行试验加载。计算模型如图 6.13 所示。

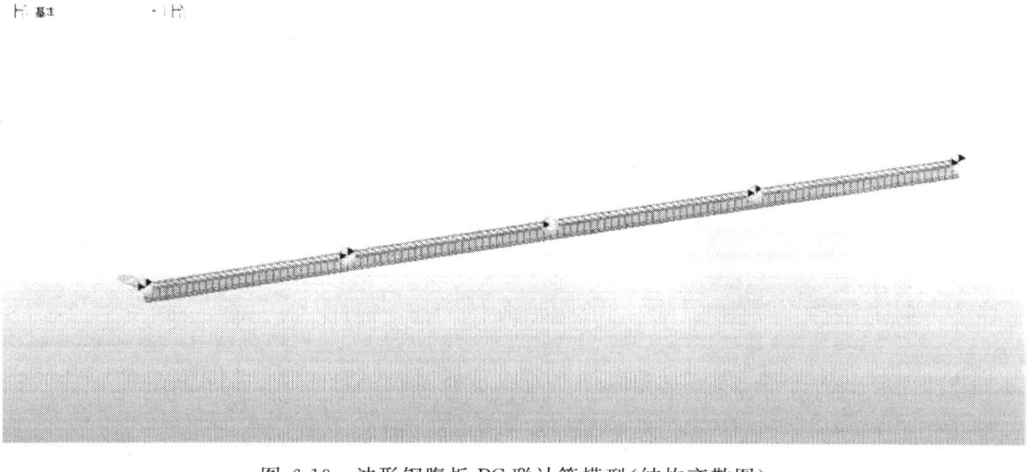

图 6.13　波形钢腹板 PC 联计算模型(结构离散图)

根据《公路桥梁承载能力检测评定规程》和《公路桥梁荷载试验规程》的规定，对于交(竣) 工验收荷载试验，静力试验荷载的效率系数 η_q 取值范围为 $0.85 \leqslant \eta_q \leqslant 1.05$，这里，

$$\eta_q=\frac{S_s}{S\cdot(1+\mu)} \tag{6.1}$$

式中　S_s—— 静载试验荷载作用下，某一加载试验项目对应的加载控制截面内力或变形的最大计算效应值；

S—— 设计标准活荷载作用下检测部位变位或内力的计算值；

μ—— 按规范取用的冲击系数值；

η_q—— 静载试验的荷载效率。

为了保证试验的有效性，根据各测试截面的内力与挠度影响线，按最不利位置加载，在保证各主要测试截面试验荷载效率系数 η_q 至少达到 0.85 的条件下，经计算确定静载试验共需用 50 t 载重汽车 4 辆。试验加载汽车轴重及轴距表见表 6.5。

表 6.5　试验加载汽车轴重及轴距表

编号	前轴重 /t	后轴重 /t	总重 /t
1	8.72	2 × 20.69	50.1
2	7.58	2 × 21.19	49.96
3	8.12	2 × 20.95	50.02
4	8.4	2 × 21.10	50.6

试验加载汽车轴距

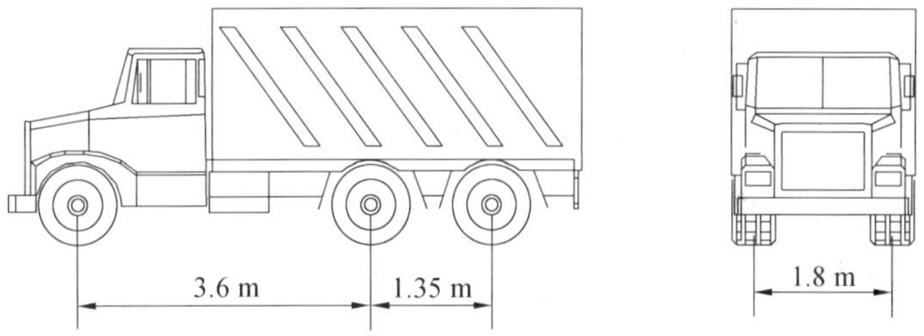

6.5.3　试验工况及加载位置

1.试验工况

根据试验内容，按各测试截面的弯矩最不利位置布载，荷载试验共分为 5 种试验工况，本章将对以下测试工况的典型试验数据与结论进行介绍。

工况一：按边跨跨中(A 截面) 最大正弯矩工况，横桥向对称布载。

工况二：按边跨跨中(A 截面) 最大正弯矩工况，横桥向偏心布载。

工况三：按次边跨跨中(B 截面) 最大正弯矩工况，横桥向对称布载。

工况四：按次边跨跨中(B 截面) 最大正弯矩工况，横桥向偏心布载。

工况五：按支点处主梁截面(C 截面) 最大负弯矩工况，横桥向偏心布载。

2.试验车辆荷载布置

试验车辆荷载布置图如图 6.14、图 6.15 所示，各载位的分级加载表见表 6.6 ～ 6.8。

(a) 工况一（边跨跨中A截面最大正弯矩）对称加载布置图

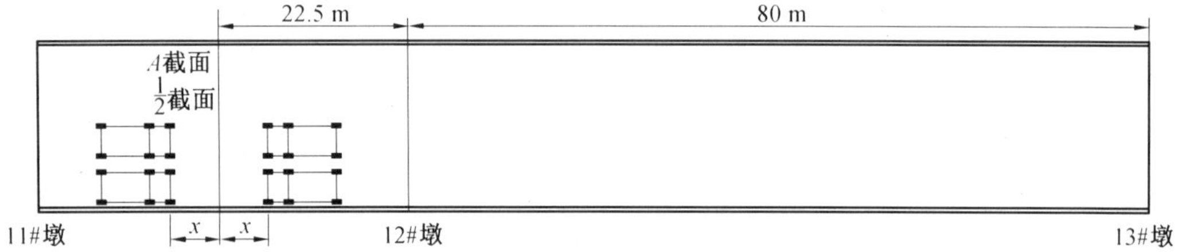

(b) 工况二、工况五（边跨跨中A截面最大正弯矩）偏心加载布置图

图 6.14　载位 A（工况一、工况二、工况五）荷载布置图(m)

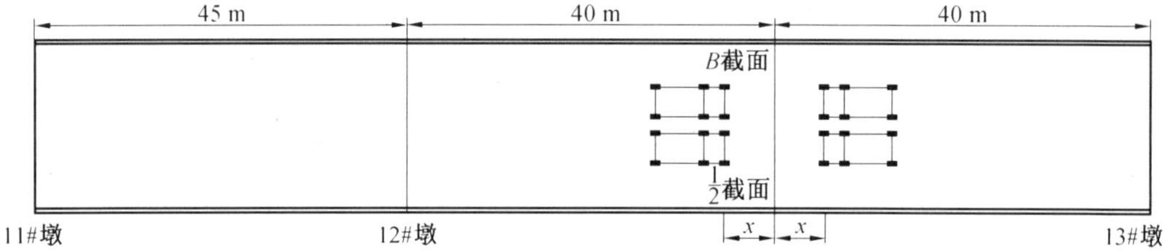

(a) 工况三（次边跨跨中B截面最大正弯矩）对称加载布置图

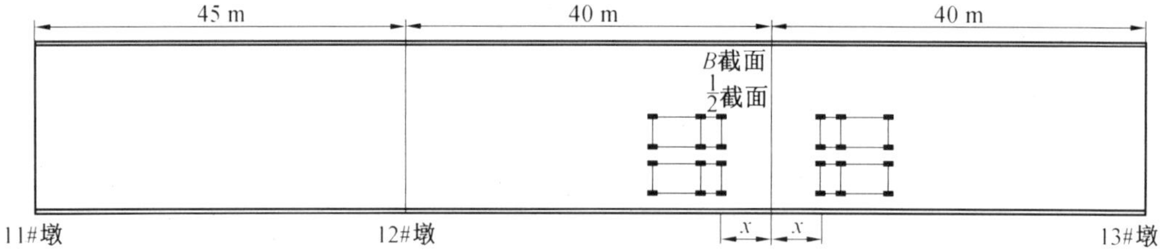

(b) 工况四（次边跨跨中B截面最大正弯矩）偏心加载布置图

图 6.15　载位 B（工况三、工况四）荷载布置图(m)

表 6.6　载位 A（工况一、工况二）分级加载表

分级	设计弯矩 /(kN·m)	x/m	试验弯矩 /(kN·m)	试验荷载效率
第一级	17 361.16	8	10 178.17	0.59
第二级	17 361.16	5	12 850.20	0.74
第三级	17 361.16	2	15 645.23	0.90

表 6.7　载位 B(工况三、工况四) 分级加载表

分级	设计弯矩 /(kN·m)	x/m	试验弯矩 /(kN·m)	试验荷载效率
第一级	27 074.53	8	17 218.52	0.64
第二级	27 074.53	5	19 809.43	0.73
第三级	27 074.53	2	23 563.99	0.87

表 6.8　载位 C(工况五) 分级加载表

分级	设计弯矩 /(kN·m)	x/m	试验弯矩 /(kN·m)	试验荷载效率
第一级	−22 087.4	8	−14 115.2	0.64
第二级	−22 087.4	5	−17 875.2	0.81
第三级	−22 087.4	2	−18 726.6	0.85

3.试验荷载效率

各工况下的试验弯矩及试验荷载效率表见表 6.9。

表 6.9　试验弯矩及荷载效率表

试验载位	控制截面	设计弯矩 /(kN·m)	荷载布置	试验弯矩 /(kN·m)	试验荷载效率
A	边跨跨中 A 截面	17 361.16	图 6.14	15 645.23	0.90
B	次边跨跨中 B 截面	27 074.53	图 6.15	23 563.99	0.87
C	支点处主梁 C 截面	−22 087.40	图 6.14	−18 726.60	0.85

6.5.4　测点布置

静载试验过程中，测点布置应遵循一定原则，可以总结为以下几点。

(1) 结构的最大挠度和扭转变位处(包括上、下游两侧挠度差) 需布置挠度测点。

(2) 结构控制截面最大应力或应变处(包括最大正、负弯矩区) 需布置应变测点(预应力构件还需在受拉区布置抗裂应变测点)。

(3) 结构控制截面需沿截面高度布置不少于 3 个应变测点，测试应变沿截面高度的分布情况及截面的中性轴高度。

(4) 梁端支点处需布置竖向位移测点，测试支座压缩及支点沉降情况(结构挠度评定时需扣除支座压缩及支点沉降的影响)。波形钢腹板 PC 联静载试验测试截面布置示意图如图 6.12 所示。

本桥挠度检测截面选择 2 个，即边跨跨中最大正弯矩截面(A 截面)、次边跨跨中最大正弯矩截面(B 截面)，如图 6.12 所示。在测试截面 A 布设 5 个挠度测点(A1 ~ A5)，测试截面 B 布设 5 个挠度测点(B1 ~ B5)，在截面两侧支点各布设 3 个挠度测点，共计 9 个支点沉降测点(Z1 ~ Z12)。挠度测点布置图如图 6.16 所示。

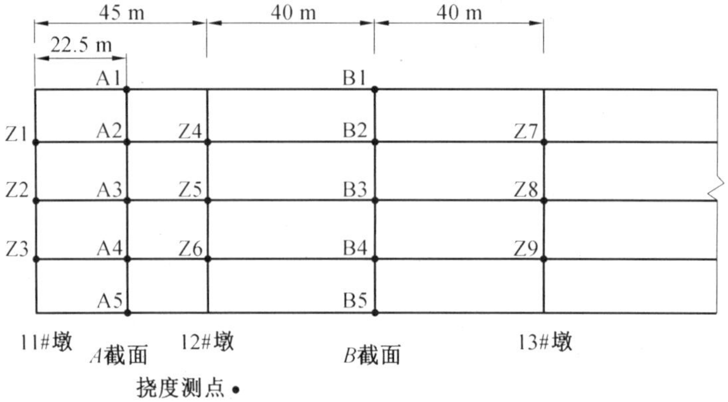

(a)

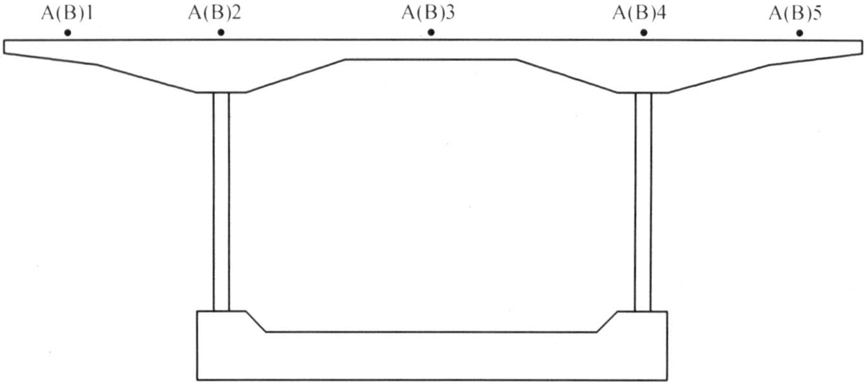

(b)

图 6.16　桥梁挠度测点布置图

本桥应力(应变)测试截面选择3个,即边跨跨中最大正弯矩截面(A 截面)、次边跨跨中最大正弯矩截面(B 截面)、支点处主梁最大负弯矩截面(C 截面),如图 6.16 所示。A 截面、B 截面各布置 5 个应变测点,C 截面布置 4 个应变测点,具体位置如图 6.17 所示。

本桥试验加载采用分级加载的方式,共分 3 级加载,1 级卸载。静载试验各截面各加载工况实施程序如下。确认桥梁的初始状态(静载试验加载开始),准备预加载,而后对预加载进行卸载,读取测点初读数对初始状态进行确认。分别移动加载汽车至第一、二、三级加载位置,读取试验数据。当所有加载数据完成后,加载车辆开出试验桥桥面(卸载),读取测点卸载后读数(每个截面静载试验测试结束后,根据各测点的残余读数决定是否进行第二循环加载)。在此过程中,需考虑全过程的安全监测。加载过程中应指定人员随时观察结构各部位可能产生的新裂缝,注意观察构件薄弱部位是否有开裂、破损,组合构件的结合面是否有开裂错位,支座附近混凝土是否开裂,横隔板的接头是否拉裂,结构是否产生不正常的响声,加载时墩台是否发生摇晃现象,等等,如发生这些情况,应报告试验指挥人员,以便采取相应的措施。本桥梁已安装结构安全监测系统,能够对本加载过程起到较好的监测功能,监测系统具体在下一章进行介绍。

当试验过程中发生下列情况之一时,应停止加载,查清原因,采取措施后再确定是否

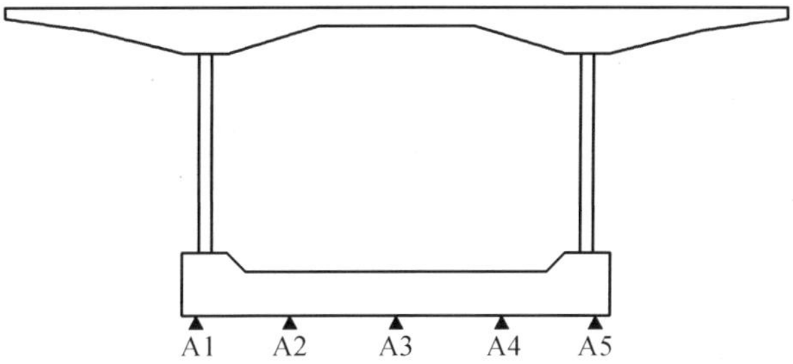

(a) A截面应变测点布置图

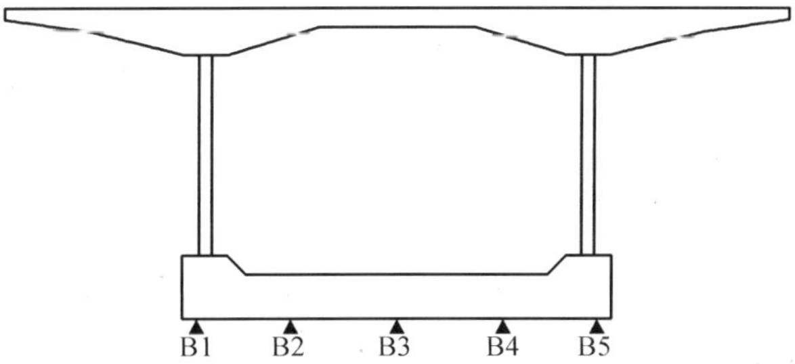

(b) B截面应变测点布置图

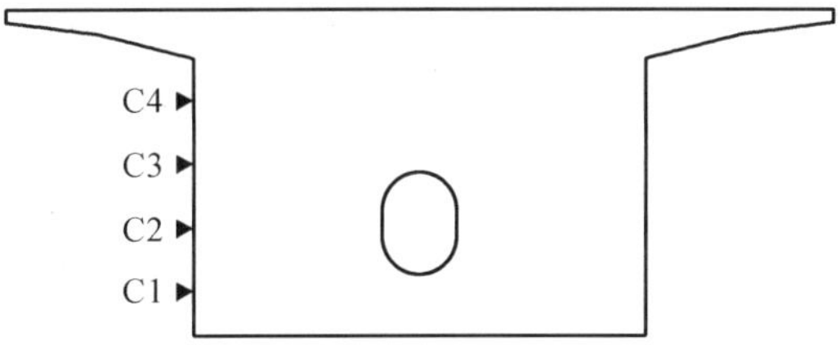

(c) C截面应变测点布置图

图 6.17　应变测点布置图

进行试验。

① 控制测点应变值已达到或超过计算值。

② 控制测点变形(或挠度)超过计算值。

③ 结构裂缝的长度、宽度或数量明显增加。

④ 实测变形分布规律异常。

⑤ 桥体发出异常响声或发生其他异常情况。

6.5.5　试验数据分析与结果评定方法

试验数据从试验过程中获得,在大多数情况下难以直接使用,需进行修正,保证试验数据的合理性和有效性。修正主要分为测值修正、温度影响修正、支点沉降修正等几个方面。

测值修正指根据各类仪表的标定结果对测试数据进行修正。温度影响修正主要考虑温度变化对结构的影响。温度对测试的影响比较复杂,结构构件的各部位不同的温度变化、结构的受力特性、测试仪器的温度变化、电测元件的温度敏感性、自补性等均会对测试精度造成一定影响,逐项分析这些影响是困难的,一般可采用综合分析的方法来进行温度影响修正，即利用加载试验前进行的温度稳定观测数据，建立温度变化和测点测值变化的线性关系，然后按 $\Delta S_t = \Delta S - \Delta t \cdot K_t$ 进行温度修正计算，其中 ΔS_t 表示温度修正后的测点加载值对应的荷载效应变化量，ΔS 表示温度修正前的测点加载值对应的荷载效应变化量，Δt 为在 ΔS 观测时间内的温度变化量，K_t 为空载时温度上升 1 ℃ 时测点变化量，按下式计算，ΔS_1 为空载时某一时间内测点测值变化量，Δt_1 为在 ΔS_1 观测时间内的温度变化量。支点沉降（支座压缩）修正主要考虑支点沉降所产生刚体位移和转角对测试结果的影响。测试结果不仅包括弹性挠度，也包括刚体位移，因此，当支点产生沉降时，应按下式修正其对挠度的影响：

$$C = \frac{l - x}{l}a + \frac{x}{l}b \tag{6.2}$$

式中　C—— 测点的支点沉降影响修正量；

l ——A 支点到 B 支点的距离；

x —— 挠度测点到 A 支点的距离；

a ——A 支点沉降量；

b ——B 支点沉降量。

根据测量数据做以下计算，总变位（或总应变）表示为 $S_t = S_l - S_i$，弹性变位（或弹性应变）：$S_e = S_l - S_u$；残余变位（或残余应变）：$S_p = S_l - S_e = S_u - S_i$；相对残余变位（或应变）定义为参与变位占总变位的百分比。其中，S_i 为加载前测值；S_l 为加载达到稳定时测值；S_u 为卸载后达到稳定时测值。根据测量到的测点应变，当结构处于弹性工作状态时，可利用应力应变关系计算测点应力。对单向应变测点，其应力计算直接按单向胡克定律 $\sigma = E\varepsilon$ 进行计算，式中，σ 为应力，E 为弹性模量，ε 为实测应变。

可根据量测截面各主梁布设测点的实测挠度，按式（6.3）计算荷载横向分布系数：

$$m_i = \frac{f_i}{\sum_{i=1}^{n} f_i} \tag{6.3}$$

式中　m_i—— 荷载作用下，某一量测截面第 i 片主梁横向分布系数；

f_i—— 荷载作用下，某一量测截面第 i 片主梁的测点挠度；

n—— 同一截面上主梁的数量。

对加载试验的主要测点（即控制测点或加载试验效率最大部位的测点），可按式（6.4）计算校验系数 η：

$$\eta = \frac{S_e}{S_s} \tag{6.4}$$

式中　S_e—— 试验荷载作用下量测的弹性变位（或应变）值；

S_s—— 试验荷载作用下的理论计算变位（或应变）值。

根据以上计算方法与公式，试验曲线的整理步骤可以分为以下几点：（1）列出各加载工况下主要测点实测变位（或应变）与相应的理论计算值的对照表，并绘制其关系曲线；绘制各加载工况下主要控制点的变位（或应变）与荷载效率的关系曲线。（2）绘制各加载工况下控制截面应变（或挠度）分布图、沿纵（横）桥向挠度分布图、截面应变沿高度（宽度）分布图等。校验系数 η 应包括应变（应力）校验系数及挠度校验系数，不同结构形式桥梁其校验系数范围不同。（3）一般情况下，当 $\eta < 1$ 时，表明结构的工作性能较好，满足使用要求；当 $\eta > 1$ 时，表明结构工作性能较差，应根据实际情况降级使用，限速限载并进行加固或改建。处于线弹性工作状况的结构，测点实测变形（或应变）与其理论值应呈线性关系。对于常规结构，实测的结构或构件主要控制截面应变沿高度分布图应符合平截面假定。（4）主要控制测点的相对残余变形（或应变）ΔS_p 越小，说明结构越接近弹性工作状况。ΔS_p 不宜大于 20%，当 ΔS_p 大于 20% 时，表明桥梁结构的弹性状态不佳，应分析原因，必要时再次进行荷载试验以确定。（5）试验荷载作用下新桥裂缝宽度不应超过《公路钢筋混凝土及预应力混凝土桥涵设计规范》规定的容许值，卸载后其扩展宽度应闭合到容许值的 1/3；在用桥梁的裂缝宽度不宜超过《公路桥梁承载能力检测评定规程》的规定，当裂缝超过相关规定时，应结合校验系数的计算结果，分析原因，采取措施。

6.5.6　静载试验结果分析

当边跨跨中 A 截面最大正弯矩对称布载时，边跨跨中 A 截面中载各测点实测应变值见表 6.10。

表 6.10　边跨跨中 A 截面中载各测点实测应变值

测点编号		加载分级			
		一级	二级	三级	卸载
边跨跨中 A 截面 / με	A1	26.2	29.4	43.5	5.5
	A2	12.4	21.8	36.1	4.1
	A3	13.0	20.9	31.5	3.0
	A4	13.0	19.8	31.0	3.3
	A5	13.0	21.2	41.2	4.8

边跨跨中 A 截面中载各测点应变校验系数评定——中载第三级见表 6.11，各测点应变横向分布图（中载第三级）如图 6.18 所示。由以上结果可知，A 截面在中载作用下，全部测点应变实测值小于计算值，应变校验系数小于 1，各测点实测应变横向分布与理论计算总体趋势一致。

表 6.11　边跨跨中 A 截面中载各测点应变校验系数评定——中载第三级

加载等级	测点编号	实测值 $S_e/\mu\varepsilon$	计算值 $S_s/\mu\varepsilon$	校验系数 $\eta = S_e/S_s$	评定结果
第三级	A1	38.0	44.1	0.86	满足要求
	A2	32.0	36.0	0.89	满足要求
	A3	28.5	34.5	0.83	满足要求
	A4	27.7	37.6	0.74	满足要求
	A5	36.4	44.1	0.83	满足要求

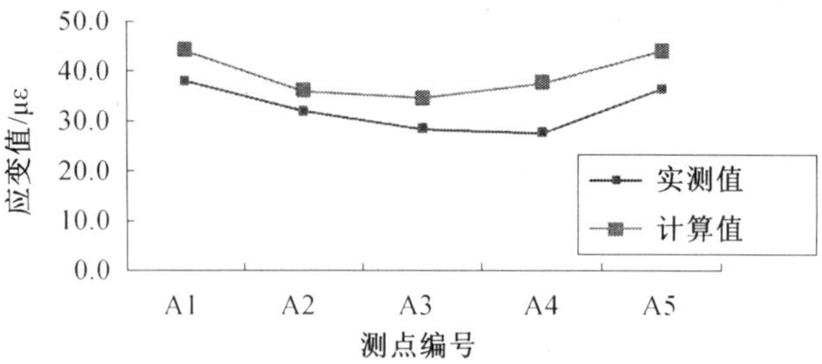

图 6.18　A 截面测点应变横向分布图(中载第三级)

边跨跨中 A 截面中载时，A1 点应变值最大，为 43.5 με，图 6.19 给出了该测点三级加载时应变实测值与计算值关系曲线。由图 6.20 中可以看到，测点 A1 应变实测值与计算值线性关系良好，线性相关系数平方值为 0.969 9。边跨跨中 A 截面中载时应变实测值相对残余分析结果见表 6.12。由表 6.12 可以看出，主要应变测点的相对残余小于 20%，满足规范要求。当边跨跨中 A 截面以最大正弯矩偏心布载时，边跨跨中 A 截面偏载各测点应变实测结果见表 6.13。

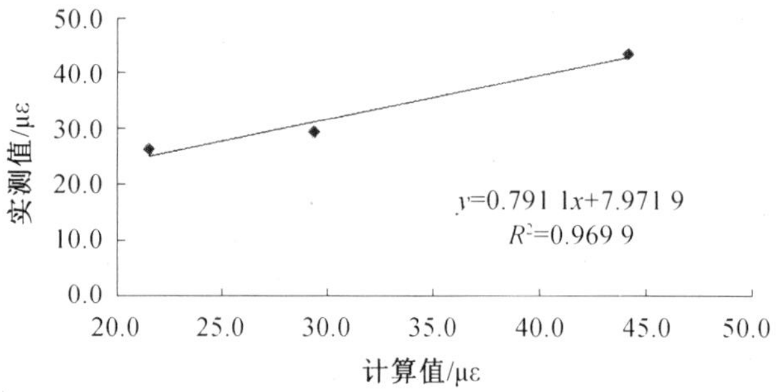

图 6.19　中载时 A1 测点应变实测值与计算值线性关系

表 6.12　边跨跨中 A 截面应变测点残余应变——中载

测点编号	最大应变 S_t/με	残余应变 S_p/με	相对残余值 S_p/S_t	评定结果
A1	43.5	5.5	0.13	满足要求
A2	36.1	4.1	0.11	满足要求
A3	31.5	3.0	0.10	满足要求
A4	31.0	3.3	0.11	满足要求
A5	41.2	4.8	0.12	满足要求

表 6.13　边跨跨中 A 截面偏载各测点实测应变值

测点编号		加载分级			
		一级	二级	三级	卸载
边跨跨中 A 截面 /με	A1	5.1	8.3	21.0	3.4
	A2	11.9	19.3	29.3	5.6
	A3	14.5	21.3	27.6	5.1
	A4	16.3	24.0	29.4	2.6
	A5	22.1	32.4	41.0	7.5

边跨跨中 A 截面偏载各测点应变校验系数评定结果见表 6.14，各测点应变实测值与计算值横向分布图如图 6.20 所示。由上可知，A 截面在偏载作用下，全部测点应变实测值小于计算值，应变校验系数小于 1，各测点实测应变横向分布与理论计算值总体趋势一致。边跨跨中 A 截面偏载时，A5 测点应变值最大，为 41.0 με，图 6.21 给出了该测点应变实测值与计算值关系曲线。由图 6.21 可以看到，测点 A5 应变实测值与计算值线性关系良好，线性相关系数平方值为 0.997 5。

表 6.14　边跨跨中 A 截面各测点应变校验系数评定 —— 偏载第三级

加载等级	测点编号	实测值 $S_e/\mu\varepsilon$	计算值 $S_s/\mu\varepsilon$	校验系数 $\eta = S_e/S_s$	评定结果
第三级	A1	17.6	32.1	0.55	满足要求
	A2	23.7	35.2	0.67	满足要求
	A3	22.5	35.7	0.63	满足要求
	A4	26.8	39.9	0.67	满足要求
	A5	33.5	51.6	0.65	满足要求

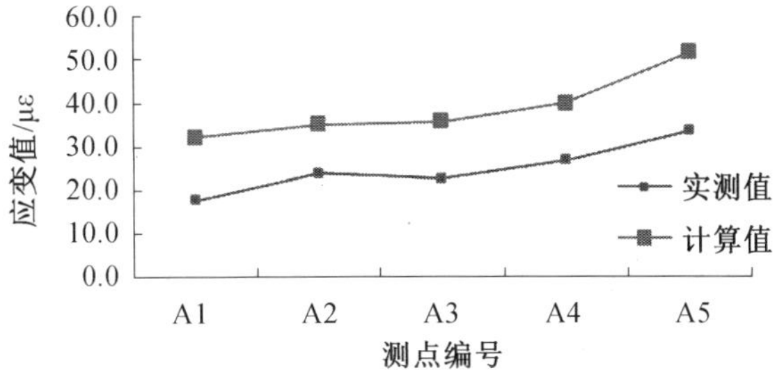

图 6.20　A 截面测点应变横向分布图(偏载第三级)

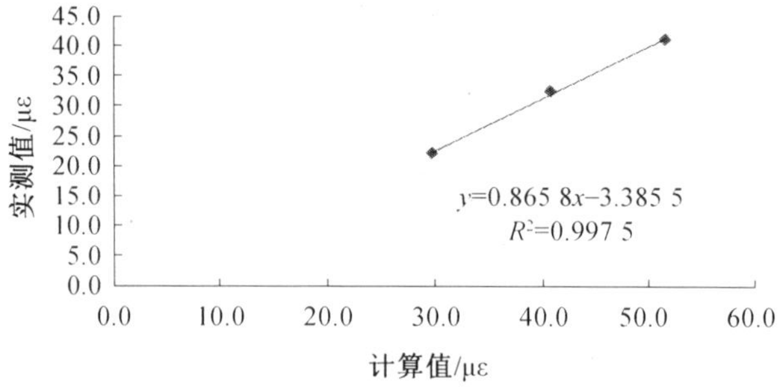

图 6.21 偏载状态下 A5 测点应变实测值与计算值线性关系

边跨跨中 A 截面偏载时应变实测值相对残余分析结果见表 6.15。从表 6.15 可以看出，主要应变测点的相对残余值小于 20%，满足规范要求。综上所述，边跨跨中 A 截面在中载和偏载作用下，全部测点应变实测值小于计算值，应变校验系数小于 1，实测应变横向分布与理论计算总体趋势一致，满足《公路桥梁承载能力检测评定规程》要求，说明该截面强度满足设计要求。挠度值同样为静载试验中的重要测量数据。边跨跨中 A 截面中载各测点挠度实测结果见表 6.16。边跨跨中 A 截面中载时测点实测挠度曲线图如图 6.22 所示。

表 6.15 边跨跨中 A 截面应变测点残余应变 —— 偏载

测点编号	最大应变 $S_t/\mu\varepsilon$	残余应变 $S_p/\mu\varepsilon$	相对残余值 S_p/S_t	评定结果
A1	21.0	3.4	0.16	满足要求
A2	29.3	5.6	0.19	满足要求
A3	27.6	5.1	0.18	满足要求
A4	29.4	2.6	0.09	满足要求
A5	41.0	7.5	0.18	满足要求

表 6.16 边跨跨中 A 截面各测点实测挠度值 —— 中载

测点编号		加载分级			
		一级	二级	三级	卸载
边跨跨中 A 截面 /mm	A1	−1.17	−1.55	−1.91	0.23
	A2	−1.38	−1.84	−2.13	−0.06
	A3	−1.45	−1.87	−2.17	0.18
	A4	−1.30	−1.82	−2.09	0.28
	A5	−1.09	−1.41	−1.72	0.27

边跨跨中 A 截面中载各测点挠度校验系数评定结果见表 6.17，各测点挠度实测值与计算值横向分布图如图 6.23 所示。由上可知，A 截面在中载作用下，全部测点挠度实测值小于计算值，挠度校验系数小于 1，各测点实测挠度横向分布与理论计算值总体趋势一致。

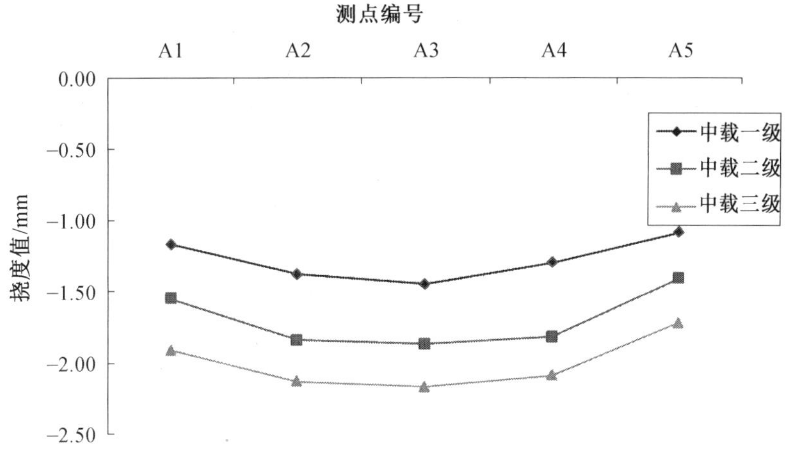

图 6.22　边跨跨中 A 截面各测点实测挠度曲线图 —— 中载

表 6.17　边跨跨中 A 截面各测点挠度校验系数评定 —— 中载第三级

加载等级	测点编号	实测值 S_e/mm	计算值 S_s/mm	校验系数 $\eta = S_e/S_s$	评定结果
第三级	A1	−2.14	−3.63	0.59	满足要求
	A2	−2.07	−3.81	0.54	满足要求
	A3	−2.35	−3.84	0.61	满足要求
	A4	−2.37	−3.81	0.62	满足要求
	A5	−1.99	−3.63	0.55	满足要求

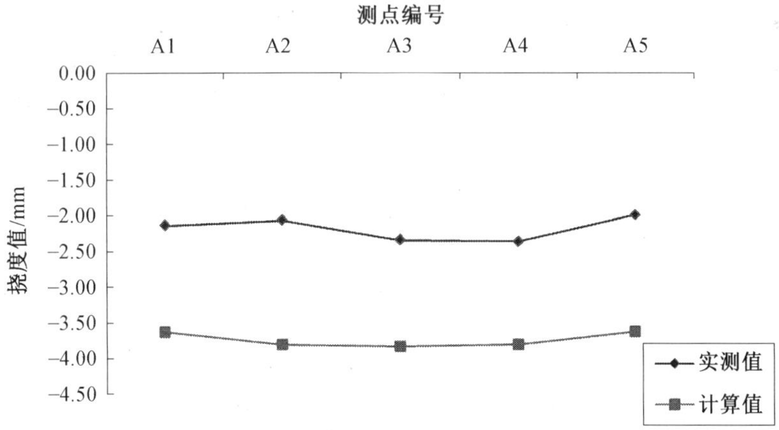

图 6.23　A 截面挠度测点横向分布图(中载第三级)

边跨跨中A截面中载时，A3测点实测挠度值最大，为－2.17 mm，图6.24给出了该测点挠度实测值与计算值关系曲线。从图6.24可以看出，测点A3挠度实测值与计算值线性关系良好，线性相关系数平方值为0.997 6。边跨跨中A截面中载时挠度实测值相对残余分析结果见表6.18。由表6.18可以看出，主要挠度测点的相对残余小于20%，满足规范要求。波形钢腹板PC组合梁桥支点处主梁C截面偏载各测点应变检测结果、支点处主梁C截面偏载各测点应变校验系数评定结果见表6.19和表6.20。

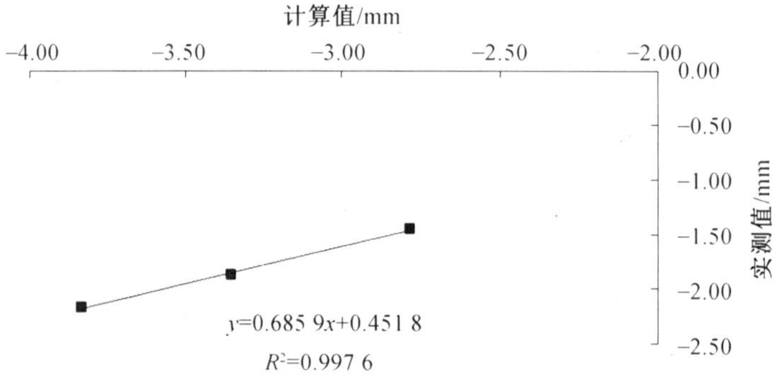

图6.24　中载时A3测点挠度实测值与计算值线性关系

表6.18　边跨跨中A截面挠度测点残余——中载

测点编号	最大挠度S_t/mm	残余挠度S_p/mm	相对残余值S_p/S_t	评定结果
A1	－1.91	0.23	－0.12	满足要求
A2	－2.13	－0.06	0.03	满足要求
A3	－2.17	0.18	－0.08	满足要求
A4	－2.09	0.28	－0.13	满足要求
A5	－1.72	0.27	－0.16	满足要求

表6.19　支点处主梁C截面各测点实测应变值——偏载

测点编号		加载分级			
		一级	二级	三级	卸载
支点处主梁C截面/$\mu\varepsilon$	C1	1	1.4	1.9	0.3
	C2	－1	－1.3	－1.5	－0.1
	C3	－1.3	－2	－2.4	0.3
	C4	－2.1	－2.4	－4.2	0.0

表 6.20　支点处主梁 C 截面各测点应变校验系数评定 —— 偏载

加载等级	测点编号	实测值 $S_e/\mu\varepsilon$	计算值 $S_s/\mu\varepsilon$	校验系数 $\eta = S_e/S_s$	评定结果
第三级	C1	1.6	2.9	0.55	满足要求
	C2	−1.4	−1.7	0.81	满足要求
	C3	−2.7	−6.0	0.45	满足要求
	C4	−4.2	−8.4	0.50	满足要求

由表 6.19 和表 6.20 可以看出，支点处主梁 C 截面各点应变实测值均小于计算值，应变校验系数小于 1，满足《公路桥梁承载能力检测评定规程》要求。说明该截面强度满足要求。图 6.25 给出了最大级试验荷载下实测应变沿截面高度的分布情况，从图中可以看出，实测应变沿截面高度呈线性分布，截面应变基本符合平截面假定。实测中性轴高度为 3.073 8 m，理论计算值为 3.062 2 m，实测值大于计算值，中性轴位置偏高，受力状况较好。

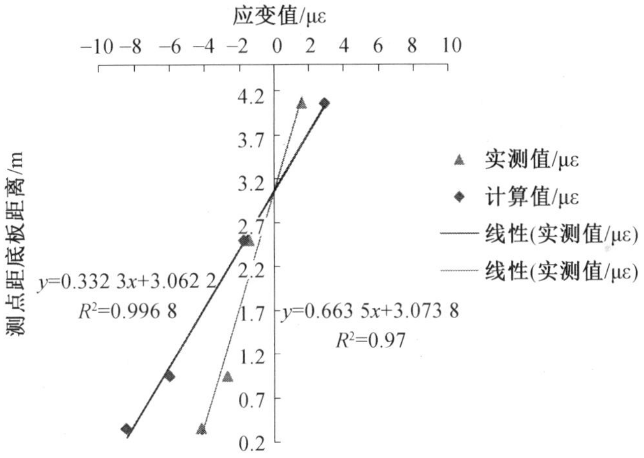

图 6.25　C 截面测点应变沿截面高度分布图

从以上静载试验可以看出，边跨跨中 A 截面中载应变校验系数为 0.74 ～ 0.89，偏载应变校验系数为 0.55 ～ 0.67；次边跨跨中 B 截面中载应变校验系数为 0.50 ～ 0.61，偏载应变校验系数为 0.53 ～ 0.61；支点处主梁 C 截面在偏载作用下，实测应变沿截面高度分布基本符合平截面假定，中性轴高度实测值大于计算值，受力状况良好。主要控制截面测点应变校验系数均小于 1，处于同类桥梁常值范围内，实测应变横向分布与理论计算值总体趋势基本一致，满足《公路桥梁承载能力检测评定规程》要求，说明该桥主梁强度满足设计要求。

在相当于设计荷载的试验荷载作用下，各工况挠度实测数据规律性较好。边跨跨中 A 截面中载挠度校验系数为 0.54 ～ 0.62，偏载挠度校验系数为 0.28 ～ 0.75；次边跨跨中 B 截面中载挠度校验系数为 0.31 ～ 0.44，偏载挠度校验系数为 0.30 ～ 0.62。主要控制截面测点挠度校验系数均小于1,处于同类桥梁常值范围内,实测挠度横向分布与理论计算值总体趋势基本一致,满足《公路桥梁承载能力检测评定规程》要求,说明该桥主梁刚度满足设计要求。

应变及挠度相对残余最大数值为19%,满足《公路桥梁承载能力检测评定规程》规定$\Delta S_p \leqslant 20\%$的要求。在试验过程中,同时对试验桥梁主梁其他位置进行裂缝观测,在各级加载工况下,各测点应变无畸变及退化现象,说明测点位置截面未开裂,未发现有裂缝出现。

综合上述分析表明,主梁结构在相当于设计荷载的作用下,处于弹性工作状态,具有一定的安全储备,桥梁整体工作性能较好,其强度和刚度满足设计要求。

6.6　动载试验

6.6.1　试验内容

动载试验用于了解桥梁自身的动力特性,抵抗受迫振动和突发荷载的能力。其主要项目为测定桥梁结构的自振特性,如结构或构件的自振频率、振型和阻尼比的脉动试验。

(1) 激振方式。

当桥面上无汽车行驶和其他的周期性干扰力时,在风、地面微振、水流等环境因素的作用下,桥梁所受的激励是平稳的各态历经宽带随机激励。结构响应的主谐量是在其固有频率附近的振动,从而通过脉动测试可以确定结构的固有频率。

(2) 测试参数。

根据各工况的振动曲线,按傅里叶分析,即可算得桥梁的振动频率,示意图如图6.26所示,结构振动衰减从而求得结构阻尼比的示意图如图6.27所示。如果分析的时程曲线是汽车在桥上时的记录,则所得振动频率为桥梁结构强迫振动频率;如果分析的曲线段为汽车驶离桥梁后的记录,则所得频率为桥梁自振频率。

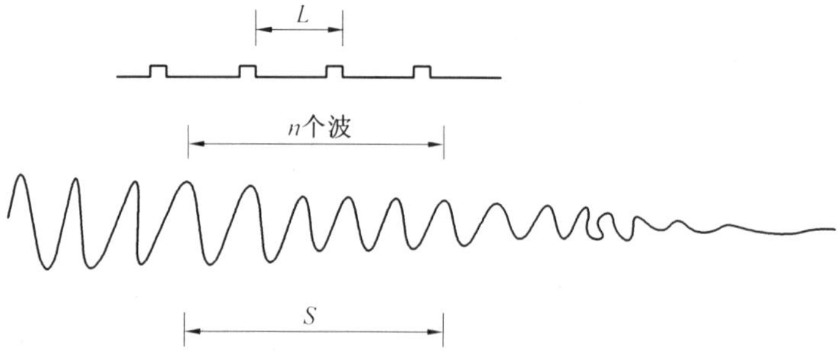

图6.26　由衰减振动曲线求固有频率

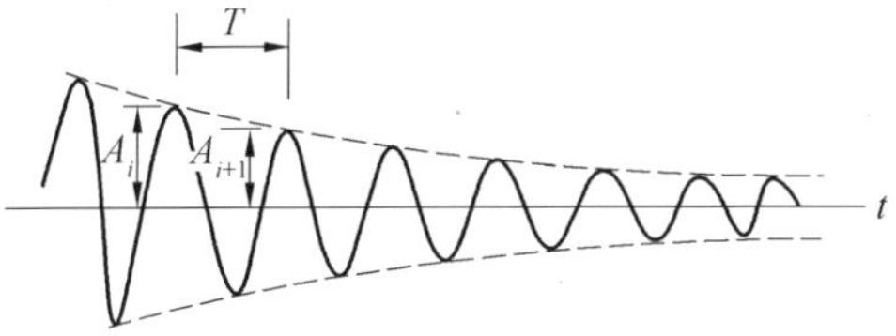

图 6.27 由对数衰减曲线求阻尼比

6.6.2 测点布置

传感器的布置要根据结构形式而定，一般要根据动力特性的理论分析结果，按照理论计算得出的振型大致形状，在动力响应较大的部位(如测试桥跨的跨中截面、1/4 截面、3/4 截面及支点截面等)布置传感器，以能测得桥梁结构最大响应并较好地勾画出振型曲线为宜。动载试验拾振器脉动测点布置如图 6.28 和图 6.29 所示。

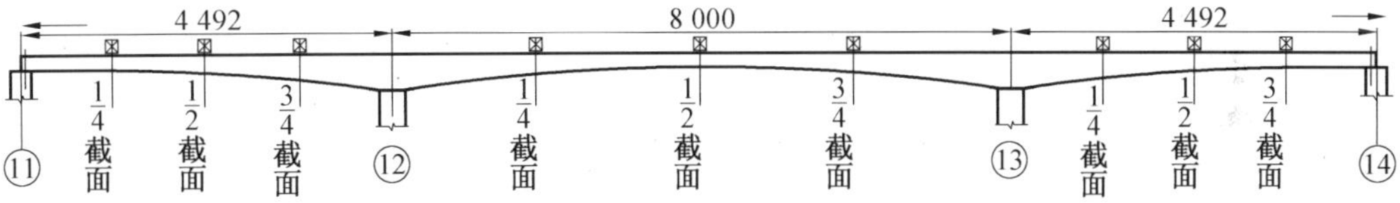

图 6.28 脉动测点布置立面图(m)

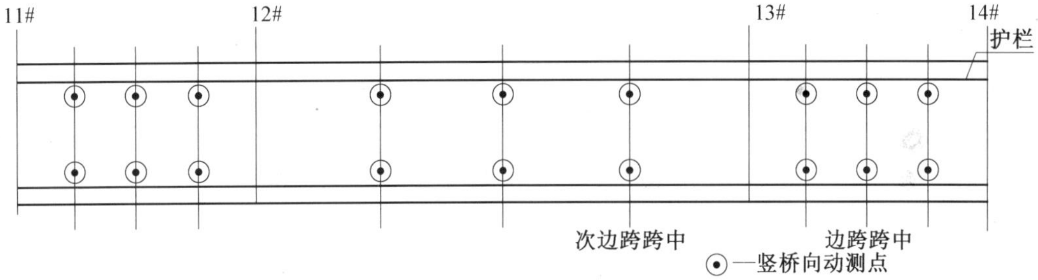

图 6.29 脉动测点布置平面图

6.6.3 试验结果分析

根据脉动试验获得大型低频桥梁结构的模态参数，被认为是一种可靠的掌握桥梁动力特性的方法。桥梁经过一段使用期以后，如果发生病害或者实际约束状态发生改变，则桥梁结构的频率和振型等固有特性参数必定会发生改变。这样，根据桥梁自振特性实测值的改变，就可以对桥梁的实际状态做出评定。本桥实测跨中测点振动时域图、自功率谱图如图 6.30、图 6.31 所示。

实测振型图、模型计算振型图如图 6.32 所示，自振特性实测值与计算值见表 6.21。该桥脉动试验实测一阶振型为竖向振动，与对应的计算振型相吻合，且实测频率大于计算值，说明实测动刚度较大，结构动力特性较好。

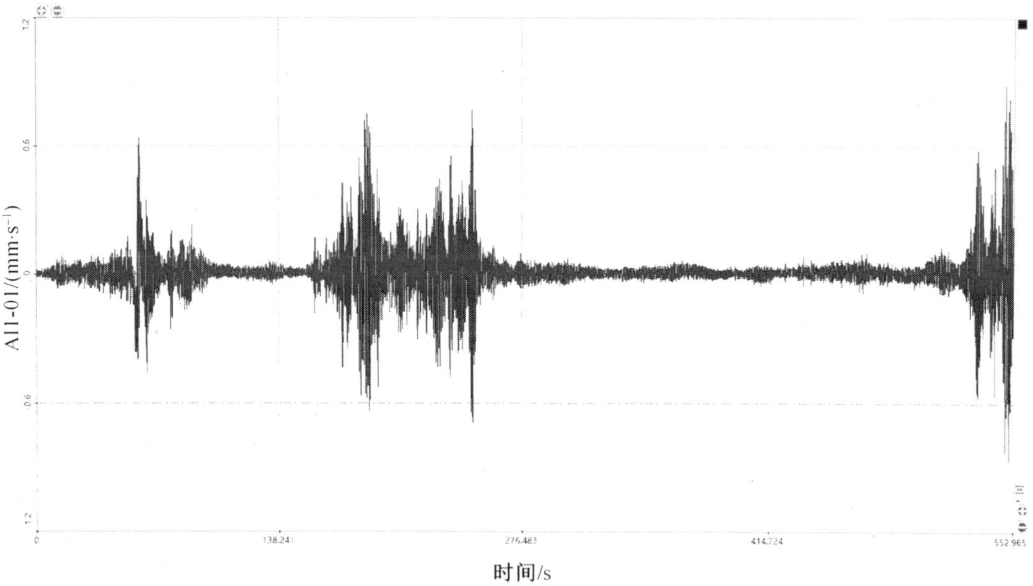

图 6.30　跨中测点振动时域图

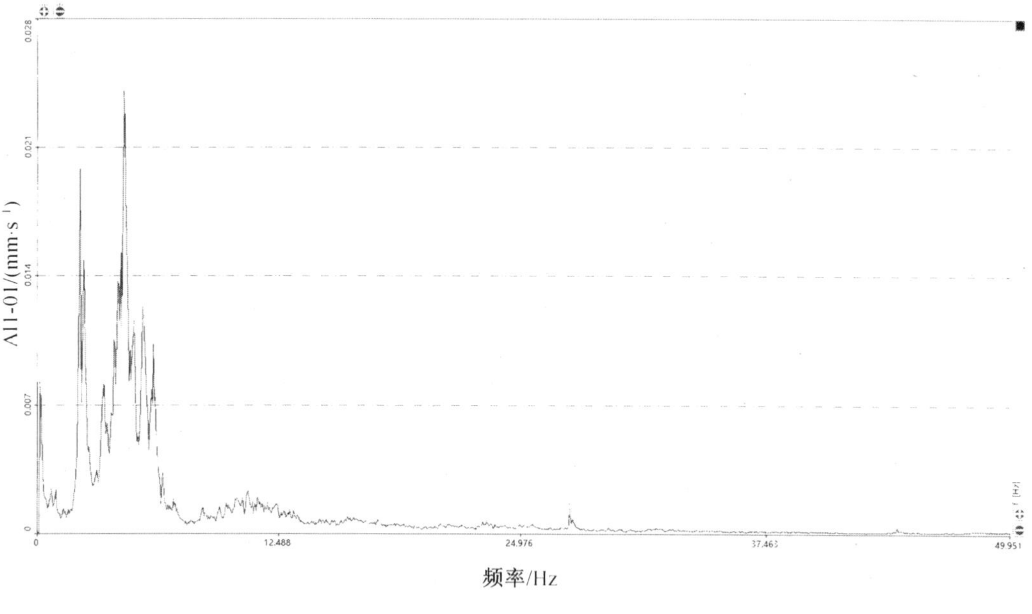

图 6.31　实测自功率谱图

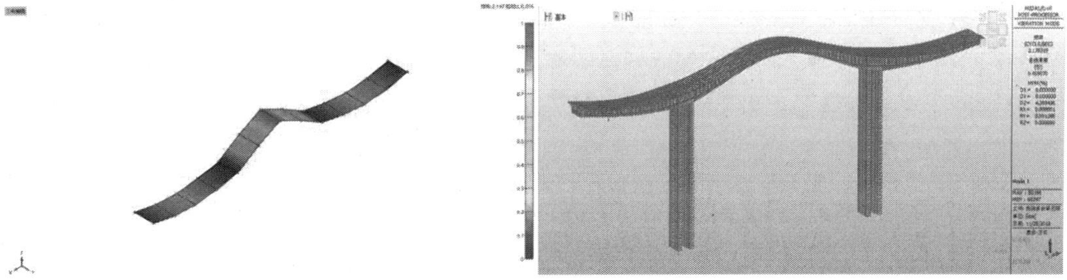

(a) 实测一阶振型图（竖向振动）　(b) 模型计算一阶振型图（竖向振动）

图 6.32　一阶振型对比图

表 6.21　自振特性实测值与计算值

振型序列	振型特征	自振频率 /Hz		实测阻尼比
		计算值	实测值	
一阶	竖向振动	2.178	2.197	0.016

6.7　本章小结

在相当于设计荷载的试验荷载作用下，主要控制截面测点应变及挠度实测值小于计算值，校验系数小于 1，处于同类桥梁常值范围内，实测应变及挠度横向分布与理论计算值总体趋势基本一致，满足《公路桥梁承载能力检测评定规程》要求，说明该桥主梁强度和刚度满足设计要求。

应变及挠度相对残余最大数值为 19%，满足《公路桥梁承载能力检测评定规程》规定 $\Delta S_p \leqslant 20\%$ 的要求。

在试验过程中，同时对试验桥梁主梁其他位置进行裂缝观测，在各级加载工况下，各测点应变无畸变及退化现象，说明测点位置截面未开裂，未发现有裂缝出现。

该桥脉动试验实测一阶为竖向振动，与对应的计算振型相吻合，且实测频率大于计算值，说明实测动刚度较大，结构动力特性较好。波形钢腹板 PC 联上部结构在相当于设计荷载（公路 - Ⅰ 级）作用下处于弹性工作状态，具有一定的安全储备，桥梁整体工作性能良好，动力特性较好，其强度和刚度满足设计要求。

本章参考文献

[1] LU Z R, LAW S S.Identification of system parameters and input force from output only[J].Mechanical systems and signal processing, 2007,21(5):2099-2111.

[2] 安宁.基于列车 - 桥梁耦合振动响应的桥梁损伤识别方法研究[D].北京：北京交通大学，2013.

[3] 张延哲.车辆 - 轨道系统参数识别方法[D].哈尔滨：哈尔滨工业大学，2016.

[4] YANG Y B, LIN C W, YAU J D.Extracting bridge frequencies from the dynamic

response of a passing vehicle[J].Journal of sound & vibration, 2004, 272(3-5):471-493.

[5] 杨明哲.考虑环境温度及混凝土依时特性的混凝土梁式桥自振特性演化[D].北京:北京交通大学，2014.

[6] 李玉忠. 温度对混凝土梁式桥动力特性演化规律的影响[D]. 北京: 北京交通大学，2016.

[7]YAO Z, WANG L, XIANG Z.Damage detection by mode shape squares extracted from a passing vehicle[J].Journal of sound & vibration, 2012,331(2):291-307.

[8]MALEKJAFARIAN A, BRIEN E J.Identification of bridge mode shapes using short time frequency domain decomposition of the responses measured in a passing vehicle[J].Engineering structures, 2014,81:386-397.

[9] 任宜春，马石城，林琳.移动荷载作用下梁裂缝识别的小波方法研究[J].振动与冲击，2004,23(2):84-87.

[10] 殷亮.基于小波分析和移动质量法的梁式结构损伤识别研究[D].武汉:武汉理工大学，2009.

[11]NGUYEN K V, TRAN H T.Multi-cracks detection of a beam-like structure based on the on-vehicle vibration signal and wavelet analysis[J].Journal of sound and vibration, 2010,329(21):4455-4465.

[12] 徐洪雷.移动荷载作用下桥梁结构的损伤识别[D].保定:河北大学，2011.

[13]AIED H, GONZÁLEZ A, CANTERO D.Identification of sudden stiffness changes in the acceleration response of a bridge to moving loads using ensemble empirical mode decomposition[J].Mechanical systems and signal processing, 2016, 66-67:314-338.

[14]ROVERI N, CARCATERRA A.Damage detection in structures under traveling loads by Hilbert-Huang transform[J].Mechanical systems and signal processing, 2012,28:128-144.

[15] 张衡. 基于改进 HHT 的混凝土简支梁桥非线性损伤识别方法[D]. 重庆: 重庆大学，2018.

第 7 章　波形钢腹板 PC 组合梁桥安全监测

桥梁建设持续至今，许多桥梁因为建设年代较早、施工技术水平差和设计标准低等问题，在日益增大的交通荷载作用下，结构开始出现并累积损伤，外在表现为裂缝、变形、沉降等，为桥梁结构的安全性埋下隐患，影响桥梁服役寿命，并且影响其正常运营。近年来由于汽车超载，桥梁倒塌的事故频发。这些事故造成了巨大的人员伤亡和经济损失，产生不良的社会影响。因此，利用监测设备进行安全监测、状态在线评估和预警等方法来保证结构的安全性、适用性和耐久性是十分必要的。

结构反应测试信息及荷载测试信息等多源信息的发展结构参数与荷载识别方法不仅能够大大改善识别效果，还能为新型结构的研究提供宝贵的基础数据。在我国已有一定比例的重要基础设施（如桥梁、隧道、公共建筑等）安装了结构安全监测系统。结构安全监测系统通过采集、分析、处理结构反应信息，预期基于识别算法不仅可以判断损伤是否存在，还能够对所识别到的损伤进行定位、定量估计，并以此为依据评估结构的安全状况。近 20 年发展过程中，基于有限元模型和结构反应测试信息的结构参数与荷载识别方法已成为安全监测领域的研究热点，理论上可以解决很多复杂结构系统的识别问题。

目前，波形钢腹板 PC 组合梁桥的研究主要围绕波形钢腹板 PC 组合梁桥力学性能、设计方案、构造、施工装配工艺和施工监控方法展开，而针对波形钢腹板 PC 组合梁桥荷载识别、损伤识别、基于监测数据的车桥耦合规律研究、地震作用下桥梁非线性参数识别及损伤机理研究鲜有报道。因此，以波形钢腹板 PC 组合梁桥为工程背景开展基于视觉与安全监测系统不完备测试信息的桥梁损伤识别方法研究，考虑环境影响对其参数与外荷载的准确识别，对揭示波形钢腹板 PC 组合梁桥变形机理与破坏模式、相关类型桥梁提供管养的技术支持具有重大作用。

7.1　工程概况

7.1.1　桥跨布置

某桥中心桩号为 K32 + 245.5，起点桩号为 K31 + 818.5，终点桩号为 K32 + 672.5，设计角度为 90°，桥梁全长 854.0 m。

全桥共 6 联：4 × 40 + 3 × 40 + 4 × 40 +（45 + 80 + 45）+ 3 × 40 +（30 + 55 + 30）；上部结构第 4 联采用波形钢腹板连续刚构，下部结构桥墩采用柱式墩、空心薄壁墩，墩台采用桩基础。某桥主桥立面布置图如图 7.1 所示。

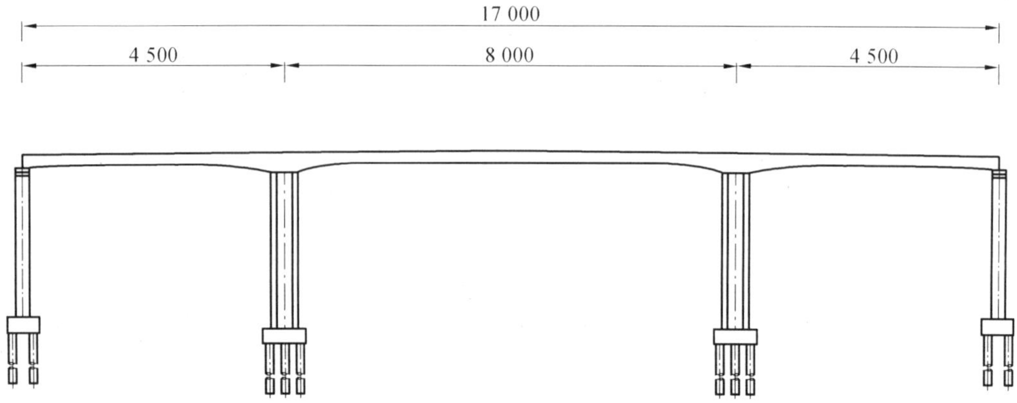

图 7.1 某桥主桥立面布置图(mm)

7.1.2 技术标准

某桥主要技术标准如下。

① 设计荷载:公路－Ⅰ级。

② 设计行车速度:120 km/h。

③ 桥梁宽度:2 ×(0.5 m(防撞护栏)＋11.38 m(行车道)＋0.36 m(防撞护栏))＋0.02 m(空)＝24.5 m。

④ 地震荷载:地震动峰值加速度 0.15g。

7.1.3 桥梁结构特征

某桥主桥第4联11＃墩～14＃墩上部结构为170 m的三跨波形钢腹板预应力混凝土组合连续箱梁,跨径布置为45 m＋80 m＋45 m。主梁采用单箱单室截面。桥面设置3％单向横坡,由箱梁沿顶板顶缘中点旋转形成,箱梁底板水平设置。横截面如图7.3～7.5所示。

单幅桥箱梁宽度为12.22 m,桥面组成为0.5 m(边护栏)＋11.38 m(行车道)＋0.36 m(中护栏),箱梁底板宽度为6.25 m。梁高和底板厚度均以二次抛物线的形式由跨中向根部变化,跨中梁高2.7 m,底板厚度20 cm,悬臂端根部厚度65 cm。梁高抛物线方程:$h=2.3\times(a/35.2)\times 2+2.7$ m;底板厚抛物线方程:$d=0.49\times(a/35.2)\times 2+0.28$ m。桥面铺装:10 cm厚沥青混凝土＋防水层＋8 cm厚现浇混凝土调平层。

箱梁在左边跨设置2道横隔板,在中跨设置4道横隔板,隔板厚30 cm。箱梁在支点横梁附近的波形钢腹板内侧设置内衬混凝土。箱梁采用悬臂浇筑的施工方法。

波形钢腹板波长1.60 m,波高0.22 m,水平面板宽0.43 m;水平折叠角度为30.7°,弯折半径为15t(t为波形钢腹板厚度)。波形钢腹板跨中至中墩墩顶厚度依次采用10 mm、16 mm、18 mm和20 mm的四种型号,具体设置厚度位置根据计算确定。波形钢腹板与混凝土顶板的连接采用波形钢腹板顶端焊有翼缘板与穿孔板的Twin－PBL连接形式,与底板的连接则采用插入式连接形式。

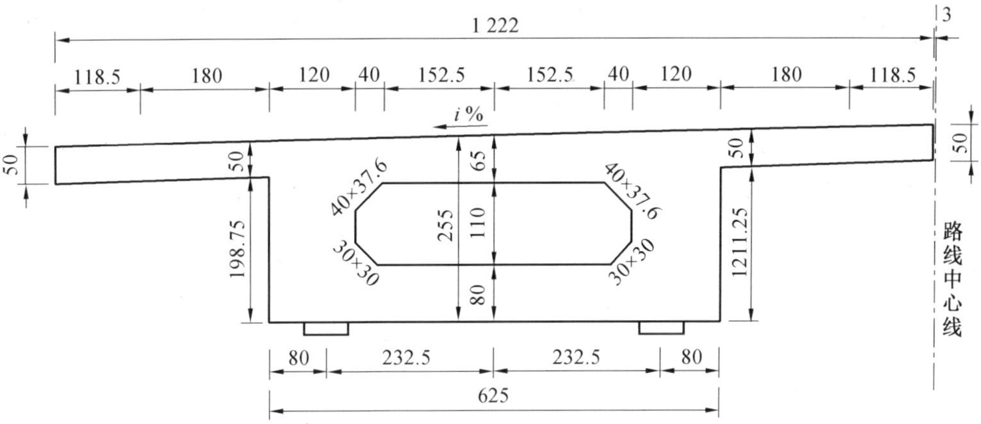

图 7.2　11＃、14＃ 墩墩顶横断面图

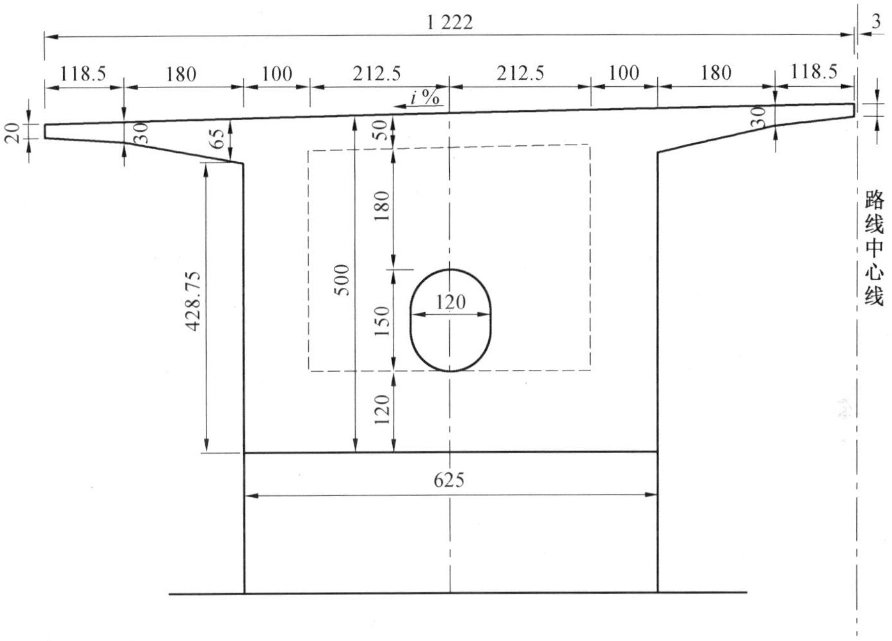

图 7.3　0＃ 块横断面图

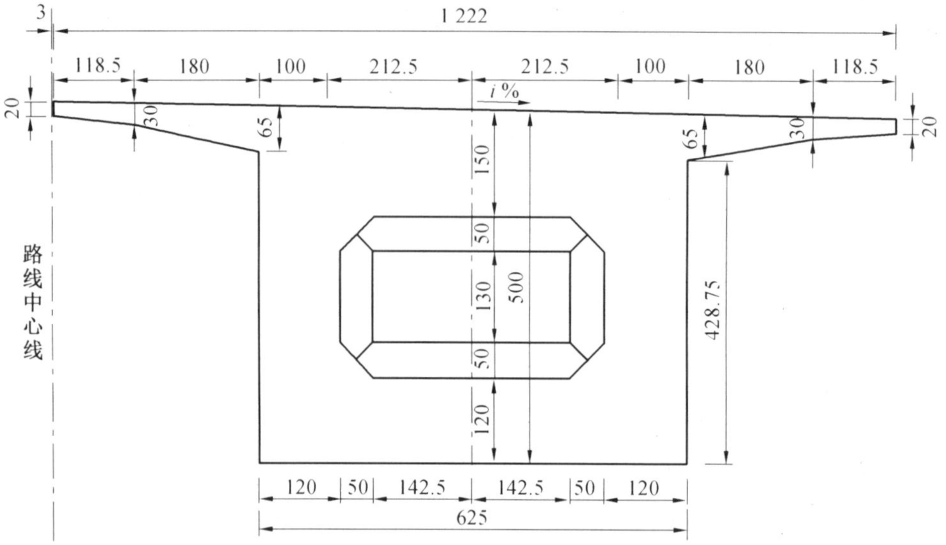

图 7.4 12#、13# 墩墩顶中心横断面图

7.2 监测系统建设目的及意义

为保证某桥交通畅通，需要加强对桥梁的维护管理工作。桥梁管理的目的在于保证结构的可靠性，主要指结构的承载能力、运营状态和耐久性能等，满足预定的功能要求。桥梁建成后，在长期的静载和荷载作用，以及气候、氧化或老化等因素的影响下，相应的强度和刚度会随时间的流逝而降低。这不仅会影响行车安全，而且还会使桥梁的使用寿命缩短。通过建立某桥结构安全监测系统，利用收集到的特定信息对大桥结构的安全状态进行评估，可以确保大桥安全运行。

某桥结构安全监测系统建设的主要目的在于通过实时监测反映大桥环境激励和结构性能状态的相关重要信息，把握大桥的工作性态，以保证大桥的安全运营，为大桥的养护维修提供科学依据。与传统的桥梁检测方法不同，桥梁结构安全监测重在诊断可能发生结构损伤或灾难的条件和环境因素，评估结构性能退化的征兆和趋势，以便及时采取养护维修措施，而传统的检测方法重在损伤发生后检查损伤的存在并采取维修加固的手段。因此，桥梁结构安全监测系统的概念具有革命性的意义。随着传感技术的革新和自动远程监测技术的更新换代，桥梁结构安全监测系统正向简单易装、经济可行、持久可靠的方向发展，并已成为许多大型桥梁建设工程的一部分。桥梁结构安全监测系统的建立具有以下重要意义。

① 能够监测到人工日常养护中无法检测的桥梁整体工作性能，以及对一些人工无法到达的隐蔽部位进行监测。

② 实现实时或准实时的损伤监测，及时发现桥梁的损伤与质量退化，对桥梁结构在

使用过程中出现的损伤进行定性、定位和定量分析，防患于未然。

③ 利用收集到的特定信息对大桥状态和安全进行评估，为管理者提供桥梁养护维修的客观依据，节约大量的后期维护经费。

④ 在突发性事件(如强烈地震、强台风或其他严重事故等)之后对桥梁进行结构安全性评估。通过评估、维修与加固，挖掘桥梁的潜力，使其继续为现代交通运输服务。

通过对监测系统采集数据的综合分析，可以更为准确地把握桥梁在各种荷载下真实的受力及变形状态，实时监测的数据和分析结果对桥梁的设计者和建造者是非常重要的资料，可以为以后的项目提供设计和建造依据，对今后同类工程的开发建设具有十分重要的指导意义。

在大桥整个设计使用寿命内，在确保大桥安全可靠运营的前提下，使维护管理费用保持在相对较低的稳定水平，是引进桥梁结构安全监测系统的最终目的。

某桥结构安全监测系统的成功建设和运行，将极大减少大桥管理的现场工作量及养护管理费用，尤其是使管理者能够及时了解桥梁的运营状态、病害和外部事件的影响，从而科学地制定维修决策，使大桥长期发挥其重要作用。

7.3　监测系统设计依据、规范及标准

7.3.1　设计依据

某桥施工图。

7.3.2　设计规范、标准及其他

《公路桥梁结构监测技术规范》(JT/T 1037—2022)

《建筑与桥梁结构监测技术规范》(GB 50982—2014)

《公路桥涵设计通用规范》(JTG D60—2015)

《公路钢结构桥梁设计规范》(JTG D64—2015)

《公路桥梁抗风设计规范》(JTG/T 3360-01—2018)

《公路桥梁抗震设计规范》(JTG/T 2231-01—2020)

《公路桥涵养护规范》(JTG 5120—2021)

《公路桥梁技术状况评定标准》(JTG/T H21—2011)

《公路桥梁承载能力检测评定规程》(JTG/T J21—2011)

《波纹腹板钢结构技术规程》(CECS 291:2011)

《公路钢筋混凝土及预应力混凝土桥涵设计规范》(JTG 3362—2018)

《公路桥涵施工技术规范》(JTG/T 3650—2020)

《公路工程技术标准》(JTG B01—2014)

《工程测量标准》(GB 50026—2020)
《全球定位系统(GPS)测量规范》(GB/T 18314—2009)
《综合布线系统工程设计规范》(GB 50311—2016)
《建筑物电子信息系统防雷技术规范》(GB 50343—2012)
《建筑物防雷设计规范》(GB 50057—2010)
《电力工程电缆设计标准》(GB 50217—2018)
《建筑设计防火规范》(GB 50016—2014)
《防静电活动地板通用规范》(SJ/T 10796—2001)
《计算机场地安全要求》(GB/T 9361—2011)
《计算机场地通用规范》(GB/T 2887—2011)
《计算机软件需求规格说明规范》(GB/T 9385—2008)
《计算机软件文档编制规范》(GB/T 8567—2006)
《计算机软件可靠性和可维护性管理》(GB/T 14394—2008)

7.4 安全监测系统总体架构

某桥结构安全监测系统的核心任务是获得结构在运营服役期间的环境作用与荷载、结构整体性能和局部性能等监测数据,通过对监测数据的分析,评估结构的安全状态,为科学、高效、经济的运营管养提供先进的技术支持。针对系统需要满足的功能和目标,某桥结构安全监测系统由以下5个子系统组成,监测系统组成及主要功能见表7.1。图7.5所示为监测系统框图。

表7.1 监测系统组成及主要功能

子系统	主要功能
传感器子系统	感知和获取荷载环境参数及结构性能参数,将各类监测信号转换为电(光)以及数字信号
数据采集与传输子系统	将所有监测信号转换为标准数字信号,并按照设定策略对数据进行实时采集和传输
数据管理子系统	各子系统数据的支撑系统,完成对所有监测到的静态、动态的资料、信息、数据的归档、查询、存储、管理和调用等工作
结构安全预警与评定子系统	结构安全状态评定;结构实时监测与预警
信息发布子系统	结构预警信息及监测结果通过局域网、广域网等多途径显示和发布

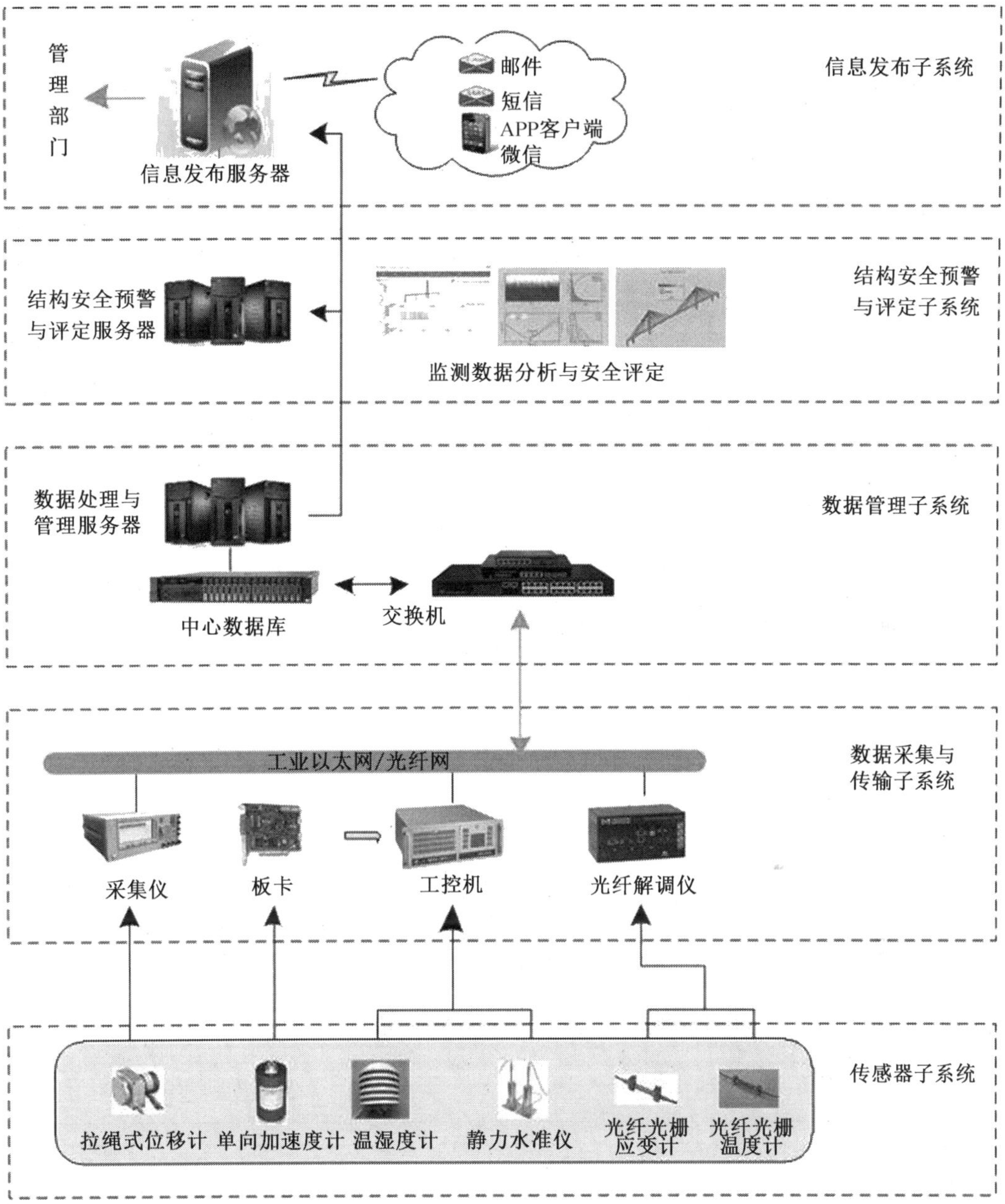

图 7.5　监测系统框图

7.5　传感器子系统

7.5.1　监测内容及测点选择原则

确定监测内容及测点选择的总体原则如下。

① 根据桥梁所处的地理环境和气候特点，确定对大桥结构受力影响的主要因素。

② 根据大桥危险性分析结果，确定大桥构件易损部位、结构控制部位和损伤敏感部位，如变形控制点、应力集中的位置、动力性能敏感点等，在含噪声的环境中利用尽可能少的传感器获取全面、精确的结构参数信息。

③ 根据大桥各类结构构件在结构安全中的重要性、代表性和构件的易损性，从结构状态评估的需要和运营养护管理的需求出发，为状态识别和结构安全评定做监测数据的技术准备。

④ 充分利用结构对称性原则，并考虑一定的冗余度。

⑤ 考虑资金投入和经济性，确定监测系统规模。

7.5.2　监测项目确定

某桥结构安全监测系统监测内容的确定，首先考虑桥梁结构形式的特点，从确保桥梁运营安全的角度出发，综合考虑测试手段的可行性、分析方法的可靠性等因素。某桥结构安全监测系统实时监测项目包括以下几个方面。

(1) 温湿度监测项目。

监测大桥环境温湿度及箱梁内温湿度状况。温湿度数据是结构状态和结构损伤发展状态的重要参数指标，可用于辅助指导主梁及其锚固系统等钢构件的养护维修工作。

(2) 伸缩缝位移监测项目。

监测伸缩缝位移，为评估伸缩缝的安全使用状况提供依据，是直观评估大桥内力状态的重要参数以及运营期间安全性预警的重要信息。

(3) 主梁线形监测项目。

监测桥梁主梁关键点的变形情况，把握大桥关键点在温度荷载、风荷载、车辆荷载等作用下的变形响应，是桥梁安全预警及状态评估的重要指标。

(4) 结构振动监测项目。

桥梁在风荷载、车辆荷载等作用下的结构振动响应水平(振动强度和幅值)和动力特性的参数(频率、振型、模态阻尼比)是桥梁构件性能退化的标志之一，监测桥梁振动响应、分析其动力特性，可以从整体使用状态上把握结构的安全使用状况，所以该监测数据也是评估系统中的一个重要指标，尤其是投入运营一段时间后进行动力损伤识别的重要指标。

(5) 结构应变监测项目。

在桥梁控制部位设置应变测点，对桥梁受力状况进行监测。应变监测数据是运营期间桥梁关键部位安全性预警的重要信息，也是结构状态分析的参考信息；利用应变监测数据可进行疲劳热点区域的疲劳寿命估算。

(6) 结构温度监测项目。

监测桥梁结构温度，分析温度随时间的变化规律并绘制变化图；分析桥梁关键位置处位移、变形与温度的关系，并绘制关系图；温度监测数据还为结构应变监测提供温度补偿。

7.5.3　监测点布设方案及传感器选型

某桥结构安全监测点布置图如图 7.6 所示，监测点汇总见表 7.2。

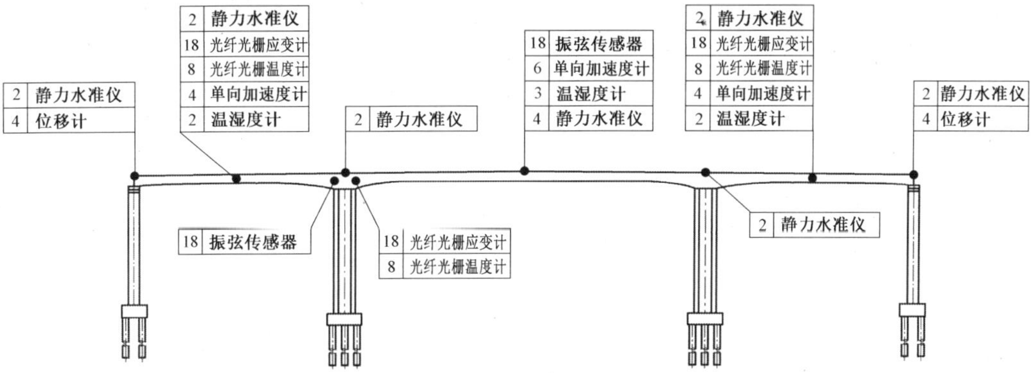

图 7.6　某桥结构安全监测点布置图

表 7.2　某桥结构安全监测点汇总

序号	监测项目	布设位置		数量 / 个	监测仪器	传感器品牌	备注
1	温湿度	环境温湿度	主跨跨中	1	温湿度计	罗卓尼克	—
2		箱梁内温湿度	各箱梁内	6	温湿度计		—
3	伸缩缝位移	11＃、14＃ 桥墩处伸缩缝		8	拉绳式位移计	米朗	—
4	主梁线形	跨中、墩顶		16	静力水准仪	—	—
5	结构振动	主桥各跨跨中		14	单向加速度计	—	—
6	结构应变	主桥各跨跨中		90	光纤光栅应变计 / 振弦传感器(自带温补)	智性科技	54 个
7		桥塔两侧主梁断面				基康	36 个
8	结构温度	主桥各跨跨中		24	光纤光栅温度计	智性科技	—
		桥塔两侧主梁断面					—
合计				159	—	—	—

下面给出各监测项目的测点布设位置。

(1) 温湿度监测测点布设位置。

在大桥主跨跨中选取 1 个环境温湿度测点、在三跨跨中的箱梁内选取 6 个温湿度测点，选用温湿度计对环境温湿度及箱梁内的温湿度进行监测，共计 7 个温湿度计。

环境温湿度及箱梁内的温湿度监测拟采用瑞士罗卓尼克公司生产的 HC2 系列温湿度计，该产品大量应用于高精度温湿度测量中，如气象站网、造雪机、道路服务、冰雪预警系统、野外研究等，具有高精度和长期稳定性。HC2 系列温湿度计的主要性能参数指标见表 7.3。

表7.3 HC2系列温湿度计的主要性能参数指标

项目	性能参数指标
湿度工作范围	0～100%RH
温度工作范围	－40～100 ℃
湿度精度	±0.8%RH
温度精度	±0.1 ℃
供电/功耗	3.2～5 V DC
探头材质	聚酯酸酯
环境要求	适于暴露在自然环境 防护性能:IP67
使用寿命	≥5年
拟定厂商型号	瑞士罗卓尼克HC2系列温湿度计

(2)伸缩缝位移监测。

在大桥11#、14#桥墩处的伸缩缝各选取4个伸缩缝位移测点,选用拉绳式位移计,共计8个拉绳式位移计。

伸缩缝的位移监测拟选用深圳米朗MPS系列拉绳式位移计。米朗MPS系列拉绳式位移计结构小巧,安装空间尺寸小,灵敏度高,防护等级为IP65,外壳和线轮均经过反腐处理,牵引绳为不锈钢外敷特氟龙,可以在恶劣的环境下工作。深圳米朗MPS拉绳式位移计的主要性能参数指标见表7.4。

表7.4 深圳米朗MPS拉绳式位移计的主要性能参数指标

项目	性能参数指标
量程	量程可选
线性度	±0.1%
零漂	0.05%
环境要求	－20～85 ℃
使用寿命	≥5年
厂商型号	深圳米朗MPS系列拉绳式位移计

(3)主梁线形监测。

在大桥各跨跨中及墩顶的7个监测断面,主跨跨中上、下游各布设2个主梁线形测点,其余截面上、下游各布设1个主梁线形测点,选用静力水准仪对主梁线形进行监测,共计16个静力水准仪。

主梁线形监测拟采用体积小、精度高、量程大的静力水准仪,该产品由进口超高精度芯体和特殊定制电路模块、保护罩等部件组成,适用于各种恶劣环境。静力水准仪的主要性能参数指标见表7.5。

表 7.5　静力水准仪的主要性能参数指标

项目	性能参数指标
量程	0 ～ 2 500 mm
精度	±0.3 mm
分辨率	0.1 mm
防护等级	IP67
使用寿命	≥5 年

(4) 结构振动监测。

在大桥主跨跨中，上、下游各选取 1 个测点，每个测点布设 3 个单向加速度计，共计布设 6 个单向加速度计；大桥边跨跨中，上、下游各选取 1 个测点，布设 2 个单向加速度计，各边跨布设 4 个单向加速度计。共计布置 14 个单向加速度计。

大桥结构振动监测拟选用超低频、动态范围大、不需调零位、不需要供电、安装方便、可靠性高的单向加速度计，其特别适用于桥梁安全监测及大地脉动测试。单向加速度计的主要性能参数指标见表 7.6。

表 7.6　单向加速度计的主要性能参数指标

项目	性能参数指标
测量范围	20 m/s^2
频带	0.25 ～ 100 Hz
输出负荷电阻	10 MΩ
灵敏度	0.3 m/s^2
工作温度	－10 ～ 50 ℃
湿度	≤85%
质量	0.6 kg
使用寿命	≥5 年

(5) 结构应变 / 温度监测。

在主桥各跨跨中选取 1 个监测断面，在 12# 桥墩对应的两侧主梁各选取 1 个断面，共 5 个监测断面，共计 90 个应变测点和 24 个温度测点。其中，边跨跨中及 12# 桥墩对应的一侧主梁断面选用光纤光栅应变计和光纤光栅温度计，共计 54 个光纤光栅应变计和 24 个光纤光栅温度计；主跨跨中及 12# 桥墩对应的另一侧主梁断面选用振弦传感器，共计 36 个振弦传感器，某桥结构应变 / 温度测点图如图 7.7 所示。

结构应变监测采用光纤光栅应变计和振弦传感器。

光纤光栅应变计拟采用智性科技南通有限公司生产的 ZX－FBG－S01A 表面式光纤光栅应变计和 ZX－FBG－S01B 埋入式光纤光栅应变计。其中表面式应变计具有高灵敏度，耐水、耐高温、耐腐蚀，抗电磁干扰能力强，高疲劳性能，性能稳定，耐久性强等优点；埋

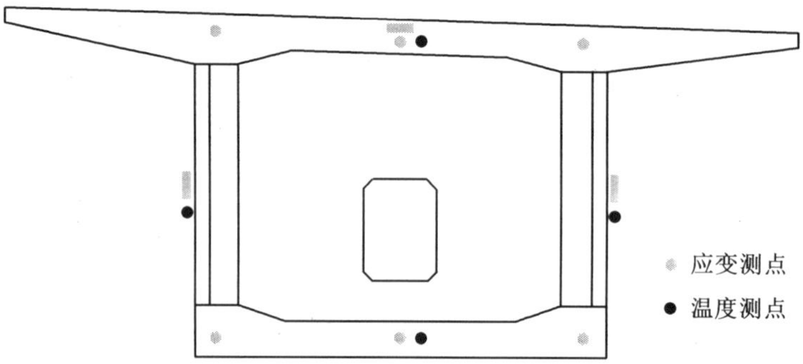

图 7.7　某桥结构应变 / 温度测点图

入式应变计是一款基于 FRP 材料封装的光纤光栅埋入式应变传感器，端部锚头采用扩径式设计，保证与被测部位协调变形，同时也起到限位作用，具有尺寸小巧、造型轻便、安装简易、测量精度高等特点。以上传感器均经过疲劳试验，在 0 ～ 6 000 με 往复 200 万次，传感器性能良好。ZX－FBG－S01 系列光纤光栅应变计的主要性能参数指标见表 7.7。

表 7.7　ZX－FBG－S01 系列光纤光栅应变计的主要性能参数指标

项目	性能参数指标	
型号	ZX－FBG－S01A	ZX－FBG－S01B
量程	－1 500 ～ 5 000 με	
分辨精度	±1 με	
中心波长	1 528 ～ 1 568 nm	
反射率	≥ 90%	
重复性误差	≤ 0.5%	
标距尺寸	ϕ3 mm × 80 mm	
安装方式	焊接或螺栓拧接	埋入式
连接形式	FC/APC	
工作温度范围	－30 ～ 80 ℃	
耐久性	≥ 10 年	
拟定厂商型号	智性科技 ZX－FBG－S01 系列光纤光栅应变计	

振弦传感器采用基康仪器股份有限公司生产的 GK－4000(进口) 和 GK－4200(进口) 振弦式应变计。该类传感器可用于结构长期应变监测，且内置温度传感器可同时监测结构温度。GK－4000 振弦式应变计的主要性能参数指标见表 7.8。

表 7.8　GK－4000 振弦式应变计的主要性能参数指标

项目	性能参数指标	
型号	GK－4000(进口)	GK－4200(进口)
标准量程	3 000 με	

续表7.8

项目	性能参数指标	
非线性度	直线：≤ 1%；多项式：≤ 0.1%	
分辨力	0.035%	
工作范围	− 20 ～ 80 ℃	
标距	150 mm	
安装方式	表面安装	埋入式
使用寿命	≥ 5 年	
拟定厂商型号	基康 GK − 4000(进口)、GK − 4200(进口) 振弦式应变计	

结构温度的监测拟选用智性科技的 ZX − FBG − T01 系列金属封装式光纤光栅温度计，该设备轻巧，安装方便，电绝缘性能好，化学稳定性强，耐久性能好，使用寿命长。ZX − FBG − T01 系列光纤光栅温度计的主要性能参数指标见表 7.9。

表 7.9　ZX − FBG − T01 系列光纤光栅温度计的主要性能参数指标

项目	性能参数指标
量程	− 30 ～ 120 ℃
分辨精度	0.2 ℃
中心波长	1 528 ～ 1 568 nm
反射率	≥ 90%
安装方式	粘贴或捆绑
连接形式	FC/APC
使用寿命	≥ 10 年
拟定厂商型号	智性科技 ZX − FBG − T01 系列光纤光栅温度计

以上传感器可在施工监控阶段进行预埋，预留接口并进行封装，以减少后期桥梁监测、检测等相关操作。

7.6　数据采集与传输子系统

7.6.1　数据采集传输子系统的总体设计

数据传输网络的稳定运行是数据采集的关键，根据数据采集与传输系统技术目标，结合工程实际需求，系统设计采用工业以太网光纤传输网络，保证系统稳定性，系统网络拓扑架构图如图 7.8 所示。

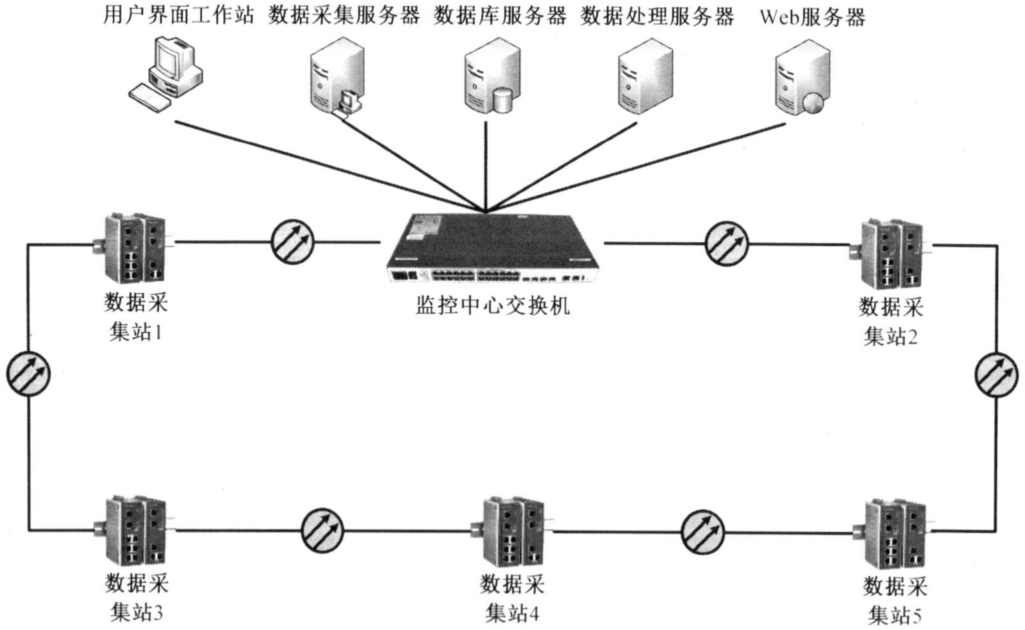

图 7.8 某桥结构安全监测系统网络拓扑架构图

7.6.2 数据采集传输方式

鉴于系统长期工作稳定性及监测规模，某桥安全监测系统拟采用分布式数据采集与传输系统。某桥安全监测系统主要监测6类监测项目，涉及7种监测设备，159个监测点。根据传感器输出信号以及各类采集软件的开发需求，将其分为4类信号：光纤光栅信号、模拟信号、串口数字信号、振弦信号，分类进行数据采集传输设计。

1.信号数据传输

(1) 光纤光栅信号数据传输。

光纤光栅应变计、光纤光栅温度计等传感器的信号为光纤光栅信号，光纤光栅信号通过铠装光缆传输到室外采集站的光纤光栅解调仪，光纤光栅解调仪将光纤光栅信号进行解调分析并输出TCP/IP信号，然后传输至千兆交换机，接入监测系统的光纤传输网络中，数据采集工控机可通过传输网络中对相应的光纤传感器信号进行数据采集，存入数据服务器，供其他程序调用和查询。

(2) 模拟信号数据传输。

对于用于结构振动的单向加速度传感器，其信号为模拟电压信号，各传感器信号通过屏蔽电缆传输到室外采集站的加速度传感器接线盒，然后接入数据采集工控机中进行数据采集，存入数据服务器，供其他程序调用和查询。

拉绳式位移计的信号为模拟电流信号，各传感器信号通过屏蔽电缆传输到室外采集站的电流信号采集仪，然后接入数据采集工控机中进行数据采集，存入数据服务器，供其他程序调用和查询。

(3) 串口数字信号数据传输。

温湿度计、静力水准仪等传感器按照设定的采样频率通过 RS232/485 串口向外发出车辆荷载信息、温湿度信息、位移信息等供数据采集。在桥梁现场布设串口服务器,将各串口设备输出的串口信号转换为 TCP/IP 信号,经过光纤收发器进行电－光信号转换和反转换进行光纤传输至千兆交换机,接入监测系统的光纤传输网络中,数据采集工控机可通过传输网络中对相应的光纤传感器信号进行数据采集,存入数据服务器,供其他程序调用和查询。

(4) 振弦信号数据传输。

振弦传感器输出振弦信号,通过振弦采集仪输出数字信号,接入数据采集工控机中进行数据采集,存入数据服务器,供其他程序调用和查询。

2.室外采集站设计

根据本次设计的系统监测内容、监测点布点方案,为保护安全监测系统各数据采集与调理仪器设备,本方案拟在某桥附近设置 1 个数据采集站,桥上由传感器向数据采集站传输。根据实际条件可在采集站布设仪器设备、可控空调以及通风设施,保证数据采集站满足仪器正常工作要求。同时应考虑设置 UPS 不间断电源,保护仪器设备。

3.信号传输线路的保护

传感器与信号调理器的测量线路、数据采集设备与信号调理器之间的通信线、线路之间的接续等都要做好保护措施,做好屏蔽接地,以保证信号传输质量。

7.7　数据管理子系统

7.7.1　数据处理

数据处理模块在整个系统中起到承接前后的重要作用,主要目的在于分担整个系统的处理压力,它主要有数据处理、整合与存储功能,完成监测数据的校验和预处理、分析等工作。

7.7.2　数据管理

数据管理主要功能是实现对桥梁结构工作状态监测过程中获取数据的存储和管理,通过该系统可进行数据的修改、删除、查询和打印输出等操作。数据与管理子系统是整个系统集成的平台,它的功能是存储和提取所需要的信息,是整个监测系统支撑环境的重要组成部分。它能有组织地、动态地存储大量关联数据,并为多个用户所访问,实现数据的充分共享、交叉访问以及与应用程序的高度独立,起到了将现场采集网络与上层管理信息系统网络相连接的作用。

拟选用 Oracle 数据库作为某桥结构安全监测系统的数据管理平台,对数据进行集中存储与管理。

7.8 结构安全预警与评定子系统

结构安全预警与评定子系统是某桥结构安全监测系统的核心。结构安全预警与评定子系统利用自动监测系统，通过在线分析(由系统内置的分析程序自动完成)，完成结构安全状态在线预警和一级安全评定。安全预警设黄色和红色两级，安全预警信息包括：预警级别、报警传感器编号和位置、报警的监测值和预警值。安全评定根据监测数据的统计特征值与规范的设计值进行比较分析，形成安全评定结果，并自动生成安全预警与评定报告(月报、年报、临时事件评估报告等)，对结构运营状态进行定性或定量的评价，明确给出结构运营状况或维修建议，为大桥管养单位提供决策支持(月报、年报、临时事件评估报告等)。

7.9 监测软件与成果提交——信息发布子系统

7.9.1 软件功能

监测软件采用Brower/Server架构、Visual C++、Matlab等语言实现，数据库采用Oracle数据库，软件系统在局域网和广域网内运行。监测软件具有如下功能。

① 监测数据实时采集。

② 监测数据存储。

③ 监测数据实时显示。

④ 历史数据查询。

⑤ 监测数据在线处理、分析。

⑥ 实时在线预警与评定。

⑦ 自动生成报告、报表。

7.9.2 界面展示

下面展示某山高速公路波形钢腹板PC组合梁桥结构安全监测系统部分软件界面，可根据用户需求进行定制。

1.监测界面

本模块用于系统而形象地展示桥梁结构对象及相应对象的工程概况信息(文字、图片)，并可以关联查看传感器基本参数信息、构件及其设计荷载等，以方便用户直接切入相应对象的日常管理工作，监测界面示意图如图7.9所示。

2.静态资料管理

静态信息管理模块是用来表现各结构对象以及本系统相应信息的，通过对使用本系统结构各种信息资料的关联来提取信息。可以关联的资料包括文件、图片、模型等，能够以丰富的形式详实地表达桥梁与本监测系统的相关的资料信息，桥梁信息记录如图7.10所示。

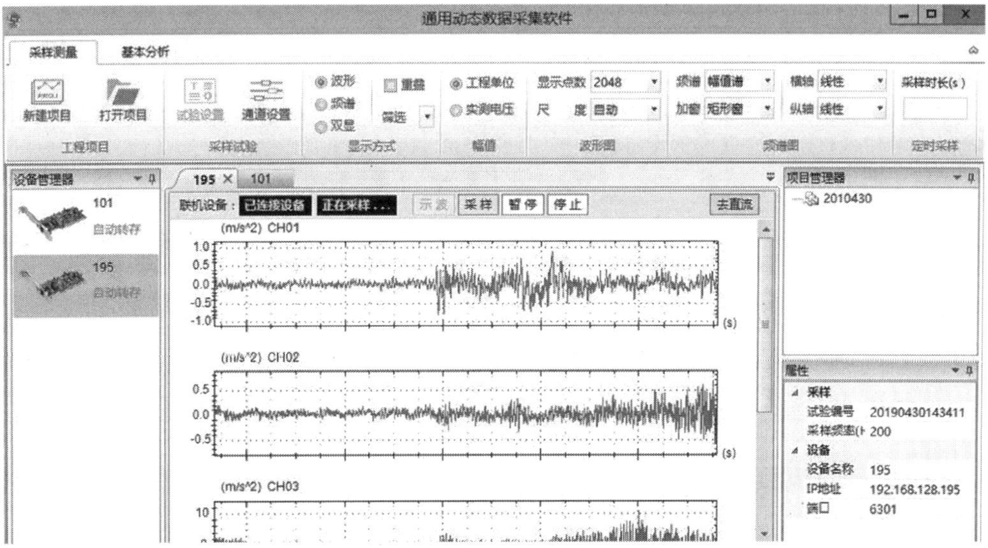

图 7.9　监测界面示意图

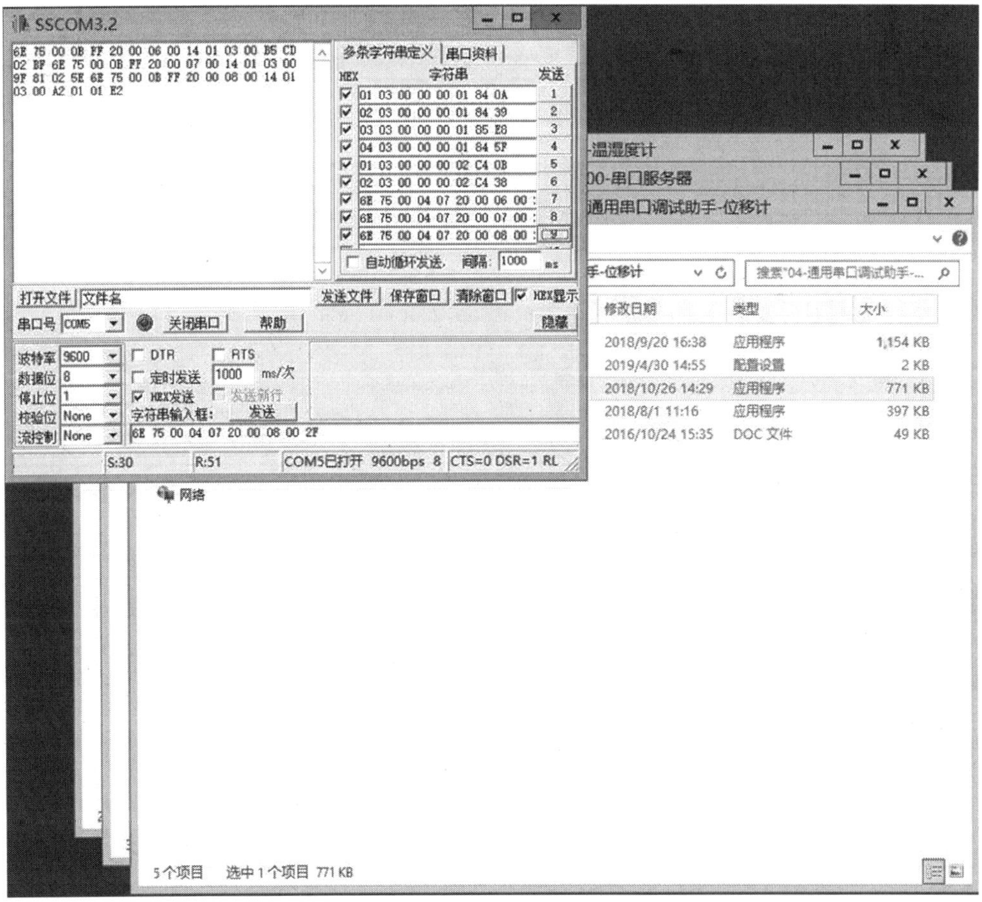

图 7.10　桥梁信息记录

3.实时数据与预警展示

实时数据与预警展示模块用来展示系统中各监测参数的监测数据及设计标准值，并显示各测点数据安全预警值。本模块对各传感器上传数据进行处理后以数据曲线等多种形式形象地进行实时数据与预警展示。

4.数据分析管理与报告

本桥结构监测系统涉及监测类型包括车辆荷载、温湿度、位移、结构振动、结构应变及结构温度等，数据报表需要根据不同监测类型的特点进行分类，分别制作报表的模板，数据分析如图7.11所示。

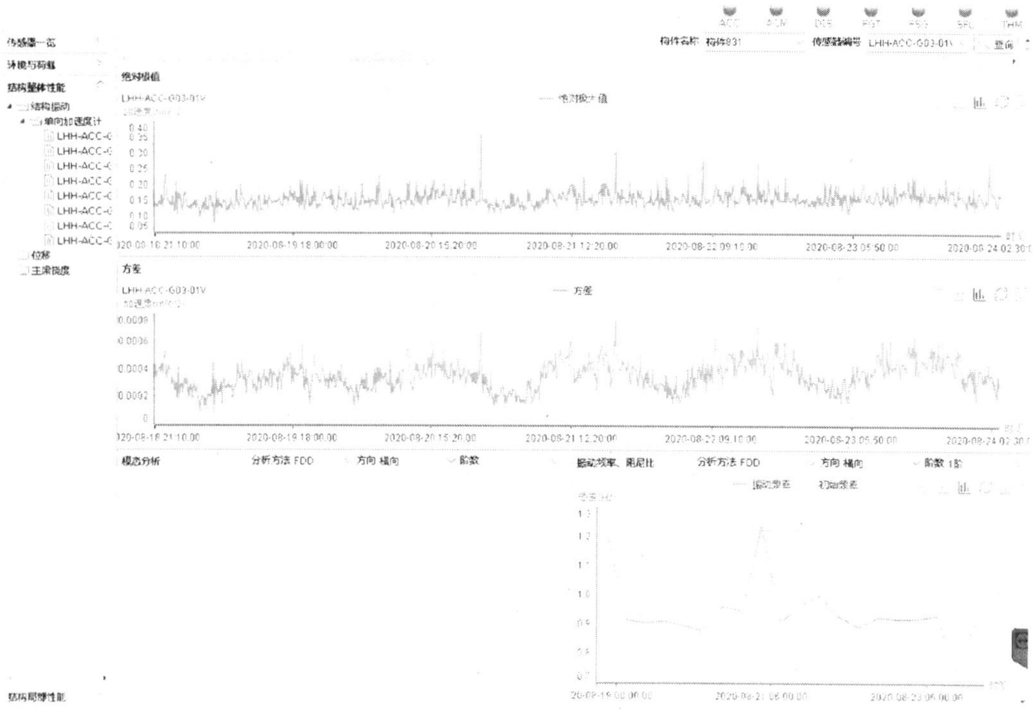

图7.11　数据分析

5.基于实测响应的模型修正

利用测试结果对有限元模型进行修正，得到桥梁的基准有限元模型，对于桥梁后续状态评估、数值仿真分析以及进行长期的安全监测和评估具有重要的意义。采用安全监测系统的振动测试模块进行模态测试，其中选用5个竖向加速度传感器布置，竖向加速度传感器布设位置如图7.12所示。

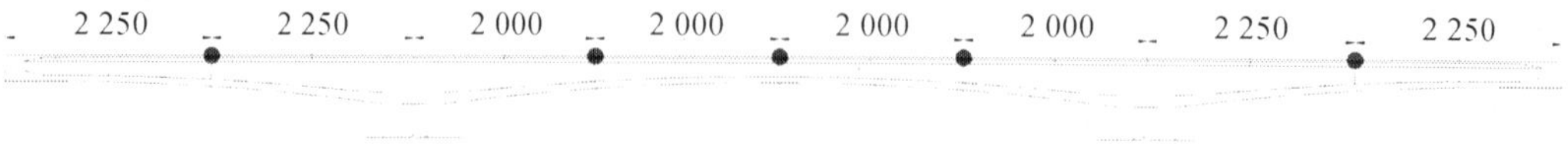

图7.12　竖向加速度传感器布设位置

假定自然环境激励近似平稳随机信号，结构在自然环境激励下的振动信号中包含了需要的模态信息。从测试数据中截取一段近似平稳的实测信号，其中主跨1/4处和主跨跨中实测加速度如图7.13和图7.14所示，由于某桥上跨高速公路，桥下过汽车时也会对桥梁加速度响应产生影响，近似认为是平稳随机激励。

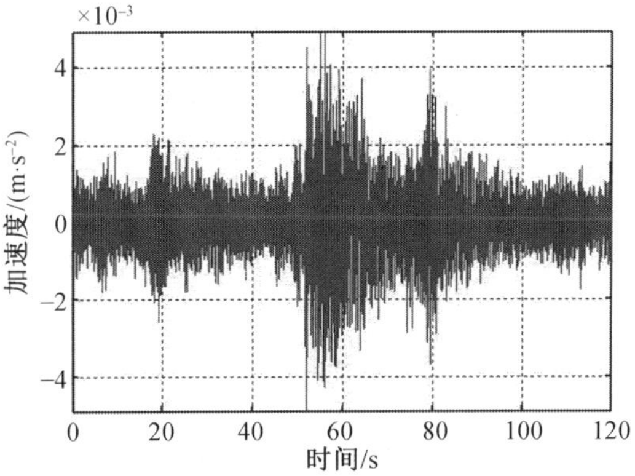

图7.13　主跨1/4处实测加速度

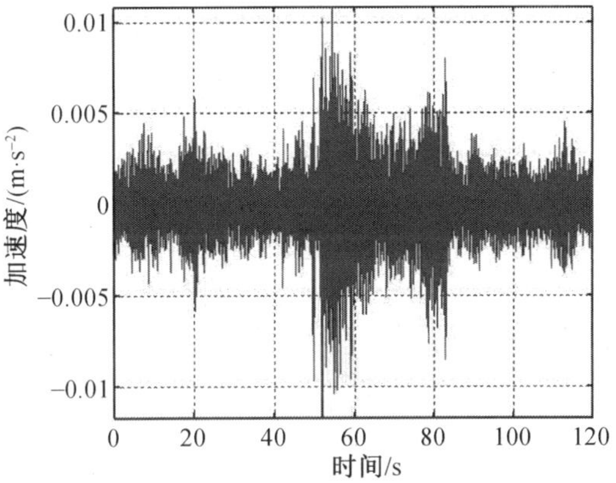

图7.14　主跨跨中实测加速度

6.处理方法

环境激励下的模态参数识别一般有峰值拾取法、频域分解法(Frequency Domain Decomposition，FDD)、随机子空间法等，对于大型结构常采用频域分解法。该方法由峰值拾取法发展而来，改进了峰值拾取法对密集模态处理能力较弱的缺点，其原理是对功率谱密度矩阵进行奇异值分解，将多自由度的功率谱密度解耦为对应多阶模态的一系列单自由度的功率谱密度，再通过拾取峰值求得频率。

选取实测加速传感器采集的较为平稳的一段信号，计算5组加速度信号的自功率谱密度和互功率谱密度，跨中加速度自功率谱密度如图7.15所示；对功率谱密度进行奇异值分解，拾取功率谱密度奇异值曲线中的峰值，功率谱密度的奇异值曲线如图7.16所示。

实测结构频率对比见表7.10。

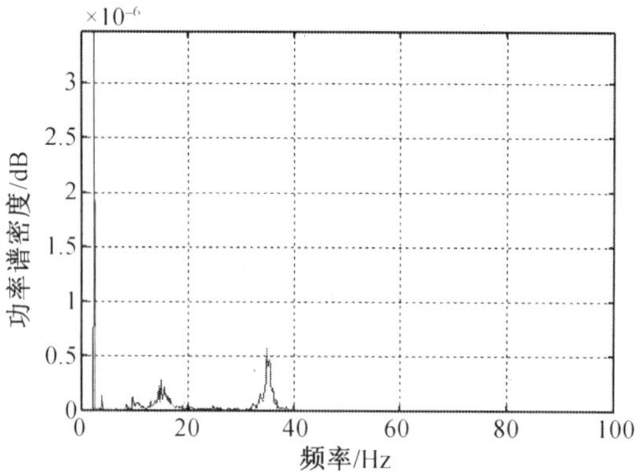

图 7.15 跨中加速度自功率谱密度

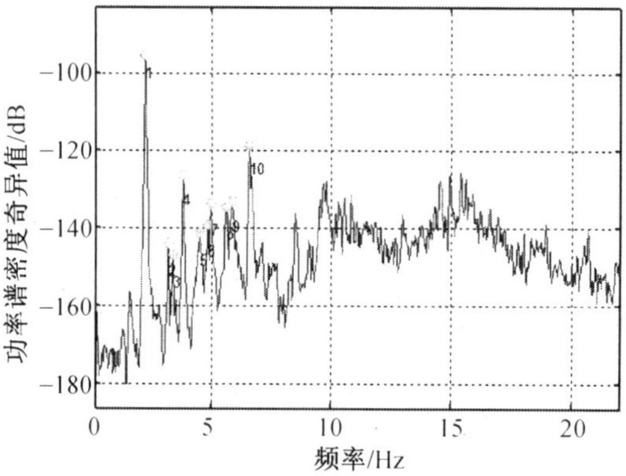

图 7.16 功率谱密度的奇异值曲线

表 7.10 实测结构频率对比

竖向振型阶数	有限元计算值	实测值	相对误差/%
1	2.293	2.246	2.09
2	3.269	3.174	2.99
3	3.348	3.369	0.623
4	3.353	3.809	11.97
5	4.811	4.956	2.92
6	5.484	5.835	6.02
7	6.094	6.567	7.20

7.模型修正

根据实测模态数据在 ANSYS 中进行模型修正，以前七阶竖向频率作为测量值，对该模型进行修正。具体流程如下。

① 确定设计变量及约束条件。选择不同部位的材料弹性模量作为设计变量：桥墩混凝土 E_d、主梁混凝土 E_z 和钢腹板弹性模量 E_s，设计变量初值为 $E_d = 3.25 \times 10^4$ MPa，

$E_z=3.55\times10^4$ MPa，$E_s=2.06\times10^5$ MPa，给定优化过程中设计变量的约束条件在区间[0.9，1.1]中。

② 确定状态变量。选择前十阶有限元计算的竖向频率与实测频率的误差作为状态变量。

③ 设定目标函数。目标函数为 $\mathrm{Obj}=\sum_{i=1}^{10}\alpha_i E_i^2$，其中权重 $\alpha_i=10\,000E_i/\sum_{i=1}^{10}E_i^2$，优化的最终目标是使目标函数最小。

④ 指定优化算法。采用一阶优化算法，基于罚函数法将约束问题转化为非约束问题，进行迭代计算至收敛，每次迭代中计算目标函数对设计变量的梯度确定搜索方向，并用线搜索法对非约束问题进行最小化计算。

计算时，每迭代一次需要对整体进行模态分析，修正后 $E_d=3.074\,8\times10^4$ MPa，$E_z=3.434\,2\times10^4$ MPa，$E_s=2.213\,1\times10^4$ MPa，作为后续分析的基准模型参数。

7.10　本章小结

本章以波形钢腹板 PC 组合梁桥安全监测系统为工程背景，介绍了该类型桥梁基于光纤传感器的监测系统布置方案。通过该类型桥梁的有限元模型和空间梁单元模型，对静、动力特性进行了分析。通过实测数据发现，在弹性范围内可以按照初等梁理论进行模型化简，并以此为依据建立简化模型。通过实际监测系统监测结构在环境激励下的响应，利用 FDD 方法识别结构竖向振动频率，并采用一阶优化算法进行模型修正，作为后续分析的基准参数。该系统收集了波形钢腹板 PC 组合梁桥与汽车耦合作用的较为完整的数据，根据该结构物理参数对响应的敏感性，后续工作可考虑通过灵敏度算法对桥梁结构损伤进行离线识别。

本章参考文献

[1] 欧进萍.重大工程结构的累积损伤与安全度评定[C] // 走向 21 世纪的中国力学——中国科协第九次"青年科学家论坛"报告文集.北京：清华大学出版社，1996：179-189.

[2] 宗周红，钟儒勉，郑沛娟，等.基于健康监测的桥梁结构损伤预后和安全预后研究进展及挑战[J].中国公路学报，2014(12)：46-57.

[3] 李惠，鲍跃全，李顺龙，等.结构健康监测数据科学与工程[J].工程力学，2015，32(8)：1-7.

[4] 王超，朱宏平.军山长江大桥健康监测系统设计与应用[J].武汉理工大学学报，2015(5)：76-80.

[5] DOEBLING S W，FARRAR C R，PRIME M B .A summary review of vibration-based damage identification methods[J].The shock and vibration digest，1998，30(2)：91-105.

[6] NIE Jianguo，ZHU Li，TAO Muxuan.Shear strength of trapezoidal corrugated steel

webs[J].Journal of constructional steel research,2013 (85) : 1-7.

[7] 周绪红,孔祥福,侯健,等. 波纹钢腹板组合箱梁的抗剪受力性能[J].中国公路学报,2007,20(2) : 77-82.

[8] 陈建兵, 万水.波形钢腹板 PC 组合箱梁设计和施工方法研究[J].中外公路, 2006,26(2):118-121.

[9] 瞿伟廉,王锦文.振动结构动态荷载识别综述[J].华中科技大学学报(城市科学版),2004, 21(4): 1-4,8.

[10] 冀伟,刘世忠,蔺鹏臻.波形钢腹板组合箱梁振动频率分析与试验[J].中国公路学报,2013,26(5): 102-107.

[11] 冀伟, 邓露, 刘世忠,等.变截面波形钢腹板 PC 组合梁桥的动力特性分析[J].铁道工程学报, 2016(3): 60-64.

[12] 李立峰,王芳,刘志才.体外预应力波形钢腹板组合箱梁徐变性能研究[J].湖南大学学报(自然科学版), 2008, 35(5): 1-5.

名词索引